일본 신화 깊이 읽기
― 譯註 古事記(上卷)편 ―

일본 신화 깊이 읽기

― 譯註 古事記(上卷)편 ―

이창수 · 김미선 · 박신영 · 조유미

박문사

표지이미지
〈大黒様に白兎〉
일본의 우키요에 작가로 유명한 가쓰시카 호쿠사이(葛飾北斎)의 1819년 작품으로 오쿠니누시(大国主神)의 신화 중 〈이나바의 벌거숭이 토끼〉 전승을 그린 그림이다. 오쿠니누시의 '大国'을 일본에서는 '다이코쿠'로도 발음할 수 있는데, 이것이 칠복신 중 하나인 다이코쿠텐(大黒天)과 습합하여 다이코쿠사마(大黒様)라 부르기도 한다.

[출처] ColBase(https://colbase.nich.go.jp/collection_items/tnm/A-10569-6000?locale=ja)를 가공하여 작성

들어가며

1.

일본 신화는 단순한 옛이야기가 아니라, 일본 문학과 사상의 근저를 지탱하는 중요한 원천이다. 오늘날 일본의 문화콘텐츠에서는 신화적 발상을 쉽게 발견할 수 있고 그러한 발상의 근저에는 늘 《고사기》가 자리하고 있다고 해도 과언이 아니다. 시야를 넓혀 문학이건 사상이건 일본의 지성인들은 근대 일본의 지적 담론을 거론할 때 '내셔널리즘'을 무시하는 일이 없었고 이들에게도 《고사기》는 늘 자명한 전제였다. 이들의 관점에서 볼 때 근대 일본의 '네이션(nation)=스테이트(state)' 단계는 고대에 일어난 일과 서로 겹치는 과정이었고 근대의 기점인 '메이지유신(明治維新)'은 외견상으로 보면 서양화, 자본주의를 지향한 것으로 보여도 내실은 고대 '왕정복고(王政復古)'로 표상되었다는 인식은 이미 상식이나 다름없다. 이는 일본인 정체성의 원천을 고대 역사 인식이나 문학 그중에서도 특히 《고사기》에서 찾으려는 역사적 변용의 하나이며, 오늘날 일본문화 전반에도 이런 중첩 장면은 보기 드문 현상이 아니다.

일본 신화를 문헌의 형태로 전하고 있는 《고사기(古事記)》 상권(上卷)과 《일본서기(日本書紀)》 신대권(神代卷)에 수록된 공통 분모에 해당하는 전승을 뽑아 이를 체계적으로 이은 신화를 일본에서는 흔히 '기기(記紀) 신화'라고 부른다. 그중에서도 《고사기》는 일본 문화에 세 가지의 가치와 매력을 전하고 있다. 첫째, 일본에서 현존하는 가장 오래된 문헌으로 알려져 있다는 점이다. 그 자체만으로도 특별한 역사적 지위와 가치가 있으며 명실상부한 일본의 정신문화유산 제1호라 할 수 있다. 둘째,《고사기》는 일본에 다양한 신이 있으며 신의 세계와 인간의 세계가 현실에서 연결되었다고 주장한 최초의 고전이라는 점이다. 일본의 역사를 거슬러 올라가면 일본열도에 인간세계가 출현하기 이전 신화 세계에 도달한다는 것이며, 일본인의 기원을 알고 싶은 사람에게 그것은 낭만적이면서도 권위 있는 상상력의 거점으로 작용한다. 셋째,《고사기》는 일본의 고어(古語) 즉, '네이티브 일본어'의 보고(寶庫)라는 점이다. 언어는 생각의 집이라는 말이 있듯이 일본인의 사고방식과 상상력은 옛 일본어라는 집에서 배양되고 발효되어 오늘날까지 면면히 이어지고 있다. 이러한 점에서《고사기》는 옛 일본어를 기반으로 문화적 생명력을 배양하면서 오늘날에도 다양한 문화콘텐츠의 형태로 끊임없이 새로운 모습으로 재창조되는 원천이라 할 수 있다. 본서는 일본인의 상상력과 일본문화의 원천이자 보고라 할 수 있는《고사기》를 깊이 읽음으로써 일본 신화를 제대로 이해하는 법을 제시할 것이다.

2.

《고사기》는 상·중·하 3권으로 구성되어 있으나 이례적으로 그 앞에 '서문'이 붙어있다. 서문은 오노 야스마로(太安万侶)라는 관인이《고사기》의 성립 과정을 기록하여 당시 일본 천황 겐메이(元明)에게 올린 '상표문(上表文)'의 형식을 띠고 있어 다소 논란의 소지가 있으나 그 내용에는《고사기》가 세상에 나온 사정을 알 수 있는 유력한 근거가 있다는 점에 주목할 필요가 있다. 7세기 말 임신난(672년, 壬申の乱)에서 승리한 후 제41대 천황에 오른 덴무는 새로운 정치를 위해 씨족사회를 재편한다.《일본서기》에는 이 무렵에 '《제기(帝紀)》와《상고제사(上古諸事)》를 기록하여 정하라.(令記定帝紀及上古諸事)'는 기사가 보여《고사기》서문의 내용과 부합한다. 좀 더 구체적으로 보면 천황에 오른 덴무는 당시 여러 유력 씨족이 보유하던 가문의 유래와 공적 기록, 그리고 역사성을 담은 전승에 왜곡과 허위가 많다는 점을 우려하며, 잘못된 기록을 바로잡아 후세에 제대로 전하는 것이 국가 근간이자 통치 명분이라는 취지를 강조했다는 기사가 있다. 대다수의《고사기》연구자들은 이 문장에《고사기》의 핵심 사상이 담겨 있다고 설명하고 있으며 그 견해는 오늘날까지《고사기》의 역사성과 정치성을 강조하는 근거로 작용했다. 그러나《고사기》가 정치성을 넘어 오늘날 다양한 문화콘텐츠의 형태로 활발하게 재생산 또는 재창조되는 현상은 같은 서문에 보이는 '계고조금(稽古照今)'의 정신에서 그 근거를 찾을 수 있다. 이는 옛것을 돌아보고 지금을 조망하면서 그때마다 시대정신에 맞게 끊임없이 내용을 변형해 나갔다는 의미이다.

그런 관점에서 보면 일본 신화는 문헌으로 기록되기까지 크게 세 가지 과정을 거쳤다고 볼 수 있다. 첫 번째는 의례적 통합, 두 번째는 구전 통합, 그리고 최종적으로 기록의 통합이다. 고대 이전 일본은 제정일치 사회였던 만큼 제의는 일상생활에서도 매우 중요한 비중을 차지하는 신성한 행위였다. 고대 씨족이나 부족은 각기 독자적이고 다양한 공동체 제의가 있었을 것이고 그에 부수하는 다양한 퍼포먼스도 보유하고 있었을 것이다. 그런데 그러한 제의와 예능은 고대 국가 형성 과정에서 특권계급에 대한 복속 의례로 변모하거나 국가적 제의에 편입하게 된다. 그것은 유력 씨족들이 대대로 전해오던 조상 전승이나 문화 기원 전승을 중앙 조정에 바침으로써 국가적 통합을 완성했다는 것을 의미한다. 이러한 과정에서 통합된 제의와 전승은 본래의 의미와 내용에서 벗어나 새로운 형태로 개작 또는 변용되어 국가 차원의 전승에 부속되었을 것이다. 《고사기》와 《일본서기》에 나오는 한자로 표기된 수많은 신의 이름에는 다양한 관념적, 중층적 의미를 엿볼 수 있다. 이 역시 신들에 관한 전승이 하나로 통합되는 과정에서 생겨난 전승의 산물임을 보여준다. 기기 신화를 나무로 비유한다면 오랜 세월 구전되어 온 전승이 거대한 나이테처럼 겹겹이 새겨진 것이라 할 수 있다.

   이처럼 문헌으로 전해진 일본 신화에는 궁정 의례적 요소나 정치적 요소도 보이지만 그 내부에는 소박한 민간 전승적 요소나 문예 취향 요소까지 복잡하게 섞여 있다. 이는 당시 왕도에서 활약한 궁중 지식인들이 정치성만을 의식하여 관념적으로 제작한 창작물이라기보다는 민간에 전해진 소박한 전승을 채록하여 이를 기반으로 시대적 상황에 맞추어 적절하게 편집하고 변형한 결과물이라는 것을 의미한다. 따라서 일본 신화는 표층에 나타난 문장만을 해석하면 그 속에 숨어 있는 중층적 의미를 제대로 파악할 수 없으므로 그 이면에 내재된 함의를 파악하기 위해서는 먼저 문헌 비판적 자세가 요구된다. 아울러 단편적인 장면만 보고 신화를 평론하기보다 타 학문의 이론을 접목하면서 전체 서사를 조망하는 시각과 개별 전승 및 어휘 하나하나에도 세심한 관찰

이 필요하다. 이러한 관점에서 보면 서문에서 말하는 '계고조금'의 사상은 복고적인 고층(古層), 다시 말해 윤색되지 않은 '레트로(retro)'가 아니라 소박한 전승에 새로운 시대감각으로 첨삭을 더한 '뉴트로(newtro)'를 추구하는 원점이 《고사기》에 연결되어 있음을 시사한다고 할 수 있다.

《고사기》에 수록된 일본 신화는 일본인 고유의 정신문화유산 제1호라 할만한 가치가 있다. 하지만 이 신화를 분해하여 세계의 여러 신화, 특히 한국, 중국, 동남아시아, 오세아니아의 신화 모티프들과 비교해 보면 상관성도 엿볼 수 있으며, 나아가 그리스 신화, 북유럽 신화와 유사성도 존재하므로 《고사기》의 신화가 독자적이고 고립된 신화라 보기 어렵다. 기기 신화에 수록된 개개의 단편 전승이나 모티프, 구조를 다른 지역의 신화와 비교해 보면 유사성과 계통을 어느 정도 해명할 수 있고 이와 관련된 서적도 적지 않다. 이러한 점은 일본 신화를 보다 깊이 읽어가는 데에 있어서 또 다른 흥미를 자아낼 것이다. 신화 내용 면에서 《고사기》와 《일본서기》의 가장 큰 차이점은 '이즈모(出雲)'를 중심으로 활약하는 신에 대한 기록, 다시 말해 이즈모 신화에 대한 시각의 차이라 할 수 있다. 구체적으로 보면 이즈모 신화의 주인공인 스사노오(須佐之男命)에 대한 활약, 그 후손으로 등장하는 오쿠니누시(大国主神)의 전승, 그리고 고대 한국과의 관련성을 보여주는 신화 등에서 그 차이는 두드러진다. 특히 《고사기》에는 이른바 [천손강림] 신화에 '韓国'이라는 지명이 명확히 등장하고 오토시(大年神)의 계보에는 '韓神'이라는 신명도 보인다. 이처럼 고대 일본 사회가 고대 한국 및 한국계 이주민과 깊은 관계를 맺고 있었음을 엿볼 수 있는 신화적 장면도 있어 우리에게 지적 호기심을 자극하기도 한다. 《고사기》를 기록으로 남긴 오노 야스마로가 한반도에서 건너간 이주민의 후예였는지 혹은 그들과 어떤 접촉을 가졌는지는 확언하기 어려우나, 이러한 흔적은 적어도 그가 고대 한국계 이주민들의 존재와 활약상을 결코 소홀히 하지 않았다는 것을 말해 준다.

3.

기기 신화는 일본인이 표기 수단인 문자를 갖지 않았을 때부터 오랫동안 폭넓게 전해지던 구전이 축적되어 최종적으로 《고사기》와 《일본서기》라는 문헌에 결집되어 문자로 기록된 것이다. 물론 두 문헌의 최종 편찬 과정에는 당시의 특수한 정치적 사정도 있었을 것이다. 《고사기》가 작성될 무렵인 8세기 초까지 일본에서는 일본어의 음성을 표기할 만한 고유문자가 없었던 시대였기 때문에 오노 야스마로와 같은 관인들은 한자를 사용하여 한문으로 기록하는 것이 일반적이었다. 이는 동아시아 문명권에 속한 나라들의 공통된 표기 방식이었다. 오노 야스마로는 《제기》와 《본사(本辞)》를 기록하기 위해서는 중국인의 사고방식을 표현하는 표기인 정격 한문체로는 적합하지 않다고 생각했으나 기록으로 남기려면 어쩔 수 없이 한자를 빌려서 쓸 수밖에 없다고 판단한 것으로 보인다. 그는 이 모순과 격투하며 한자라는 표기 수단을 활용하면서 일본어의 음성과 어순에 맞게 한자를 대입하거나 주를 달아갔다. 그 결과《고사기》특유의 독특한 한문체가 탄생한 것이다. 이러한 문자 사정을 이해하고 읽어야《고사기》를 해독할 수 있고 이를 통해 고대 일본인의 언어 감각과 소통할 수 있다. 이는 고대 아이누어와 류큐어 그리고 고대 한국어 연구에도 매우 중요한 단서를 제시할 것이다. 표기의 난독성 때문일까?《고사기》는 세상에 나온 이후 아주 오랫동안 관인 사회에서 주목받지 못하고 일본인의 기억 속에서 잊힌다.

《고사기》가 일본의 문화사에서 새삼 두각을 나타낸 계기는 18세기 말 모토오리 노리나가(本居宣長)라는 일본 국수주의 학자의 등장이었다. 오늘날 일본에서 출판되는《고사기》주석서나 해석서 대다수는 그가 생애를 바쳐 완성한《고사기전(古事記傳)》의 해석을 기초로 하고 있으며, 후대 학자는 모토오리 노리나가가 해석하지 못한 어휘 또는 지나친 자의적 해석을 다소 수정한 정도에 그쳤다고 해도 과언이 아니다. 그러함에도 불구하고《고사기》에는 여전히 의미를 알 수 없는 말이 많으며, 모토오리 노리나가 자신도 잘 모르는 부분은 솔직하게 모른다고 인정하기도 했다. 특히《고사기》상권에는 한자로 된 신 이름만 등장하고 전승이 동반되지 않은 경우도 많아 신의 성격을 알 수 없을 때도 적지 않다. 이는《고사기》가 편찬될 당시에도 이미 불명한 상태에서 기록된 것일 수도 있다. 오늘날 연구자들이 역사학이나 민속학 등 인접 학문과 비교 고찰하는 이유도 이와 같은 한계를 넘으려는 시도의 일환이다.

한편《고사기》신화를 한층 깊이 읽기 위한 또 하나의 저작을 꼽으라면 쓰다 소키치(津田左右吉)라는 역사학자의《일본 고전 연구(日本古

典の硏究)》를 빼놓을 수 없다. 이 저서는 저자가 서양의 합리적인 역사관을 바탕으로 1913년에서 1933년까지 발표한《고사기》와《일본서기》에 나타난 신대(신화), 고대사 및 사상과 관련된 논문들을 수정·보완하여 하나의 서적으로 엮은 것이다. 주요 내용은《고사기》와《일본서기》의 사료적 의미와 가치를 객관적으로 규명하고자 한 것으로, 중국 및 한국 사료와 문헌 비판적인 비교고찰을 시도함으로써 두 문헌에 나타난 신화 전승이 윤색 및 허구, 조작되었다는 사실을 밝히려 한 것이었다. 그러나 그가 활약한 당시 일본은 극우 파시즘이 성행할 무렵이었던 만큼 그의 학설은 사회적으로 큰 반향을 불러일으켜 그의 저작물은 발매금지 처분과 동시에 그 자신도 교단에서 쫓겨나는 필화를 겪어야 했다. 그러나 파시즘이 사라진 아시아 태평양 전쟁 이후에는 아이러니하게도 그의 문헌비판적 연구 방법은 학계의 주류를 이루게 되었고, 이는 일본 신화 연구에도 큰 영향을 미쳤다. 따라서 오늘날 일본에서 이루어지는 신화 연구는 문헌학적 원전이라 할 수 있는 1차 자료 연구를 토대로 각종 문헌의 재검토 및 재조사에 기초한 연구 방식부터 출발하는 것이 상식이나 다름없다.

4.

국내에도《고사기》와 일본 신화를 이해하는 데 도움을 주는 번역서와 연구서가 적지 않다. 그중 대표적인 저작으로 꼽는다면 노성환(울산대학교 명예교수)의《고사기》, 권오엽(전 충남대학교 교수)의《고사기》 등을 들 수 있다. 노성환의 《고사기》는 일본의 권위 있는 주석서를 토대로 상·중·하 전권을 한글 완역한 최초의 역작이라는 의의가 있을 뿐 아니라 이후 내용 해제를 위해 민속학과 국내 연구자들의 누적된 성과를 반영하여 가독성을 높인 개정판을 내놓음으로써 일본 신화 및 《고사기》 연구에 이정표를 세운 공이 크다. 또한, 권오엽의 《고사기》는 역사학자의 관점에서 오랜 한일 고대사 연구를 바탕으로 《고사기》 전권에 대한 주석을 통해 일본 신화와 역사적 관계를 밝히는 데 주력한 것으로 일본 고대사의 정치적, 사회적 배경 속에서 《고사기》의 위상을 조망한 점에 특징이 있다. 이 외에도 개성적인 일본 신화 역서가 다수 출판되어 국내에서도 《고사기》와 일본 신화에 대한 지식은 어느 정도 축적되어 있다.

   본서 역시 일본과 국내 학계에서 누적되어 온 《고사기》 연구의 흐름을 이어받아 그 성과를 점검하면서 문헌비판적 관점을 기반으로 한층 더 깊이 있는 분석을 시도하는 데 역점을 두었다. 이에 따라 본서는 먼저 《고사기》 상권의 원문을 편자들이 한 자 한 자 해체하여 전문을 검토하고 국내 및 일본의 권위 있는 주석서와 비교 검토하여 원뜻은 최대한 살리면서도 독자가 이해하기 쉬운 한글 문장을 제시하는 데 중점을 두었다. 이 작업에는 생각보다 많은 시간과 수고가 들어갔다. 편저자들은 한글 본문의 가독성을 높이기 위해 용어의 통일성을 기하면서 일본 신화의 상징성과 문학성을 좀 더 알기 쉽게 전달하고자, 국내 및 일본의 축적된 연구 성과를 반영한 주석 작업에 힘썼다. 이를 통해 일본 신화 및 《고사기》 연구자뿐만 아니라 국문학과 역사학, 민속학 나아가 고대 문화에 관심 있는 일반 독자들이 읽기 쉬우면서도 깊이 있게 신화를 이해할 수 있도록 구성하였다. 따라서 각 항의 한글 본문과 주석은 다년간 일본 신화 및 《고사기》 연구에 매진한 분담 집필자들의 역작이라 해도 과언이 아닐 것이다. 아울러 이러한 작업이 가능했던 것은 앞서 《고사기》 연구의 초석을 다진 국내 선학들의 학문적 노고와 성과 덕분이며 본서 역시 그 흐름에 돌 하나를 얹어놓는 심정으로 앞으로도 그 논의를 더욱 확장할 수 있기를 기대한다. 끝으로 본서의 탈고를 인내심이 있게 기다려 주시고 흔쾌히 출판을 수락해 주신 윤석현 박문사 대표님을 비롯한 관계자분들께도 고개 숙여 감사드린다.

2025년 9월
이창수, 김미선, 박신영, 조유미

古事記上卷 序并

臣安萬侶言夫混元既凝氣象未效無名無爲誰知其形然
乾坤初分參神作造化之首陰陽斯開二靈爲羣品之祖
所以出入幽顯日月彰於洗目浮沉海水神祇呈於滌身故太
素杳冥因本教而識孕土產嶋之時元始綿邈頼先聖
而察生神立人之世寔知懸鏡吐珠而百王相續喫劒切蛇
以万神蕃息議安河而平天下論小濱而清國土是以番
仁岐命初降于高千嶺神倭天皇經歷于秋津嶋化熊出

현존하는 고사본 중 가장 오래된 것으로 알려진 '신푸쿠지본(真福寺本)'의 첫 장

일러두기

1. 본서는 한문으로 쓰인 《고사기》 원문의 면밀한 검토를 거쳐 먼저 한국어 본문을 제시하고 이어서 해당 부분의 원문을 배치했다. 그리고 한글 본문 중 주요 용어에는 주석을 붙여 보다 구체적으로 설명했다.

2. 《고사기》 원문은 《신편 일본고전문학전집 고사기(新編日本古典文学全集 古事記)》(小学館, 1997)와 현존하는 가장 오래된 필사본이자 일본의 국보인 신푸쿠지본(真福寺本)을 상호 비교하여 제시했다. 표기의 차이 또는 해석에 관해 논란이 있는 경우에는 주석에서 최근 연구 동향을 설명했다.

3. 신푸쿠지본에 쓰인 한자는 정자와 약자가 혼용되어 있어 본서에서는 《신편 일본고전문학전집 고사기》의 표기를 기준으로 삼았다.

4. 《고사기》에 등장하는 신명(神名)에는 '神' 또는 '命' 등의 존칭이 포함되어 있으나 본서에서는 가독성을 위해 이러한 존칭을 생략했다. 또한 신명의 한글 표기는 기존의 국내외 연구 성과를 참고하되 경우에 따라 필자들의 합의로 새롭게 독법을 제시한 곳도 있다.

5. 일본어 발음의 한글 표기는 국립국어원에서 지정한 외래어 표기법에 따라 현대 일본어 발음으로 표기했다. 다만 만요가나(万葉仮名) 표기는 외래어 표기법을 따르지 않고 원음에 가까운 소리로 표기했다.

6. 섬, 산, 강 등의 표기는 국립국어원의 표기법에 따라 '오노고로섬(淤能碁呂島)'과 같이 한국어로만 표기했으며 지명이 하나의 한자로 되어 있을 경우는 '쓰시마섬(津島)', '모야마산(喪山)', '히카와강(肥河)'처럼 일본어와 한국어를 겹쳐 적었다.

7. 서명이나 신명 등 주요 고유명사에는 각 장의 초출에 한자를 병기했다.

8. 원문에 쓰인 '故', '爾', '是', '於是' 등의 접속사는 자연스러운 한국어 문맥에 맞도록 의역했다.

9. 《고사기》는 상·중·하 세 권으로 나뉘어 있지만 본래 내용에 따른 장 구분이나 소제목이 없다. 본서에서는 독자의 가독성을 고려하여 서사가 전환되는 지점에서 장을 나누고 각 장에 소제목을 추가했다. 또한 각 장의 〈깊이 읽기〉를 통해 다양한 신화적 해석을 제시했다.

10. 원문의 가요는 본래 구절의 구분이 없으나 본서에서는 음수율에 맞추어 구절을 나누었다. 그리고 한글 가요 본문도 원문의 음수율에 맞추어 번역했다.

11. 본문 번역본에 쓰인 괄호( )는 역자들이 의미를 돕고자 주어 등을 추가한 것이다.

12. 본서의 〈주석〉과 〈깊이 읽기〉에서 소개한 신화 표기('[아마이와야 신화' 등)는 각 장의 제목 및 소제목에 준하여 제시한 것이다.

차례

들어가며 / 5
일러두기 / 16

1장 다카아마하라(高天原)와 천신들 23
   1. 특별한 다섯 천신 25
   2. 칠대(七代) 신들의 출현 31
     깊이 읽기 (01) 신들의 무대, 다카아마하라(高天原) 36
     깊이 읽기 (02) '무스비(むすび)'로 보는 신화와 현대의 만남 38

2장 이자나키(伊耶那岐命)와 이자나미(伊耶那美命) 41
   1. 오노고로섬(淤能碁呂島) 43
   2. 두 신의 교합 47
   3. 여러 섬(島) 낳기 54
   4. 여러 신(神) 낳기 60
   5. 화신(火神) 피살 71
     깊이 읽기 (03) 신화 속 사랑과 결혼, 이자나키·이자나미가 남긴 교합이야기 82
     깊이 읽기 (04) 오야시마쿠니(大八島国), 그 섬들은 우연이 아니다?! 84
     깊이 읽기 (05) 이자나키와 이자나미가 낳은 신은 왜 35신인가 86
     깊이 읽기 (06) 살해된 카구쓰치의 몸에서 생겨난 신들 90

3장 요모쓰쿠니(黃泉国)와 미소기(禊) … 93

1. 요모쓰쿠니 … 95
2. 미소기와 삼귀자 … 107

깊이 읽기 (07) 사랑하는 이를 쫓아 저세상으로-요모쓰쿠니(黃泉国) … 122
깊이 읽기 (08) 목욕과 정화, 미소기(禊) … 124

4장 아마테라스(天照大御神)와 스사노오(須佐之男命) … 127

1. 우케이(宇気比) … 129
2. 스사노오의 난동 … 140
3. 아마이와야(天石屋) … 143

깊이 읽기 (09) '우케이(宇気比)', 누가 옳은지 겨루어 보자! … 152
깊이 읽기 (10) 신이 깃든 오키섬(沖ノ島) 그리고 무나카타(胸形) … 154
깊이 읽기 (11) 아마이와야(天石屋)에서 거듭난 태양신 아마테라스(天照大御神) … 156

5장 스사노오와 이즈모(出雲) … 159

1. 양잠과 오곡의 기원 … 161
2. 이즈모로 간 스사노오 … 163
3. 괴수 오로치(八俣遠呂知) 퇴치 … 169
4. 스사노오의 이즈모 정착과 계보 … 172

깊이 읽기 (12) 《고사기(古事記)》부터 《호빵맨》까지, 일본의 팥 문화 … 180
깊이 읽기 (13) 지상 세계의 통치자, 오쿠니누시(大国主神) 서사의 명암 … 182

6장　오쿠니누시(大国主神)의 나라 통합　185
1. 이나바(稲羽)의 벌거숭이 토끼　187
2. 형제들의 핍박　193
3. 네노카타스쿠니(根堅州国)에서의 시련　198
4. 누나카와히메(沼河比売)와의 만남　207
5. 스세리비메(須勢理毘売)의 질투　213
6. 오쿠니누시(大国主神) 계보　220
7. 스쿠나비코나(少名毘古那神)의 도움　228
8. 오토시(大年神) 계보　233
- 깊이 읽기 (14)　와니, '상어'인가? '악어'인가?　240
- 깊이 읽기 (15)　복합적 공간, 네노카타스쿠니(根堅州国)　242
- 깊이 읽기 (16)　'国'의 두 얼굴, 신화적 성역인가, 정치적 영토인가?　244

7장　아시하라나카쓰쿠니(葦原中国) 정복　247
1. 첫 번째 파견-아마호히(天菩比神)　249
2. 두 번째 파견-아마와카히코(天若日子)　254
3. 마지막 파견-다케미카즈치(建御雷神)　267
4. 고토시로누시(事代主神)의 굴복　270
5. 다케미나카타(建御名方神)의 항복　273
6. 오쿠니누시(大国主神)의 나라 헌납　276
- 깊이 읽기 (17)　신들의 '공간'에서 인간의 '나라'로, 아시하라나카쓰쿠니(葦原中国)　284
- 깊이 읽기 (18)　이즈모타이샤(出雲大社), 거대 신사의 전승 속 비밀　286

8장 천손, 히코호노니니기(日子番能邇々芸命) 289
1. 천손의 탄생 291
2. 사루타비코(猿田毘古神)의 선도 295
3. 천손강림(天孫降臨) 298
4. 사루타비코와 아마우즈메(天宇受売神) 307
5. 고노하나노사쿠야비메(木花之佐久夜毘売) 311
6. 히코호노니니기의 계보 316
   깊이 읽기 (19) 정통성의 상징, 삼종신기(三種神器) 320
   깊이 읽기 (20) 아마테라스(天照大御神)와 이세 신궁(伊勢神宮) 322
   깊이 읽기 (21) 하룻밤 임신 이야기 324

9장 우미사치(海佐知)·**야마사치**(山佐知) 327
1. 사치(佐知) 교환 329
2. 야마사치의 해궁 방문 333
3. 우미사치의 복종 344
4. 도요타마비메(豊玉毘売命)의 출산 346
5. 초대 천황(天皇)의 탄생 351
   깊이 읽기 (22) 도코요쿠니(常世国)에 담긴 세 이미지 354
   깊이 읽기 (23) 우나하라(海原), 왕권을 낳은 물결의 세계 356

찾아보기 / 358

1장
다카아마하라(高天原)와 천신들

1. 특별한 다섯 천신

천지天地¹가 처음으로 생겨났을² 때 다카아마하라高天原³에 나타난⁴ 신은 이름하여 아마노미나카누시天之御中主神⁵라 한다.

다음으로 나타난 신은 다카미무스히高御産巣日神이며 다음에 나타난 신은 가무무스히神産巣日神⁶이다.

이 세 신⁷은 모두 단독 신⁸으로 나타났다가⁹ 몸을 감추었다.¹⁰

다음으로 나라가 어려¹¹ 떠다니는 기름¹²과 같고 해파리처럼 둥둥 떠다니다가¹³ 마치 갈대가 싹 트는 것처럼 솟아날 때¹⁴ 나타난 신의 이름은 우마시아시카비히코지宇摩志阿斯訶備比古遲神¹⁵이다.

다음으로 아마노토코타치天之常立神¹⁶이다.

이 두 신도 단독 신으로 나타났다가 몸을 감추었다.

이상 다섯 신은 특별한 천신¹⁷이다.

天地初発之時、於高天原成神名、天之御中主神。訓高下天云阿麻。下効此。次、高御産巣日神。次、神産巣日神。此三柱神者、並独神成坐而、隠身也。次、国稚如浮脂而、久羅下那州多蛇用弊流之時、流字以上十字以音。如葦牙因萌騰之物而成神名、宇摩志阿斯訶備比古遲神。此神名以音。次、天之常立神。訓常云登許、訓立云多知。此二柱神亦、独神成坐而、隠身也。上件五柱神者、別天神。

주석

1 천지(天地): 말 그대로 대자연의 천지(天地)를 뜻한다. 모토오리 노리나가(本居宣長)가 쓴 《고사기전(古事記伝)》에는 이를 하늘과 땅으로 구분하여 하늘은 천신(天神)들이 사는 나라, 땅은 자연계의 땅이 아닌 인간이 생활하는 세계로 해석하였다. 그리고 이후 일본에서는 이 해석에 따르고 있다. 그러나 동시대 문헌이라 할 수 있는 《일본서기(日本書紀)》에는 '천지가 처음으로 갈라지자(天地初判)…'라는 표현이 보이듯 당대에는 하늘과 땅으로 구분하기보다 천지를 세트로 읽었다고 생각하는 것이 자연스럽다. 천지가 세트로 등장한 것은 고대 중국 문헌에 보이는 '천지'의 용례를 수용한 것이라 볼 수 있다.

2 생겨났으: 원문에 쓰인 '発'의 해석에 대해서 예부터 논란이 있었다. 다른 원전 속에 쓰인 '初発'의 용례를 근거로 '일어나다', '열리다' 등으로 해석하는 견해가 있으나 본서에서는 한자의 원의(原義)대로 '생겨나다'로 해석했다. 한편 《고사기(古事記)》 서문 초두에 '건곤이 처음으로 갈라지자(乾坤初分)…'라는 표현이 보이므로 오노 야스마로(太安万侶)의 서법에 따라 '갈라지다'로 해석하는 것이 적절하다고 보는 견해도 있다. 그러나 이 경우 '分'이 아닌 '発'로 표기한 점에서 모순이 생긴다. 이러한 표기상의 혼란으로 인해 서문과 본문의 필자가 다르다는 견해도 있고 이것이 발전하여 《고사기》 위서설, 나아가 서문 조작설, 후세 첨부설 등이 나오기도 한다.

3 다카아마하라(高天原): 이는 실제 지명이 아니라 통상 천신들의 거소(居所)를 뜻한다. 독법에 대해서 종래 '다카마노하라'로 읽는 학설이 주를 이루었으나 최근에는 '高 다음에 오는 天은 아마라고 훈독한다.(訓高下天云阿麻。下効此)'라는 독법에 따라 '다카<u>아</u>마하라'로 읽는 학설에 힘이 실리고 있다. 이 독법은 본문과는 달리 작은 글씨로 두 줄 표기되어 있는데 이를 분주(分註)라고 한다. 이 분주는 '高' 앞에 쓰인 '天(<u>天</u>地)'과 '高' 다음에 쓰인 '天(高<u>天</u>原, <u>天</u>之御中主神)'을 구분하고자 쓴 것으로 보인다. 이는 독법뿐 아니라 의미 또한 구분하라는 것으로 천지의 '天'은 대자연의 하늘을 뜻하며 다카아마하라의 '天'은 신들

의 세계를 나타내는 신화적 상상력이 들어간 표현으로 해석할 수 있다. 그래서 다카아마하라의 상대되는 개념도 물리적인 '地'가 아닌 이후 등장하는 아시하라나카쓰쿠니(葦原中国)(☞주석 167 참조)인 것이다. 이에 따라 본서에서 '天'은 하늘을 의미할 때는 '아메(あめ)', 신들이 사는 가상공간을 지칭할 때는 '아마(あま)'로 읽으며 다카아마하라와 관련이 깊은 '天'도 모두 '아마'라고 읽기로 한다.(☞36페이지〔깊이 읽기〕(01) 신들의 무대, 다카아마하라] 참조)

4 나타난: 원문에 보이는 '成'은 신대(神代)에서 자주 등장하며 중요한 의미를 지닌 한자어이다. 모토오리 노리나가는 여기에 세 가지 의미가 있다고 보았다. 첫째 '없던 것이 나오다', 둘째 '이 물건이 저 물건으로 변하다', 셋째는 '일어날 일이 모두 일어나 완성되다'이다. 여기에서 '成'은 첫 번째 의미로 볼 수 있지만 무(無)에서 유(有)를 '창조'하는 발상과는 다른 것이다.

5 아마노미나카누시(天之御中主神): 이 신명은 통상 '아메노미나카누시'라 읽어 왔다. 그러나 본서에서는 '高 다음에 오는 天은 아마라고 훈독한다.(訓高下天云阿麻。下效此)'라는 독법 표기가 이 신명 뒤에 붙어있다는 점에 주목하여 '高天原'와 '天之御中主神'의 '天'을 모두 '아마'라고 읽었다.(☞주석 3 참조) 이 신명은 천상 세계인 다카아마하라의 한가운데 위치한 주신이라는 의미이며 존경의 접두어 '御'를 붙인 것은 신의 위상을 부각하고 신성함을 강조하기 위함으로 이해할 수 있다. 《고사기》에서 최초로 등장하는 만큼 천상이나 우주의 주신이라 할 수 있으나 신명 이외에 관련된 전승이 전해지지 않아 그 신격을 정확히 판단하기는 어렵다. 아울러 고대에 이 신을 모신 흔적이 없어 이념적 성격도 불분명하다. 《일본서기》에도 정문에는 등장하지 않고 일서의 부속 전승에서 이름만 언급되며 《고고슈이(古語拾遺)》에도 최초의 신으로 이름만 보인다.

6 다카미무스히(高御産巣日神)·가무무스히(神産巣日神): 어두에 쓰인 '다카미(高御)'와 '가무(神)'는 미칭(美稱)으로 볼 수 있다. 이후[천손, 히코호노니니기] 신화에 등장하는 가무아타쓰히메(神阿多都比

尭)〔☞주석 592 참조〕나 《이즈모풍토기(出雲国風土記)》 속 가무스사노오(神須佐能袁命)의 경우와 마찬가지이다. 두 신명에 공통으로 보이는 '무스히(産巣日)'는 '모든 사물을 생성하는 영험한 신령(神靈)'이라 풀이한 모토오리 노리나가의 해석이 지배적이다. 〔☞38페이지 〔깊이 읽기 (02) '무스비'로 보는 신화와 현대의 만남〕 참조〕

7 세 신: 원문에는 '三柱神'라고 표현하였다. 여기에서 '柱'는 신을 세는 단위이며 일본어로는 '하시라(はしら)'라고 읽는다.

8 단독 신: 원문에 보이는 '独神'은 바로 다음 단에서 등장하는 '남녀 한 쌍의 대칭 신'(☞31페이지 참조)과 대비되는 개념으로 짝을 이루지 않고 단독으로 존재하는 신을 말한다. 형제가 없는 아이를 '독자'라고 하는 것과 같은 이치이다.

9 나타났다가: 원문 '成坐而'에 쓰인 '坐'는 《고사기》에서 경어이다. 직역하면 '나타나셨다'가 되지만 본서에서는 본문 속 경어는 생략하고 대화나 노랫말에 쓰인 경어만 번역했다.

10 몸을 감추었다: 원문에 쓰인 '隱身'이라는 표현을 '몸을 감추어 나타나지 않았다.'고 해석하여 이를 신의 죽음으로 보는 견해도 있다. 그러나 다카미무스히는 이후에 전개되는 [아시하라나카쓰쿠니 정복] 신화와 [천손, 히코호노니니기] 신화 등에 다시 등장하며 가무무스히 또한 [오쿠니누시의 나라 통합] 신화와 [아시하라나카쓰쿠니 정복] 신화 등에 다시 등장한다. 그러므로 이 문단에서 '隱身'을 단순히 신의 죽음으로 해석하기는 어렵다. 오히려 이 표현은 신들이 마치 그림자처럼 신화 전개를 뒤에서 지켜보는 존재가 되었음을 암시한다고 볼 수 있다.

11 나라가 어려: 원문에 쓰인 '国稚'라는 표현은 《이즈모풍토기》에도 등장하는 표현이며 이는 아직 정비되지 않은 상태의 나라를 의미한다. 《일본서기》 신대(상) 제1단 정문에서는 '땅덩어리가 떠돌아다니는 것이 마치 물 위를 떠다니는 물고기와 같았다.(洲壤浮漂、譬猶遊魚之浮水上也)'고 표현하고 두 번째 일서에서는 '마치 흘러 떠다니는 기름과 같았다.(譬猶浮膏而漂蕩)', 다섯 번째 일서에서는 '마치 바다 위를 떠다니는 구름이 뿌리내리지 못하는 상태와 같았다.(譬猶海上浮雲無所根係)'

라고 묘사하고 있다. 이는 앞서 완전체로 등장한 천상 세계인 다카아마하라와 대비하여 아직 미완성된 지상 세계를 나타내는 당대 표현이다. 여기에서 '地'가 아닌 '国'이 쓰인 것은 다카아마하라를 의식하여 대자연의 땅이 아닌 한정된 지역을 나타내고자 한 것으로 보인다. 즉 천지의 '地'가 '어스(earth)'라고 한다면 '国'은 '랜드(land)'에 해당한다. 따라서 '国稚'는 이후 등장할 이자나키(伊耶那岐神)와 이자나미(伊耶那美神)의 '오야시마쿠니(大八島国)'(☞주석 71 참조)라는 구체적인 판도의 출현을 암시하는 표현이라 할 수 있다.

12 떠다니는 기름: 원문에 보이는 '浮脂'는 한자의 원의대로 '떠다니는 기름'으로 해석한다. '浮'라는 표기는 《일본서기》에도 정문 및 여러 일서에 보이며(☞주석 11 참조) 물의 영상을 반영한 표현으로 볼 수 있다. 물은 아직 형태가 정비되지 않은 원초적 혼돈을 상징하며 이는 세계 여러 창세 신화에서 바다가 등장하는 이유와도 연결된다. 물 위에 떠다니는 기름 덩어리는 불완전하고 유동적인 상태를 암시하며 형체를 갖추지 못한 혼돈상태를 상징한다.

13 해파리처럼 둥둥 떠다니다가: 원문 속 '久羅下那州多蛇用弊流' 표현은 '流부터 앞의 열 자는 음독한다.(流字以上十字以音)'라는 독법이 제시되어 있으므로 일본어로 '쿠라게나스타다요헤루(くらげなすただよへる)'라고 읽을 수 있다. 여기서 '쿠라게'는 해파리, '나스'는 닮았다는 뜻, '타다요헤루'는 '떠다닌다(漂う)'라는 의미이므로 바다의 이미지를 강하게 내포한다.

14 마치 갈대가 싹 트는 것처럼 솟아날 때: 원문에 보이는 '如葦牙因萌騰之物而'에서 '葦牙'는 '갈대의 싹'을 뜻하며 뒤따르는 '萌'은 초목이 막 싹 트는 순간을 나타낸다. 이는 혼돈 속에서 나타난 최초의 징조로서 생명력이 움트는 모습을 묘사한 표현이다.

15 우마시아시카비히코지(宇摩志阿斯訶備比古遅神): 이 신명에 보이는 '우마시(宇摩志)'는 칭송의 의미를 지닌 수식어로 본래 신명이나 인명 및 일반 명사에 붙여 사용했으나 나중에는 음식의 맛만을 표현하는 말로 정착했다. '아시카비(阿斯訶備)'는 천상 세계와는 대응되는 개념

인 아시하라나카쓰쿠니를 연상시키는 용어이므로 천상 세계에 등장하는 신의 이름으로 어울리지 않는다. (☞주석 17 참조) '히코(比古)'는 남성의 미칭이며 '지(遲)'는 남성의 존칭을 나타내는 접미어이다. 따라서 이 신명은 갈대 싹처럼 솟아난 모습으로 생성된 남신이라는 의미로 볼 수 있다. 이 신은 《일본서기》 신대(상) 제1단 정문에는 보이지 않으며 두 번째·세 번째·여섯 번째 일서에 '可美葦牙彦舅尊'라는 표기로 등장한다.

16 아마노토코타치(天之常立神): 이 신은 다음에 나오는 구니노토코타치(国之常立神)와 대비되는 신으로 보인다. (☞주석 18 참조) 신명에 포함된 '토코(常)'는 한자의 원의대로 영원히 존재한다는 뜻으로 보기도 하고 같은 발음인 '토코(床, 마룻바닥의 의미)'로 보고 토대를 상징하는 말로 해석하기도 한다. 이 신은 특별한 다섯 천신(別天神) 중 한 신이지만 아마노미나카누시(天之御中主神)와 마찬가지로 별도의 전승이 없어 그 역할을 파악하기 어렵다. 이러한 점에서 이 신을 개벽 신화의 구성을 위해 만들어진 신이라고 보는 견해도 존재한다.

17 특별한 천신: 원문에 쓰인 '別天神'이라는 표현은 천신들 가운데에서도 별도로 구분할 정도로 특별하다는 의미가 있다. 이를 역으로 해석하면 아마노미나카누시부터 아마노토코타치(天之常立神)까지의 다섯 신은 후대에 다카아마하라 구조 속에 추가된 신들일 가능성이 크다. 신화 편집 과정에서 초반부가 새롭게 삽입된 것이라는 견해가 있는데 이러한 주장은 중국 문헌에 요순(堯舜) 전설이 추가된 사례와 불교 경전 등을 근거로 한다. 《구약성경(舊約聖經)》 창세기에서도 1장부터 2장 4절까지의 구절이 제의와 관련된 자료로 분류되며 이후 등장하는 여호와 자료의 창조 기사보다 후대에 삽입된 것이라는 해석이 존재한다. 이처럼 경전류의 관념화 과정에서는 모두(冒頭) 부분에 새로운 내용을 추가하는 경향이 강하다. 《고사기》를 경전으로 볼 수는 없지만 서두 부분이 가장 후대에 가공되었을 가능성은 부정하기 어렵다. 특히 우마시아시카비히코지가 지상 신의 명칭으로 더 적합함에도 불구하고 특별한 다섯 천신 중 하나에 포함된 것은 상당히 부자연스러운 점이다.

2. 칠대(七代) 신들의 출현

다음으로 나타난 신의 이름은 구니노토코타치國之常立神[18]이며 다음으로는 도요쿠모노豊雲野神[19]이다.

이 두 신도 역시 단독 신으로 나타났다가 몸을 감추었다.

다음으로 나타난 신의 이름은 우히지니宇比地邇神이며 다음으로는 그 짝[20]인 스히치니須比智邇神[21]이다.

다음으로 쓰노구이角杙神이며 다음으로는 그 짝인 이쿠구이活杙神[22]이다. 두 신이다.

다음으로 오호토노지意富斗能地神이며 다음으로는 그 짝인 오토노베大斗乃弁神[23]이다.

다음으로 오모다루於母陀流神이며 다음으로는 그 짝인 아야카시코네阿夜訶志古泥神[24]이다.

다음으로는 이자나키伊耶那岐神이며 다음으로는 그 짝인 이자나미伊耶那美神[25]이다.

이상 구니노토코타치부터 이자나미까지 합쳐 신들의 세상神世[26] 칠대七代라고 한다. 위의 두 단독 신은 각 일대(一代)로 센다. 그 다음에 쌍으로 나타난 열 신은 각 두 신을 합하여 일대로 센다.

원문

次、成神名、国之常立神。訓常立亦如上。次豊雲上野神。此二柱神亦、独神成坐而、隠身也。次、成神名、宇比地邇上神。次、妹須比智邇去神。此二神名以音。次、角杙神。次、妹活杙神。二柱次、意富斗能地神。次、妹大斗乃弁神。此二神名亦以音。次、於母陀流神。次、妹阿夜上訶志古泥神。此二神名皆以音。次、伊耶那岐神。次、妹伊耶那美神。此二神名亦以音如上。上件、自国之常立神以下、伊耶那美神以前、幷称神世七代。上二柱独神、各云一代。次双十神、各合二神云一代也。

주석

18 구니노토코타치(国之常立神): 이 신은 앞서 등장한 아마노토코타치(天之常立神)와 대칭을 이루도록 배치한 신으로 보인다. (☞주석 16 참조) 《일본서기》에서는 이 신을 '国常立尊'라 표기하며 《고사기》와 달리 맨 처음 등장시켜 매우 중요한 태초 신으로 설정하고 있다. 이는 두 문헌 간의 가장 결정적인 차이점 중 하나다. 《일본서기》에서는 《고사기》의 최초 신인 아마노미나카누시를 정문이 아닌 네 번째 일서에서만 언급하고 있으며 아마노토코타치 역시 여섯 번째 일서에만 등장한다. 한편 두 문헌 모두 이 신의 이름만 언급할 뿐 신화 속에서 어떠한 활약도 기록하지 않아 구니노토코타치의 신격은 불명확하다.

19 도요쿠모노(豊雲野神): 이 신은 《일본서기》 신대(상) 제1단 정문에서는 도요쿠무누(豊斟渟尊), 첫 번째 일서에서는 도요쿠니누시(豊国主尊), 도요쿠무노(豊組野尊), 도요카후시노(豊香節野尊), 우카후노토요카히(浮経野豊買尊) 등 다양한 신명으로 등장한다. 신명의 의미는 구름이 무성하게 떠다니는 모습을 상징한 것으로 보인다. 한편 원문에서 신명 도요쿠모노(豊雲上野神) 사이에 보이는 '上'이라는 주기

(注記)는 중국어의 사성 발음을 표시한 것이다. 다음에 나오는 스히지니(須比智邇去神)의 신명 속 '去'도 마찬가지다. 《고사기》에는 이러한 주기가 모두 18번 등장하며 그 중 '上'은 17번 나오고 '去'는 스히지니의 용례 1번뿐이다.

20 짝: 원문의 '妹'라는 표기는 《고사기》에서 부부나 남매가 남녀 한 쌍을 이룰 때 여성 측을 가리키는 칭호이다. 본 장에서는 '짝' 혹은 '쌍' 등으로 해석했다. 한편 한자 '妹'에는 손아래 누이를 뜻하는 의미가 포함되어 있어 여성을 손아랫사람으로 인식하는 경향이 반영된 것으로 볼 수 있다.

21 우히지니(宇比地邇神) · 스히치니(須比智邇神): 신명에 보이는 '히지(比地)'와 '히치(比智)'는 진흙을 나타내는 일본어 고어로 보는 견해가 일반적이다. 이 두 신은 이름만 등장할 뿐 전승이 없어 신들의 성격은 알 수 없다. 원문에서 이 두 신명 사이에 쓰인 '上'과 '去'는 중국어의 사성 발음을 표시한 것이다. (☞주석 19 참조)

22 쓰노구이(角杙神) · 이쿠구이(活杙神): '쓰노(角)'는 뿔을 의미하므로 땅에서 싹트는 새싹을 비유하는 표현이며 '이쿠(活)'는 생성과 발전을 의미하는 주술적인 표현이므로 두 신은 혼돈 속에 싹터 오르는 생명력의 태동을 상징하는 것으로 이해할 수 있다. 이는 흙 속에서 새로운 싹이 힘차게 올라오는 것처럼 뿌리에서 줄기가 올라오는 현상을 상징화한 신으로 설명할 수 있으며 마치 국토가 차츰차츰 정비되어 가는 상황을 묘사한 표현일 것이다.

23 오호토노지(意富斗能地神) · 오토노베(大斗乃弁神): 이 두 신의 이름에서 '오호토(意富斗, 현대어로는 '오토(おおと)'라 발음)'와 '오토(大斗)'는 공통되며 어미(語尾)의 '지(地)'와 '베(弁)'는 각각 남녀를 상징하는 대칭 표현이라고 볼 수 있다. 이 두 신은 《일본서기》에 다양한 별명이 기록되어 있다. 제2단 정문에는 '오토노지(大戶之道尊)를 오토노베(大戶之辺)라고도 한다.'는 주기가 보인다. 또한 이 신의 짝인 오토마베(大苫辺尊)를 소개하며 이 두 신의 별명으로 오토마히코(大

戸摩彦尊) · 오토마히메(大戸摩姫尊)와 오토미지(大富道尊) · 오토미베(大富辺尊) 등이 있다고 소개한다. 이렇듯 다양한 별명이 존재하지만 '오토'라는 어간은《고사기》와《일본서기》모두 일치한다. '토'에 대해서는 장소로 해석하는 견해와 남녀의 성기를 암시하는 표현으로 보는 견해가 있다.

24 오모다루(於母陀流神) · 아야카시코네(阿夜訶志古泥神): 오모다루(於母陀流神)의 '오모'는 얼굴을 의미한다는 견해가 지배적이며 '다루'는 다양한 신격에 붙는 주술적인 의미를 갖는 표현이다. 이 신명은 국토의 표면이 점차 충족되어 가는 과정을 나타낸 것으로 볼 수도 있고 인간의 형성과 연관 지어 얼굴과 신체의 형태가 점차 갖추어지는 과정을 신격화한 존재로 해석할 수도 있다. 아야카시코네(阿夜訶志古泥神)는《일본서기》신대(상) 제2단 정문에 오모다루(面足尊)의 대칭 신이며 가시코네(惶根尊), 아야카시코네(吾屋惶根尊), 이미카시키(忌橿城尊), 아야카시키(吾屋橿城尊) 등 다양한 이름이 보인다. 이 신은 대칭 신으로 설정되어 있다는 점에서 여성적인 이미지를 나타내는 신격으로 해석하는 것이 타당할 것이다. 원문에서 아야카시코네 신명 속에 보이는 '上'이라는 주기는 중국어의 사성 발음을 표시한 것이다. (☞주석 19 참조)

25 이자나키(伊耶那岐神) · 이자나미(伊耶那美神): 두 신의 이름에 공통으로 보이는 '이자나(伊耶那)'는 '유혹하다'는 의미의 '이자나후(いざなふ)'의 어간으로 해석하고 '키(岐)'와 '미(美)'는 각각 남성과 여성을 나타내는 표현으로 이해하는 것이 일반적이다. 이자나키 신명에 쓰인 '岐'의 음독에 대해서는 탁음 '기(ぎ)'와 청음 '키(き)'로 의견이 나뉜다. 모토오리 노리나가는 '기'로 읽었으나 이후 연구에서는 '岐'를 청음으로 읽는 용례가 지배적이라는 점을 근거로 '키'로 읽는 해석이 우세해졌다. 이에 따라 본서에서도 근래의 연구 성과를 반영하여 청음 '키'를 채택했다. 이 두 신은 이후 전개되는 [이자나키와 이자나미] 신화와 [요모쓰쿠니와 미소기] 신화에서 주로 '伊耶那岐命 · 伊耶那美命'로 표기되어 등장하며 신명에 '大神'이 붙기도 한다. (☞주석 172,

176 참조) 《일본서기》에는 '伊弉諾尊·伊弉冉尊'로 표기되어 있다.

26 신들의 세상(神世): 원문에 쓰인 '神世'는 천황이 통치하는 시대를 뜻하는 '현세(現世)'와 대비되는 개념인 '신들의 세상'을 칭하는 표현으로 해석하는 것이 일반적이다.

깊이 읽기 (01)

신들의 무대, 다카아마하라(高天原)

　신화는 고대인들의 상상력이 응집된 산물이라 할 수 있다. 일본 신화에는 현실 세계와는 다른 상상의 공간이 여럿 등장하는데 무엇보다도 가장 핵심적인 가상공간이라고 할 수 있는 곳이 바로 다카아마하라(高天原)이다.
　다카아마하라는 문자 그대로 '높은 하늘의 들판'이라는 뜻으로 일본 신화에서 천신(天神)들이 거주하는 천상 세계를 의미한다. 이후에 전개되는 [아마테라스와 스사노오] 신화에서 다카아마하라는 태양신인 아마테라스(天照大御神)가 주관하는 공간으로 거듭나고 아마테라스가 아마이와야(天石屋)에 숨자 다카아마하라뿐 아니라 아시하라나카쓰쿠니(葦原中国)까지 어두워졌다고 전하고 있다. 또한 [스사노오와 이즈모] 신화에서 스사노오(須佐之男命)가 다카아마하라에서 추방당해 이즈모국(出雲国)에 도착한 장면과 [천손, 히코호노니니기] 신화에서 히코호노니니기(日子番能邇々芸命)가 아시하라나카쓰쿠니로 가는 장면에서 모두 분명하게 '천강(天降)'이라는 표현을 쓴 것으로 보아 다카아마하라는 아시하라나카쓰쿠니보다 수직선 상으로 더 높은 위치에 있는 상위공간으로 설정되어 있음을 확인할 수 있다. 고대인들은 하늘에 신들의 세계가 별도로 존재한다고 상상한 것이다.
　더 흥미로운 점은 이 천신들의 세계에도 고대국가의 왕권 질서가 적용되고 있다는 점이다. 다카아마하라에 최초로 나타난 다섯 신은 '특별한 천신(別天神)'이라고 불리며 다른 신들과 구분하고 있음을 알 수 있다. 이 중에서 다카미무스히(高御産巣日神)는 [아시하라나카쓰쿠니 정복] 신화에서 아마테라스와 대등한 입장에서 여러 신들에게 명령을 내리는 등 권위자의 모습으로 등장한다. 이처럼 다카아마하라를 주관하는 아마테라스를 주축으로 설정된 명령체계와 명령 집행의 양상은 고대국가의 왕권 질서와 매우 흡사하다. 다시 말해 고대인들이 상상한 신들의 세계는 당시 왕권의 위계질서를 반영한 공간으로 이해할 수 있다.

또한 이와 더불어 일본 신화의 스토리 전개에 계보의 중요성도 빼놓을 수 없다. 다카아마하라를 주관하는 아마테라스는 자신의 손자인 히코호노니니기를 지상 세계인 아시하라나카쓰쿠니로 내려보낸다. 그 후손이 일본의 초대 천황 진무(神武)로 이어진다는 서사는 천황이 바로 다카아마하라에서 활약하는 천신의 혈통을 계승한 신성한 존재임을 드러낸다. 이러한 점에서 신화는 천황의 신성성에 대한 근본적 토대가 되기도 하며 다카아마하라는 고대 왕권의 정통성을 정초하는 상징적 공간으로 기능한다고도 볼 수 있을 것이다.

글: 조유미

깊이 읽기 (02)

'무스비(むすび)'로 보는 신화와 현대의 만남

'무스비(むすび)'는 현대 일본어에서 '연결', '인연' 등의 의미로 널리 사용된다. 신카이 마코토(新海誠)의 애니메이션 영화《너의 이름은.(君の名は。)》에서 '무스비'는 서로 다른 시공간에 있는 주인공 다키(滝)와 미쓰하(三葉)를 연결해 주는 근본적인 힘을 상징하는 핵심 키워드이다. 이 작품에서 '무스비'는 사람과 사람, 나아가 시간과 공간까지 연결하는 초월적인 힘을 의미한다.

이러한 문화 콘텐츠 속 '무스비'의 어원을 일본 신화에서 구하는 견해가 있다. 일본 신화에 등장하는 다카미무스히(高御産巣日神)와 가무무스히(神産巣日神)라는 신명에 공통으로 보이는 '産巣日'는《일본서기(日本書紀)》의 독법에 근거하여 '무스비'로 읽어 왔다. 그러나 최근에는 '日'가 '비(び)'로 발음된 다른 문헌의 용례가 없다는 것을 근거로 '무스히(むすひ)'로 읽는 것이 적절하다고 보는 견해가 많다. '무스히'는 본래 '낳다(産)' 또는 '생성하다(生)'의 의미인 '무스'와 신성한 힘을 뜻하는 '히'가 결합한 것으로 만물을 생성하고 생명을 탄생시키는 신성한 창조력을 상징한다.

일본 고대인들에게 '무스히'는 만물의 창조 원리를 설명하는 핵심 개념이었다. 다카미무스히와 가무무스히는 다카아마하라(高天原)에 최초로 등장한 '특별한 천신(別天神)'으로 다른 천신들과 구분 지은 존재들이다. 이들이 가진 '무스히'의 힘은 천상 세계에서도 특별한 것으로 질서와 생명의 원리를 관장하는 힘으로 표현된다. 다카미무스히는 [아시하라나카쓰쿠니 정복] 신화와 [천손, 히코호노니니기] 신화 등에서 아마테라스(天照大御神)와 함께 다카아마하라의 위계질서의 중심에 있는 신으로 등장하며 가무무스히는 [오쿠니누시의 나라 통합] 신화와 [아시하라나카쓰쿠니 정복] 신화에서 오곡을 탄생시키고 오쿠니누시(大国主神)를 부활시키는 등 생명력을 관장하는 신으로 등장한다.

시간이 흐르면서 '무스히'라는 개념은 점차 일상적인 맥락에서도 사용되기 시작하였다. 일본의 진화제(鎭火祭)에서 쓰는 '호무스히(火結神)'라는 표현에 연결의 의미를 갖는 한자 '結'이 쓰인 것은 '무스히'가 생성과 창조라는 원초적 의미에서 '연결'과 '결합'이라는 의미로의 확장을 잘 보여준다. 이러한 과정에서 '무스히'는 점차 '무스비(結び)'라는 형태로 와전되어 오늘날의 '연결'과 '인연'을 나타내는 보다 친근한 개념으로 자리 잡은 것이다.

이러한 변화를 통해 일본 신화 속 '무스히' 개념이 현대 문화에서 '무스비'라는 형태로 재탄생하게 되었다. 신화는 과거의 고정된 이야기로만 존재하는 것이 아니라 인간의 상상력을 통해 끊임없이 재해석되고 변용되고 있으며 고대와 현대를 연결하는 창의적인 접점으로 발전하고 있다.

글: 조유미

2장
이자나키(伊耶那岐命)와 이자나미(伊耶那美命)

1. 오노고로섬(淤能碁呂島)

 그리하여 천신天神[27]들은 여러 뜻을 모아 이자나키와 이자나미 두 신에게 명했다.[28]

 "이처럼 둥둥 떠다니고 있는 나라[29]를 고정시켜 단단하게 만들라!"

 (그리고) 신성한 창[30]을 내려주며 하명[31]했다. 이에[32] 두 신이 신성한 다리[33]에 서서[34] 그 창을 아래로 내려 휘휘 저으니 바닷물에서 '꼬로록 꼬로록'[35]하는 소리가 나서 창을 끌어올리자 그 창끝에서 소금물이 뚝뚝 떨어져 쌓이더니 마침내 섬이 되었다.[36] 이것이 바로 오노고로섬 淤能碁呂島[37]이다.

원문

於是天神諸命以、詔伊耶那岐命、伊耶那美命二柱神、修理固成是多陀用弊流之国、賜天沼矛而、言依賜也。故、二柱神、立訓立云多々志。天浮橋而、指下其沼矛以畫者、塩許々袁々呂々遍此七字以音。畫鳴訓鳴云那志也。而、引上時、自其矛末垂落塩之、累積成島。是、淤能碁呂島。自淤以下四字以音。

> 주석

27 천신(天神): 앞서 등장한 다섯 신으로 설정된 특별한 천신을 지칭한 것으로 볼 수 있다. 그 다섯 천신이 이자나키와 이자나미에게 국토를 단단하게 만들라고 명을 한 것이며, 그 명을 받은 두 신도 천신의 뜻을 받들어 임무를 수행해야 한다는 것을 의미한다. 이것은 고대 수신사상(随神思想), 즉 위임사상을 반영한 표현이라고 볼 수 있다. 《고사기(古事記)》에는 이와 같은 기술 태도와 사상을 바탕으로 한 천신 신앙이 분명히 나타나 있다. 그러나 《일본서기(日本書紀)》에는 '천신'의 설정이 불분명하고 시작도 신들의 세상(神世) 7대부터이다. 또한 신대(상) 제4단 정문에는 천신이 하명하는 장면이 없다. 다만 첫 번째 일서에서 유일하게 천신의 명령이 보이기는 하나 전체 스토리의 흐름은 두 신이 자발적으로 나라를 구하다가 오노고로 섬을 얻는 것으로 묘사되어 있어 《고사기》와 같은 수신 사상이 보이지 않는다. (☞주석 17 참조)

28 명했다: 원문의 한자 표기는 '詔'이다. '詔'는 '분부하다', '고하다'의 뜻이 담긴 공적 명령의 표현이다. 천신이 명령하는 모습이 마치 실제 조정에서 천황이 신하에게 명령하는 듯한 인상을 주고 있다. 이러한 관점에서 천상계는 중앙 조정의 이미지를 연상시키는 신화적 공간이라는 관념이 작용하고 있다는 것을 알 수 있다. (☞36페이지 [깊이 읽기 (01) 신들의 무대, 다카아마하라] 참조)

29 둥둥 떠다니고 있는 나라: '떠다니고 있는 나라'라는 표현은 앞서 등장한 바 있으며, 이 장면에서도 나라가 아직 미성숙하고 마치 기름기가 떠 있는 듯한 이미지를 연상시킨다. 이는 곧 혼돈 상태가 지속되고 있음을 암시한다. 앞서 등장한 신들의 세상(神世) 7대의 신들 또한 혼돈 속에서 출현한 존재들이다. 따라서 천신들이 이자나키와 이자나미에게 가장 먼저 내린 명령은 '혼돈스럽게 떠다니는 나라를 고정시켜 단단하게 만들라'는 것이었다. 혼돈의 반대 개념은 '질서'이며 이를 자연적·정치적 질서의 함축으로 해석하는 견해도 있다. 그러나 이 장면에서는 주로 자연적 질서의 형성을 의미하는 것으로 볼 수 있다.

30 신성한 창: 원문 표기인 한자 '天沼矛'라는 명칭에서 '天'은 천상 세계인 다카아마하라의 영험과 신성성을 나타내는 수식어로 본서에서는 이를 '신성한' 의미로 해석하였다. 또한 '沼'는 옥(玉)을 의미하며, 《일본서기》에서는 '瓊玉'이라는 한자로 표현되어 있다. 따라서 이 창은 구슬로 장식된 신성한 창이라는 뜻을 지닌다. 고대 국가 이전부터 '창'은 제사에서 사용되는 주술적 도구로 여겨졌다.

31 하명: 원문에는 '言依賜'라고 표기되어 있으며 이를 '위임하다'로 해석한 모토오리 노리나가(本居宣長)는 이 표현을 《고사기》 신대를 관통하는 핵심이념으로 보았다. 그러나 본서에서는 원문의 한자 원의를 최대한 살려 '말씀이 전해지다', '말씀이 있었다', '말씀이 내려지다', '하명하다' 등의 의미로 해석했다. 이 표현은 《고사기(古事記)》 내에서 '言因賜', '言依賜', '事依賜' 등의 형태로도 등장한다. ☞주석 454 참조

32 이에: 《고사기》에는 '故', '於是', '爾' 등의 접속어가 총 400회 이상 등장한다. 이는 '그래서', '그러니까' 등의 의미로 번역할 수 있다. 이러한 표현이 빈번하게 사용된 이유는 설화 형식으로 구전된 내용을 있는 그대로 기록하면서 발생한 현상으로 이야기 전개가 '계기'의 질서에 따라 이루어지고 있음을 보여준다. 이러한 시간의 단순한 '계기성(継起性)'은 원시적 산문의 특징이며 이러한 기술 방식은 헤이안(平安) 초기까지 지속되었다. 이후 시간의 '계기성'이 깨지고 '동시성'이 도입되는 것은 《겐지모노가타리(源氏物語)》부터이다. 이는 일본 문학사에서 중요한 전환점으로 평가된다.

33 신성한 다리: 원문 표기는 '天浮橋'이다. 한자 표기를 보면 천상 세계와 지상 세계를 잇는 다리로 해석할 수 있으며, 일부 견해에서는 이를 '무지개'에 비유하기도 한다. 또한 천지가 아직 크게 갈라지지 않아 그 사이를 자유롭게 왕복할 수 있다는 관념에서 비롯된 표현으로 볼 수도 있다. 니니기의 천손강림 전승에서도 이 다리를 통해 지상 세계로 내려온다. 한편 단순히 다리를 타고 내려오는 것이 아니라 다리 위에서 특정한 행위를 수행하는 것은 특별한 제의(祭儀), 즉 다카아마하라

(高天原)에서 유래한 강림 제식으로 해석하는 견해도 있다.

34 서서: 원문에 '立'은 '타타시(多々志)'로 훈독한다는 독법이 있으므로 원래는 '서 계시다'라는 의미의 경어로 해석해야 하지만 본서에서는 평서체인 '서서'로 해석하였다.

35 꼬로록 꼬로로록(許々袁々呂々邇): 원문에 '許々袁々呂々邇'는 음독하라는 독법이 제시되어 있어 이에 따라 표기 순서대로 일본어로 발음하면 '코코오오로로니'가 된다. 하지만 오늘날 주석서에서는 이를 '코오로코오로니'로 해석하여 바다의 생동감을 표현하기 위한 의성어로 볼 수 있다고 하였다. 이에 본서에서도 바닷물에서 나는 소리의 생동감을 살려 '꼬로록 꼬로로록'으로 해석하였다.

36 창을 바다에 내려서 섬을 구한다는 신화는 남태평양 섬들에 전승되는 창생 신화에서 원형을 찾는 견해가 있다. 폴리네시아의 신화에 따르면 태초의 신들은 천상에서 살고 있었으며 그 밑에는 큰 바다가 있었다. 그 바다에 천신이 돌을 던지자 대지가 되었다거나 천신이 대양의 바닥에서 땅을 건져 올렸다는 유형의 신화이다. 이 신화는 남방형 신화와 관계가 깊다.

37 오노고로섬(淤能碁呂島): 어의로 보면 '저절로 굳는다.(自ずと凝る)'라는 일본어를 연상시킨다. 물론 이 섬은 어디까지나 신화 속의 상상적 공간이다. 바닷물이 떨어져 쌓이면서 섬과 육지가 만들어졌다는 신화적 발상은 오세아니아를 중심으로 한 해양민족 신화에서 엿볼 수 있는 요소라는 점에서 일본문화가 해양민족의 영향을 강하게 받았다는 견해가 있다. 한편 실제 지명으로 보고 현재의 효고현(兵庫県) 아와지시(淡路市)로 설정하는 견해도 있다.

2. 두 신의 교합

두 신은 그 섬에 내려가[38] 신성한 기둥[39]으로 여기고 매우 큰 궁전[40]으로 삼았다. 그리고 그 아내[41]인 이자나미에게 물었다.

"자네의 몸은 어떻게 생겼는가?"

그러자 (이자나미가) 대답했다.

"제 몸은 생기고 생기다 온전히 생기지 못한 곳이 한 군데 있나이다."

그러자 이자나키가 다시 물었다.

"내 몸도 생기고 생기다가 더 생긴 곳이 한 군데 있으니 나의 그곳을 그대의 온전히 생기지 못한 곳에 끼워 넣어 국토를 생성하려고 하는데 낳는 것에 대해 어떻게 생각하는가?"

이자나미가 대답했다.

"좋습니다"

그러자 이자나키가 말했다.

"그럼 우리 둘이 이 기둥을 돌고 만나서 같이 잡시다.[42]"

이렇게 기약한 후 말했다.

"그대는 오른쪽으로 돌고 나는 왼쪽으로 돌아 만납시다."

그리고 두 신은 기둥을 돌기 시작했다. 그런데 이자나미가 먼저 말을 했다.

"아! 정말 정말 멋진 사내여!"⁴³

뒤이어 이자나키도 말했다.

"아! 정말 어여쁜 여인이여!"

두 신은 서로 말을 마친 후, 이자나키가 이자나미에게 말했다.

"여인이 먼저 말을 하는 것은 좋지 않소이다!"⁴⁴

그럼에도 불구하고 잠자리에⁴⁵ 들어 낳은 아이가 히루코水蛭子⁴⁶였다. 이 아이는 갈대로 만든 배에 태워 흘려보냈다.
다음에는 아와시마섬淡島⁴⁷을 낳았다. 이 역시 자식 수에는 넣지 않았다.
그래서 두 신이 상의하고 말했다.

"지금 우리가 낳은 아이는 좋지 못하다. 역시 천신이 있는 곳⁴⁸
에 가서 아뢰는⁴⁹ 것이 좋겠소이다."

곧바로 함께 올라가 천신에게 명을 청하였다. 그러자 천신의 명으로 서로 점⁵⁰을 치고 나서 말했다.

"여자가 먼저 말한 것은 좋지 않다. 그러므로 다시 내려가 고
쳐 말해야 한다."

그리하여 다시 내려가 이전에 했던 것과 같이 신성한 기둥을 돌았다. 이번에는 이자나키가 먼저 말했다.

"아! 정말 어여쁜 여인이여!"

다음에 아내인 이자나미가 말했다.

"아! 정말 정말 멋진 사내여!"

於其島天降坐而、見立天之御柱、見立八尋殿。於是、問其妹
伊耶那岐命曰、汝身者、如何成、答白、吾身者、成々不成合
処一処在。爾、伊耶那岐命詔、我身者、成々而成余処一処
在。故、以此吾身成余処、刺塞汝身不成合処而、以為生成国
土。生、奈何、訓生云宇牟。下効此。伊耶那岐命答曰、然、善。
爾、伊耶那岐命詔、然者、吾与汝、行廻逢是天之御柱而、為
美斗能麻具波比。此七字以音。如此之期、乃詔、汝者、自右廻
逢、我者、自左廻逢。約竟以廻時、伊耶那岐命先言、阿那邇
夜志、愛上袁登古袁、此十字以音。下効此。後伊耶那岐命言、阿那
邇夜志、愛上袁登売袁、各言竟之後、告其妹曰、女人先言、不
良。雖然、久美度邇此四字以音。興而生子、水蛭子。此子者、入
葦船而流去。次、生淡島。是亦、不入子之例。於是、二柱神議
云、今吾所生之子、不良。猶宜白天神之御所、即共参上、請
天神之命。爾、天神之命以、布斗麻邇邇上此五字以音。卜相而詔
之、因女先言而、不良。亦、還降改言。故爾、反降、更往廻其
天之御柱、如先。於是、伊耶那岐命先言、阿那邇夜志、愛袁
登売袁、後妹伊耶那岐命言、阿那邇夜志、愛袁登古袁。

주석

38 **내려가**: 원문에는 '天降'이라고 표기되어 있다. 이 표현은 다카아마하라에서 천신의 명에 따라 내려왔다는 의미를 암시하므로《고사기》에서는 천신관념을 강하게 반영하고 있는 것으로 보인다.

39 **신성한 기둥**: 원문에는 '天之御柱'라고 표기되어 있다. 여기에서의 '天'은 앞에서 등장한 '天沼矛', '天浮橋'와 같이 신성함을 강조한 미칭 표현이다. (☞주석 30, 33 참조) 이 기둥은 신들이 천지 사이를 오르내리는 신성한 기둥을 의미했던 것으로 보인다.《일본서기》의 정문에는 '国中之柱'라는 표현이 있다. 또한 다쓰다 신사(竜田神社)의 축문에도 천지를 왕래하는 풍신(風神)에 대해 '天御柱大神', '国御柱大神'이라고 칭한 기사가 있다.《고사기》에서 '天'과 함께 또 다른 미칭인 '御'를 중복 접속하여 '御柱'라고 표기한 것은 기둥의 신성함을 한층 강조한 표현으로 볼 수 있으며 통상적으로 단순한 의미의 기둥에는 '御'를 붙이지 않는 것이 일반적이다. (☞82페이지 [깊이 읽기 (03) 신화 속 사랑과 결혼, 이자나키·이자나미가 남긴 교합이야기] 참조)

40 **매우 큰 궁전**: 원문에는 '八尋殿'라고 표기되어 있다. 여기에서 '尋'는 '양손을 펼친 길이'를 의미하고 '八'는 실수(實數)가 아니라 '크다'라는 의미의 상징수이다.

41 **아내**: 원문 표기는 '妹'이다. 이 한자는 원래 '여동생'을 의미하지만 이자나키와 이자나미는 성적 결합을 통해 국토와 신들을 낳으므로 부부관계로 이해할 수 있다. 따라서 여기서는 '아내'로 해석하였다. (☞주석 20 참조)

42 **잡시다**: 원문에 '美斗能麻具波比', 이 일곱 자는 음독하라는 독법에 따라 '미토노마구하히'라고 읽는다. 이는 남녀가 성교하는 행위를 의미하는 옛 일본어로 볼 수 있다.《일본서기》에서는 '遘合' '共為夫婦'라고 표기한다. '미토(美斗)'는 '御所'라는 의미로 볼 수 있으므로 교합하는 장소를 '성소'로 표현했다고 할 수 있다. 또한 '마(麻)'는 '메(目)'의 와전으로 서로의 눈을 마주하여 마음을 통하게 한다는 의미가 담겨 있

어 본서에서는 다소 적나라한 표현으로 남녀의 '성적 결합'으로 해석하였으나 '결혼' 또는 '성혼'으로 해석하는 경우도 많다.

43 아! 정말 정말 멋진 사내여!: 원문에 '阿那邇夜志愛袁登古袁' 는 음독하라는 독법이 제시되어 있어 '아나니야시에오토코오'라고 읽어야 하며, 이 문장에 사용된 '오토코(袁登古, をとこ)'는 젊은 남성을 의미한다. 현대 일본어에서는 '오토코(おとこ)'라고 하지만 일본 고대에는 나이에 따른 언어적 구분이 존재했다. 즉 나이가 많은 경우 '아(あ)'행의 '오(お)', 나이가 적은 경우 '와(わ)'행의 '오(を)'를 사용하는 언어습관이 있었다. 이는 고령의 남성을 뜻하는 '오키나(おきな)'가 동시대 가집인《만엽집(万葉集)》에서 '於伎奈' 또는 '於吉奈'로 표기되며 아행의 '오(お)'가 사용된 점에서도 확인할 수 있다. 따라서 이후 등장하는 '오토메(袁登売, をとめ)' 역시 젊은 여성을 의미하므로 오토코와 마찬가지로 '오(を)'로 표기하였음을 알 수 있다.

44 이자나미가 먼저 선창한 행위에 대해 이자나키가 비난한 장면을 두고 근대 역사학자 쓰다 소키치(津田左右吉)는 남존여비 사상이 반영된 것이라고 주장했다. 그는 또한 좌우의 방향과 남녀 관계가 '천좌선(天左旋) 지우선(地右旋)', 즉 '하늘은 왼쪽으로 회전하고 땅은 오른쪽으로 회전한다.'는 개념과 연결되며 이는 '양도좌회(陽道左廻)'라는 중국 사상이 반영된 것으로 보았다.

45 잠자리에: 원문에 보이는 '久美度邇, 이 네 자는 음독하라는 독법이 있어 '쿠미도니'라고 읽는다. 이곳은 부부의 '성혼 장소' 또는 '침소'를 의미하며 성혼이 이루어진 곳이라는 뜻을 담고 있다. 문맥상으로 볼 때 앞의 문장에서 언급된 '매우 큰 궁전(八尋殿)'을 다른 표현으로 나타낸 것이라 해석할 수도 있다. 또한 이후 아이를 낳았다는 이야기가 등장하는 점을 고려하면 아이가 태어난 장소인 '조산소'로 볼 수도 있다.

46 히루코(水蛭子): 이자나키와 이자나미 사이에서 처음 태어난 존재로 '蛭'은 '거머리'를 뜻하여 '거머리처럼 생긴 아이'라는 의미가 있다. 이후 본 장의 이야기 전개를 보면 이자나키와 이자나미가 교합하여 섬들

을 낳는 과정이 이어진다. 이때 가장 먼저 태어난 히루코를 자식 수에 넣지 않았다는 점에서 불완전한 존재로 그 탄생을 실패로 보는 견해가 많다. 한편《일본서기》신대(상) 제4단 일서와 제5단 정문에도 히루코와 관련된 기사가 있다. 먼저 제4단 첫 번째 일서에는 '먼저 히루코를 낳았다. 곧 갈대 배에 태워 흘려보냈다.(先生蛭兒。便載葦船而流之。)'는 기록이 있다. 또한 제5단 정문에는 일신(日神)과 월신(月神)을 낳은 뒤 '다음으로 히루코를 낳았다. 세 살이 다 되어도 다리가 제대로 서지 못하였다. 그래서 아마이와쿠스후네(天磐櫲樟船)에 실어서 바람 따라 흘려보냈다.(次生蛭兒、雖已三歲、脚猶不立、故載之於天磐櫲樟船而順風放棄。)'는 기사도 있다.

47 아와시마섬(淡島): '아와시마섬'은 특정한 섬을 지칭하는 용어가 아니다. 현재 '아와시마'라는 이름을 가진 곳은 일본 각지에 다수 존재하며 일부에서는 현재의 와카야마현(和歌山県)과 관련이 있다는 설도 있다. 또한 좁쌀처럼 떠 있는 작은 섬을 '아와시마'라고 부르는 경우도 있어, 이는 관념적으로 존재하는 가상의 섬일 가능성도 있다.

48 천신이 있는 곳: 원문에는 '天神之御所'로 표기되어 있다. 여기에서 '御所'는 '성스러운 장소'로 해석할 수 있으므로 '천신이 거주하는 성스러운 장소'를 의미한다. 그러나 천신들의 거처인 천상 세계 '다카아마하라(高天原)'로 표기하지 않은 이유는 여전히 의문으로 남는다. 이와 유사한 표현은《고사기》의 제15대 천황인 오진(応神) 기사에서도 찾아볼 수 있는데 '請白天皇之大御所而'라는 구절이 그 예이다. 다만 여기서는 '천신' 대신 '천황'이 등장한다는 차이가 있다.

49 아뢰는: 원문 표기인 '白'은 '曰'의 겸양을 나타내는 경어이므로 '아뢰다'라고 해석하였다.

50 점: 원문에 '布斗麻邇爾'라고 표기되어 있으며 이 다섯 글자는 음독하라는 독법에 따라 '후토마니니'라고 읽는다. '후토(布斗)'는 '太'라는 한자로 대응되는 미칭이다. '마니(麻邇)'는 '~하는 대로'라는 의미이므로 '복점의 징조가 나오는 대로'라는 뜻으로 해석할 수 있으나 모토오리

노리나가(本居宣長)는 이 해석이 불분명하다는 입장이다. '태점'은 고대의 공식 점술로 [아마이와야] 신화 단락에 등장하는 사슴의 어깨뼈를 '하하카'라는 나무껍질로 태워 길흉을 점치는 것과 관련이 있다. 보통 천신들의 배후에 신이 없는 것이 상식이나 여기 나오는 천신들은 복점을 치며 또 다른 신에게 의향을 묻기 위해 태점을 치고 있다. 이는 천상계의 지존조차 전지전능한 신이 아님을 나타낸다. 어떤 절대적 지위를 가진 존재 없이 일이 생길 때마다 신의를 가볍게 구하는 고대인의 신앙 습속이 반영된 표현으로 볼 수 있다. '태점'을 치는 장면은 《삼국지(三國志)》〈위서(魏書)〉 동이전(東夷傳) 왜인조(倭人条)에도 등장한다. 고대 중국에는 거북의 등껍질을 불로 지져 그 균열을 통해 길흉을 점치는 '귀점(龜卜)'이라는 점술이 있었다. 고대 중국인들은 거북의 둥근 등껍질을 하늘로, 네모난 배 껍질을 땅으로 상징하며 천지의 기운과 소통하려 했다. 거북은 신성한 존재로 여겨졌고 왕과 샤먼들은 중요한 의사 결정을 내릴 때 이 점복법을 사용했다고 한다.

3. 여러 섬(島) 낳기

　이렇게 말을 마친 다음 교합하여 낳은 아이가 아와지노호노사와케섬淡道之穗之狹別島[51]이다.
　다음으로 이요노후타나섬伊予之二名島[52]을 낳았다. 이 섬은 몸은 하나에 얼굴이 네 개였으며 각 얼굴에 이름이 있었다.[53] 그리고 이요국伊予国[54]을 에히메愛比売[55]라고 하고, 사누키국讚岐国[56]을 이요리히코飯依比古라고 하고, 아와국粟国[57]을 오게쓰히메大宜都比売라고 하고, 도사국土左国[58]을 다케요리와케建依別라고 한다.
　다음으로 오키노미쓰고섬隱伎之三子島[59]을 낳았다. 또 다른 이름[60]을 아메노오시코로와케天之忍許呂別라고 한다.
　다음으로 쓰쿠시섬築紫島[61]을 낳았다. 이 섬도 몸은 하나이고 얼굴이 네 개였는데 얼굴마다 각각 이름이 있었다. 그리고 쓰쿠시국筑紫国[62]을 시라히와케白日別라고 하고, 도요국豊国[63]을 도요히와케豊日別라고 하고, 히국肥国[64]을 다케히무카히토요쿠지히네와케建日向日豊久士比泥別라고 하며, 구마소국熊曽国[65]을 다케히와케建日別라고 한다.
　다음으로 이키섬伊伎島[66]을 낳았다. 또 다른 이름을 아마히토쓰하시라天比登都柱[67]라고 한다.
　다음으로 쓰시마섬津島[68]을 낳았다. 또 다른 이름을 아메노사데요리히메天之狹手依比売라고 한다.
　다음으로 사도섬佐度島[69]을 낳았다.
　다음으로 오야마토토요아키즈섬大倭豊秋津島[70]을 낳았다. 또 다른 이름을 아메미소라토요아키즈네와케天御虛空豊秋津根別라고 한다.
　그리고 이렇게 낳은 여덟 개 섬을 이른바 오야시마쿠니大八島国[71]라고 한다.

이후 돌아갈 때 기비코섬吉備兒島[72]을 낳았다. 또 다른 이름을 다케히코타와케建日方別라고 한다.

다음으로 아즈키섬小豆島[73]을 낳았다. 또 다른 이름을 오노데히메大野手比売라고 한다.

다음으로 오시마섬大島[74]을 낳았다. 또 다른 이름을 오타마루와케大多麻流別라고 한다.

다음으로 히메지마섬女島[75]을 낳았다. 또 다른 이름을 아마히토쓰네天一根[76]라고 한다.

다음으로 지카섬知訶島[77]을 낳았다. 또 다른 이름을 아메노오시오天之忍男라고 한다.

다음으로 후타고섬両兒島[78]을 낳았다. 또 다른 이름을 아메후타야天両屋라고 한다. 기비코섬(吉備兒島)에서 아메후타야섬(天両屋島)까지 모두 여섯 개의 섬이다.

원문

如此言竟而御合、生子、淡道之穗之狹別島。訓別云和氣。下效此。次、生伊予之二名島。此島者、身一而有面四。每面有名。故、伊予國謂愛上比売、此三字以音。下效此也。讚岐國謂飯依比古、粟國謂大宜都比売、此四字以音。土左國謂建依別。次、生隱伎之三子島。亦名、天之忍許呂別。許呂二字以音。次、生筑紫島。此島亦、身一而有面四。每面有名。故、筑紫國謂白日別、豊國謂豊日別、肥國謂建日向日豊久士比泥別、自久至泥以音。熊曽國謂建日別。曽字以音。次、生伊伎島。亦名、謂天比登都柱。自比至都以音。訓天如天。次、生津島。亦名、謂天之狹手依比売。次、生佐度島。次、生大倭豊秋津島。亦名、謂天御虛空豊秋津根

> 別。故、因此八島先所生、謂大八島国。然後、還坐之時、生吉備児島。亦名、謂建日方別。次、生小豆島。亦名、謂大野手上比売。次、生大島。亦名、謂大多麻上流別。自多至流以音。次、生女島。亦名、謂天一根。訓天如天 次、生知訶島。亦名、謂天之忍男。次、生両児島。亦名、謂天両屋。自吉備児島至天両屋島并六島。

주석

51 아와지노호노사와케섬(淡道之穂之狭別島): '아와지(淡道)'의 '지(道)'는《일본서기》에서 '路'로 표기되어 있다. 또한 두 사서에서는 섬을 낳는 순서에도 차이를 보인다.《고사기》에서는 이 섬을 가장 먼저 낳는다고 기술하는 반면《일본서기》신대(상) 제4단 일서(첫 번째·여섯 번째·아홉 번째)에서는 '오야마토토요아키즈섬'을 가장 먼저 낳았다고 기록하고 있다. 또한 이 섬은 다른 섬들과 달리 별칭이 없다는 점도 이례적이다. 현재의 아와지섬(淡路島)과 동일한 장소로 보는 견해가 유력하다. 한편 섬 이름에 등장하는 '와케(別)'라는 표현은 이후에도 여러 차례 등장한다. 특히 야마토 조정이 일본 전국을 통일한 사실이 기록된 제12대 천황 게이코(景行) 기사에 왕자들의 이름에 '別'가 포함된 경우가 많다. 이는 당시 지방(땅)을 나누어 다스리는 분봉(分封) 관념이 반영된 것으로 섬 이름에 '別'가 붙은 것도 이와 유사한 표현으로 볼 수 있다.

52 이요노후타나섬(伊予之二名島): 현재의 시코쿠(四国)를 지칭한다.

53 1도(島)4국(国)을 의인화한 표현으로 볼 수 있다. 자연적으로 생겨난 섬들이 아니라 이자나키와 이자나미 두 신의 성혼 과정에서 태어난 아이라는 의미를 담고 있다.

54 이요국(伊予国): 현재의 에히메현(愛媛県)을 지칭한다.

55 에히메(愛比売): 원문에 음독하라는 분주가 보이므로 '에히메(えひめ)'라고 읽는다. '愛' 또한 '사랑'의 의미가 아니라 음차한 것으로 보아야 한다. 원문에는 '愛上比売'라고 표기하는데 이 신명 사이에 쓰인 '上'은 중국어의 사성 발음을 표시한 것이다. (☞주석 19 참조) [여러 섬 낳기] 신화에서 섬 이름에 여성을 나타내는 '히메'와 남성을 나타내는 '히코'를 붙여 신명의 형태로 제시한 경우가 있다. 이는 명료한 의인화로 남녀 두신이 생식행위를 통해 국토를 낳는다는 신화의 논리에 어울리는 표현법으로 볼 수 있다.

56 사누키국(讃岐国): 현재의 가가와현(香川県)의 옛 지명이다.

57 아와국(粟国): 현재의 도쿠시마현(徳島県)을 말한다.

58 도사국(土左国): 현재의 고치현(高知県)을 지칭한다.

59 오키노미쓰고섬(隱伎之三子島): 현재 시마네현(島根県)에 있는 오키(隱伎)섬을 말한다.

60 다른 이름: 원문에는 '亦名'으로 표기되어 있다. '또 다른 이름', '별칭'을 의미하는 표현으로 고문서에서 인명, 지명, 신명 등의 별칭을 설명할 때 자주 사용한다. 이는 정식 명칭과 일반적 호칭의 차이를 나타내며 전승 모체의 차이로 이해할 수 있다.

61 쓰쿠시섬(築紫島): 현재의 규슈(九州)지역으로 특히 규슈 중부에 위치한 구마모토(熊本県)라는 설이 유력하다.

62 쓰쿠시국(筑紫国): 현재의 후쿠오카현(福岡県)이다.

63 도요국(豊国): 현재의 오이타현(大分県)과 후쿠오카현 일부 지방을 포함한 지역이다.

64 히국(肥国): 현재의 나가사키현(長崎県)·구마모토현(熊本県)·사가현(佐賀県)·미야자키현(宮崎県)이다.

65 구마소국(熊曽国): 현재의 구마모토현(熊本県)의 남부와 가고시마현(鹿児島県) 일대를 지칭하는 표현이다.

66 이키섬(伊伎島): 현재 나가사키현(長崎県)에 위치한 쓰시마(対馬)와

규슈사이에 있는 이키(壱岐)섬을 말한다.

67 아마히토쓰하시라(天比登都柱): 여기에서 '天'은 원문의 독법 '訓天如天'에 따라 '아마'로 읽는다. 또한 신명의 의미로 볼 때 이는 넓고 광대한 천지에 단 하나뿐인 기둥을 뜻하며 바다에 세워진 하나의 기둥을 의미한다고 해석하는 견해가 있다.

68 쓰시마섬(津島): 현재 나가사키현(長崎県)에 있는 쓰시마(対馬)이다. '이키'섬과 '쓰시마'는 모두 《삼국지(三國志)》〈위서(魏書)〉 동이전(東夷伝)에 등장한다. 이 섬이 한반도의 고대국가와 왕래하는 해로의 요충지였다는 점에 주목할 필요가 있다. 그런데 이 두 섬이 두 신이 직접 낳았다고 기술되어 있는 기사는 《고사기》와 《일본서기》 신대(상) 제4단 일곱 번째 일서뿐이다.

69 사도섬(佐度島): 현재 니가타현(新潟県)에 있는 사도(佐渡)섬을 지칭하는 곳이다.

70 오야마토토요아키즈섬(大倭豊秋津島): 《일본서기》에는 '大日本豊秋津洲'라는 한자로 표기하고 있으며 '일본(日本)'을 '야마토(倭)'로 읽는다는 독주가 있다. 여기에서 '오(大)'와 '토요(豊)'는 미칭이며 야마토는 '일본'에 대입할 수 있다. 모토오리 노리나가(本居宣長)는 원래 야마토가 특정 지명이었으나 초대 천황 진무(神武)가 이곳에 왕도를 정하면서 현재의 국가 명칭으로 격상되었다고 해석했다. 여기에서 '야마토'는 야마토 지방을 중심으로 한 기나이(畿内)지역을 의미하며 더 넓게는 '혼슈(本州)' 전체를 지칭한다는 해석도 있다. 그러나 이자나키와 이자나미가 낳은 섬들이 야마토 조정의 권위가 미친 지역에 한정된다는 점, 그리고 《일본서기》에 '고시(越)'를 낳았다는 기록이 있다는 점을 고려하면 일본열도 전체로 해석하는 것은 다소 과도한 해석으로 보인다.

71 오야시마쿠니(大八島国): 《일본서기》에서는 '大八洲国'으로 표기한다. (☞84페이지 [깊이 읽기 (04) 오야시마쿠니, 그 섬들은 우연이 아니다?!] 참조)

72 기비코섬(吉備児島): 현재 오카야마현(岡山県)에 위치한 고지마(児

島) 반도이다.

73 아즈키섬(小豆島): 현재 가가와현(香川県)에 있는 아즈키(小豆) 섬이다.

74 오시마섬(大島): 현재 에히메현(愛媛県)의 오미(大三)섬이라는 설과 야마구치현(山口県)의 야시로(屋代)섬이라는 설이 유력하다.

75 히메지마섬(女島): 현재의 큐슈(九州) 구니사키(国東) 반도에 있는 히메(姫)섬으로 보는 견해가 유력하다.

76 아마히토쓰네(天一根): 히메지마섬(女島)의 다른 이름으로 원문에 '訓天如天'이라는 독법이 있으므로 여기에서 '天'은 '아마'로 훈독한다. (☞주석 67, 441 참조)

77 지카섬(知訶島): 현재 나가사키현(長崎県)의 고도(五島) 열도를 말한다.

78 후타고섬(両児島): 현재 고도열도의 남부에 위치한 남녀군도로 보는 설이 있다. 그곳에는 남도와 여도가 있다.

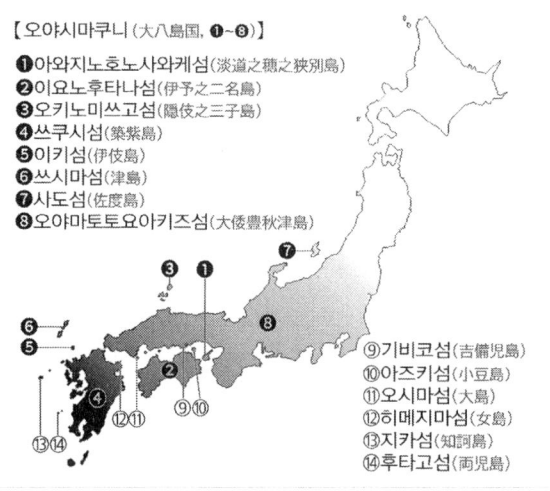

이자나키와 이자나미 교합으로 생겨난 14개의 섬

4. 여러 신(神) 낳기

이미 섬 낳기를 마치고 다시 신을 낳았다. 그리고 낳은 신의 이름은 오코토오시오大事忍男神[79]이다.

다음으로 이와쓰치비코石土毘古神[80]를 낳았고, 다음으로 이와스히메石巢比売神[81]를 낳았으며, 다음으로 오토히와케大戸日別神[82]를 낳았다.

다음으로 아메노후키오天之吹男神[83]를 낳았고, 다음으로 오야비코大屋毘古神[84]를 낳았으며, 다음으로 카자모쓰와케노오시오風木津別之忍男神[85]를 낳았다.[86]

다음으로 해신海神 이름은 오와타쓰미大綿津見神[87]를 낳았고, 다음으로 수문신[88]인 이름은 하야아키쓰히코速秋津日子神, 다음으로 짝인 하야아키쓰히메速秋津比売神[89]를 낳았다. 오코토오시오부터 아키쓰히메까지 합쳐 열 신이다.

이 하야아키쓰히코와 하야아키쓰히메 두 신이 강과 바다를 나누어[90] 낳은 신의 이름은 아와나기沫那芸神, 다음으로 아와나미沫那美神[91]이다.

다음으로 쓰라나기頰那芸神, 다음으로 쓰라나미頰那美神[92], 다음으로 아메노미쿠마리天之水分神, 다음으로 구니노미쿠마리国之水分神[93]이다.

다음으로 아메노쿠히자모치天之久比奢母智神, 다음으로 구니노쿠히자모치国之久比奢母智神[94]이다. 아와나기부터 구니노쿠히자모치까지 합쳐서 여덟 신이다.[95]

다음으로 풍신風神을 낳았는데 이름은 시나쓰히코志那都比古神[96]라 하고, 다음으로 목신木神을 낳았는데 이름은 쿠쿠노치久々能智神[97]라 한다.

다음으로 산신山神을 낳았는데 이름을 오야마쓰미大山津見神[98]라 한다. 다음으로 들 신을 낳았는데 이름을 가야노히메鹿屋野比売神[99]라 한다. 또 다른 이름은 노즈치野椎神[100]라 한다. 시나쓰히코부터 노즈치까지 합쳐서 네 신이다.[101]

이 오야마쓰미와 노즈치 두 신이 산과 들을 나누어 낳은 신의 이름은 아메노사즈치天之狭土神이며, 다음으로 구니노사즈치国之狭土神102이다.

다음으로 아메노사기리天之狭霧神, 다음은 구니노사기리国之狭霧神103이다.

다음으로 아메노쿠라토天之闇戸神이며, 다음은 구니노쿠라토国之闇戸神104이다.

다음으로 오토마토이코大戸或子神105이며, 다음으로 오토마토이메大戸或女神이다. 아메노사즈치부터 오토마토이메까지 합쳐서 여덟 신이다.106

다음으로 태어난 신의 이름은 도리노이와쿠스후네鳥之石楠船神이며, 또 다른 이름은 아마토리후네天鳥船107라고 한다.

다음으로 오게쓰히메大宜都比売神108를 낳았다.

다음으로 히노야기하야오火之夜芸速男神를 낳았다. 또 다른 이름은 히노카카비코火之炫毘古神109라고 하고, 또 다른 이름은 히노카구쓰치火之迦具土神110라고 한다.

> **원문**
>
> 既生国竟、更生神。故、生神名、大事忍男神。次生石土毘古神、訓石云伊波。亦毘古二字以音。下効此。次、生石巣比売神。次、生大戸日別神。次、生天之吹上男神。次、生大屋毘古神。次、生風木津別之忍男神。訓風云加耶。訓木以音。次、生海神、名大綿津見神。次、生水戸神、名速秋津日子神。次、妹速秋津比売神。自大事忍男神至秋津比売神、并十神。此速秋津日子・速秋津比売二神、因河海持別而、生神名、沫那芸神。那芸二字以音。下効此。次、沫

4. 여러 신(神) 낳기

那美神。那美二字以音。下劝此。次、頰那芸神。次、頰那美神。次、天之水分神。訓分云久麻理。下劝此。次、国之水分神。次、天之久比奢母智神。自久以下五字以音。下劝此。次、国之久比奢母智神。自沫那芸神至国之久比奢母智神、幷八神。次、生風神、名志那都比古神。此神名以音。次、生木神、名久々能智神。此神名以音。次、生山神、名大山上津見神。次、生野神、名鹿屋野比売神。亦名、謂野椎神。自志那都比古神至野椎、幷四神。此大山津見神・野椎神二神、因山・野持別而、生神名、天之狭土神。訓土云豆知。下劝此。次、国之狭土神。次、天之狭霧神。次、国之狭霧神。次、天之闇戸神。次、国之闇戸神。次、大戸或子神。訓或云麻刀比。下劝此。次、大戸或女神。自天之狭土神至大戸或女神、幷八神也。次、生神名、鳥之石楠船神、亦名、謂天鳥船。次、生大宜都比売神。此神名以音。次、生火之夜芸速男神。夜芸二字以音也。亦名、謂火之炫毘古神、亦名、謂火之迦具土神。迦具二字以音。

주석

79 오코토오시오(大事忍男神): 이 신부터 등장하는 신들은 신명만 등장할 뿐 어떠한 역할도 없다. 따라서 신명의 한자표기를 통해 신의 성격을 추론하는 해석이 일반적이다. '오(大)'는 미칭으로 크고 훌륭한 것을 일컫고, '코토(事)'는 일을 의미한다고 보면 신들을 낳는 일을 '큰일(大事)'로 표현한 것으로 보인다.

80 이와쓰치비코(石土毘古神): '돌'과 '흙'을 상징하는 신격으로 보인다. 한자 '石'을 '이하(伊波)'로 훈독한다는 독법이 제시되어 있으나, 현대어에서는 '이와(いわ)'로 발음한다. 일본어의 '이와'는 바위를 의미하

므로 이 신은 자그마한 자갈돌보다는 움집의 토대를 이룰 수 있을 정도의 어느 정도 크기를 갖춘 돌을 의미한다고 볼 수 있을 것이다.

81 이와스히메(石巣比売神): '돌'과 '모래'를 상징하는 신격으로 보인다. 이와쓰치비코와 더불어 움집의 바닥과 벽면 구축에 필요한 돌과 흙, 모래를 신격화한 것으로 보인다.

82 오토히와케(大戸日別神): '오(大)'는 미칭, '토(戸)'는 장소나 문을 상징하는 의미가 있는 것으로 보아 '출입구'라고 해석할 수 있다. 장소로서의 의미로 본다면 주거지를 의미하고, 문이라면 건물의 출입구를 상징하는 신으로 볼 수 있다. '히(日)'는 영격(靈格)을 의미하는 말로 보인다.

83 아메노후키오(天之吹男神): '吹'를 '후키'로 발음하고, 같은 발음의 '지붕을 잇다'라는 의미를 갖는 '葺'라는 한자에 대응시켜 해석하는 견해가 있다. 이 경우 지붕을 만들기 위해 짚이나 보릿대를 '잇는다'라는 의미로 해석하여 지붕을 잇는 작업을 돕는 남신으로 해석한다. 원시 움집을 지을 때 기둥을 세운 다음 대들보를 설치하고, 짚이나 보릿대로 지붕을 잇는 장면이 연상된다.

84 오야비코(大屋毘古神): '오(大)'는 미칭, '야(屋)'는 집을 의미하는 말인데, 앞서 등장한 신들의 역할을 한데 모아 움집의 바닥과 벽면을 구축한 다음, 문을 만들고 지붕을 이어 하나의 가옥 건축이 완성된 것을 칭송하는 신격으로 볼 수 있다.

85 카자모쓰와케노오시오(風木津別之忍男神): 이 신명에는 '風은 카자(加邪)라고 훈독하고, 木은 음독한다.'라는 독법이 있다. '木'에 대해서 모토오리 노리나가(本居宣長)는 야마토국(大和国) 다카이치군(高市郡) 케쓰와키 신사(気都和既神社)의 예를 들어 '케(け)'로 읽어야 한다고 주장하면서 '카자케쓰와케노오시오'라고 했다. 하지만 이후 '木은 음독한다.(訓木以音)'라는 독법을 존중하여 '카자모쓰'로 읽어야 한다는 견해도 있다. '카자모쓰'를 '카자(風)'와 '모쓰(持つ)'로 해석하면 완성된 지붕이 바람에 날아가지 않도록 지탱한다는 의미가 있다. 즉 지붕이 날아가지 않도록 고정하는 신으로 볼 수 있다.

86 [여러 신 낳기] 신화의 맨 첫 부분에 출현하는 신들은 고대 수혈식(竪穴式) 주거 즉 움집과 관계가 깊다고 보는 견해가 있다. 움집을 지을 경우,【바닥과 벽면→주거의 출입구→주거의 지붕과 대들보를 잇는 장면→지붕을 잇고 완성해 나가는 과정→바람에 대비한 지붕 보강】으로 이어지는 이미지를 담고 있다.

87 오와타쓰미(大綿津見神): '오(大)'는 미칭으로 볼 수 있으며 '와타(綿)'는 바다를 의미하는 고어(古語), '미(見)'는 영역을 나타내는 말로 설명한다. 뒤에 등장하는 '오야마쓰미(大山津見神)'의 경우와 신명 구성이 유사하다.(☞주석 98 참조) 바다를 관장하는 신으로 보이며 나중에 [미소기와 삼귀자] 신화에는 세 신 구성으로 등장한다.(☞주석 197 참조) 나중에 등장하는 [야마사치·우미사치] 신화에서도 이 신은 바다의 신으로 활약한다.(☞주석 619 참조)

88 수문신: '水戸'는 항구라는 의미가 있으므로 항구를 신격화한 신명으로 볼 수 있다. '水戸'는 '물의 문(水之門)' 즉 바닷물이 드나드는 관문으로 볼 수 있지만 내륙 쪽에서 보면 강물이 바다로 흘러가는 곳이기도 하다. 따라서 강과 바다가 만나는 경계이므로 두 신으로 나눈 것이라는 견해가 있다. 또한 배가 닿는 선착장으로 설명하는 견해도 있다. 이 신이 등장하는 장면에서는 이자나키와 이자나미의 자식 신들이 강(河)·바다(海), 산(山)·들(野)로 나뉘어 자연신격의 신들을 탄생시키고 있다.

89 하야아키쓰히코(速秋津日子神)·하야아키쓰히메(速秋津比売神): '하야(速)'는 조류의 유속이 빠른 것을 의미하기도 하지만, 신의 위세를 상징한 표현이라는 설도 있다. '아키(秋)'는 훈독음이 '아키(開)'와 같으므로 '하구(河口)'가 열려있다는 해석이 가능하다. 또한 '아키(明)'라는 훈독음과도 일치하므로 더러움을 씻어내 깨끗하고 밝아진다는 의미도 있다. '쓰(津)'는 '항구(港)' 즉 나루를 의미한다. 《고사기》에는 수문신을 남녀신으로 구분하고 있지만 《일본서기》에는 하나의 신으로 표현하고 있다. 《일본서기》 신대(상) 제5단 여섯 번째 일서에 '하야아키쓰히(速秋津日命)'라는 이름이 등장하고 '수문신 등(水門

神等)'이라는 설명이 있다. 《미나즈키쓰고모리(六月晦) 오하라에(大祓) 축문》에 '하야아키쓰메(速開都咩)'라는 신명이 보인다. 이 신은 부정한 것을 털어내기 위해 나라에서 오하라에(大祓) 의식을 행할 때, 강을 내려가 바다로 운반되는 죄를 마시는 역할을 한다. 《고사기》의 신과는 다르지만 《스미요시타이샤(住吉大社) 신대기(神代記)》에 '하나, 유월 미하라에를 아구치미나토히메 신사에서 한다.(一, 六月 御解除。開口水門姫神社。)'라는 기록에 유사한 신명이 보인다는 점에서 《고사기》의 수문신도 하라에(祓え) 즉 정화 작용과 관련이 있을 것으로 보는 견해도 있다.

90 강과 바다를 나누어: '한쪽은 강을 담당하고, 또 한쪽은 바다를 담당하여'라는 의미이다. 신을 낳는 주체가 누구인가에 대해서는 의견이 분분하다. 와타라이 노부요시(度会延佳)는 출생 주체를 하야아키쓰히코・하야아키쓰히메 두 신으로 보는데 반해, 모토오리 노리나가는 이자나키와 이자나미로 보고 있다. 하야아키쓰히코와 하야아키쓰히메는 남녀신이긴 하지만 결혼한 것으로 보기 힘들기 때문에 출생의 주체가 될 수 없으며, 다만 이 신들은 각각의 거점을 구별하여 이자나키와 이자나미가 신을 낳기 쉽게 관리만 한 신으로 설명하는 견해가 있다. 이 견해에 따른다면 [여러 신 낳기] 신화의 단계에서 태어난 모든 신들은 이자나키와 이자나미가 낳은 신으로 볼 수 있을 것이다. 한편 이자나키와 이자나미가 국토나 신을 낳은 경우에는 '다음으로…섬・신을 낳았다.(次生…島・神)'의 형태로 기술된 것에 반해, '…를 나누어 낳은(持別而生)' 주체는 이자나키와 이자나미가 아니라 각각의 거점을 분담한 다음 상호작용으로 신들을 파생시켜 나갔다고 해석하기도 한다. 이러한 이야기는 《일본서기》에서는 전혀 볼 수 없는 《고사기》만의 독자적 기술 방식이다. 자연신을 신의 계보 속에 넣어 향후 등장하는 삼귀자(三貴子)에게 각각 다스릴 나라를 분배하는 것을 정점으로 이자나키 후손의 통치 영역을 선제적으로 확립하는 것이다. 이러한 과정을 묘사하는 것은 자연계 장악을 의미한다는 견해가 있다. 이런 형식의 동반신들 중에는 강・바다, 산・들의 경계신이라는 성격이 있

는데 강·바다가 물을, 산·들은 대지를 각각 상징하며 자연계 전체를 표현한 것이라 보기도 한다.

91 아와나기(沫那芸神)·아와나미(沫那美神): 수면에 떠오른 거품의 남녀신이라는 의미가 있다. 원문에 '那芸'와 '那美'는 음독하라는 독법이 제시되어 있다. 신명의 구성에 대해서는 크게 두 가지 설을 확인할 수 있는데, 첫 번째로는 거품을 의미하는 '아와(泡)'에 조사인 '나(那)', 그리고 남성을 의미하는 '기(芸)' 또는 여성을 의미하는 '미(美)'로 구성되었다고 보는 설이 있다. 두 번째로는 거품을 의미하는 '아와(泡)'와 바람을 의미하는 '나기(凪)'와 파도를 의미하는 '나미(波)'로 보는 설이 있다.

92 쓰라나기(頰那芸神)·쓰라나미(頰那美神): '쓰라(頰)'는 수면을 암시한다는 견해가 지배적이다. 반면에 쓰라나기는 하구에서 태어난 신, 쓰라나미는 해면에서 낳은 신이라는 견해도 있다.

93 아메노미쿠마리(天之水分神)·구니노미쿠마리(国之水分神): 원문에 '分'은 '쿠마리(久麻理)'라 훈독하라는 독법이 제시되어 있다. 《고사기전(古事記伝)》이래 '미'는 물을 의미하는 '미즈(水)', '쿠마리'는 분배라는 의미로 해석한다. 《엔기시키(延喜式)》〈진묘초(神名帳)〉에는 야마토국(大和国) 요시노군(吉野郡) 요시노(吉野), 우다군(宇陀郡) 우타(宇太), 야마베군(山辺郡) 쓰게무라(都祁村), 가쓰조군(葛上郡) 가쓰라기(葛木) 등에 각각 미쿠마리 신사(水分神社)가 있다. 그곳은 나라(奈良) 분지에 물을 공급하는 요지에 해당한다. 하천의 원류로 볼 수 있는 산에 미쿠마리신(水分神)이 모셔져 있는 것이다.

94 아메노쿠히자모치(天之久比奢母智神)·구니노쿠히자모치(国之久比奢母智神): '久'부터 다섯 자는 음독하라는 독법에 따라 '쿠히자모치'라 읽는다. '쿠히자'는 물을 길어 올리는 호리병으로 보는 견해도 있고, 물을 뜨는 바가지로 보는 견해도 있다. 두 가지 해석 모두 물과 관련이 깊은 신으로 볼 수 있다.

95 이상 여덟 신은 모두 물과 관계가 깊은 신격을 갖고 있다. 미쿠마리(水分神)는 기년제(祈年祭), 구히자모치(久比奢母智神)는 진화제(鎮火

祭), 그리고 하야아키쓰히메(速秋津比売神)는 오하라에(大祓)의 축문에 각각 이름이 보인다.

96 시나쓰히코(志那都比古神): 원문에 이 신명은 음독하라는 독법이 있다. 모토오리 노리나가는 《만엽집(万葉集)》에서 물새를 일컫는 '시나가도리(志長鳥)'와 '오키나가도리(息長鳥)'가 같은 것이라고 보고 '시나가(シナガ)'를 '오키나가(息長)'로 해석하고 있다. 반면 '오키'가 '시'로 바뀌는 사례가 없다고 하여 《일본서기》의 '시나쓰히코(級長津彦命)'를 참고로 바람을 의미하는 '시'에 '나(長)'를 붙인 것으로 해석하는 견해도 있다. 한편 '나'는 구멍을 의미하는 '아나(穴)'라는 견해도 있다.

97 쿠쿠노치(久々能智神): 이 신명 역시 원문에 음독하라는 독법이 제시되어 있다. '쿠쿠'의 의미에 대해서는 크게 두 가지 설로 나누어볼 수 있는데, '쿠쿠'를 줄기라는 의미의 '구키(茎)'로 보는 설과 나무를 의미하는 '키키(木木)'의 오래된 형태로 보는 설이 있다. '키키'설을 지지하는 이유로는 수목에 줄기라는 말이 어울리지 않기 때문이라고 주장한다. 반면 《만엽집》에 '茎'을 '구쿠'로 표현한 예가 있어 이를 근거로 줄기로 보는 설을 지지하는 견해도 있지만, 용례가 모두 '아즈마우타(東歌)'라는 점에 문제의 소지는 남는다. 궁정에서 재해가 없기를 기원하던 〈오토노호가이(大殿祭) 축문〉에 '야후네쿠쿠노치노미코토(屋船久久遅命)'가 나오고 이를 '목령(木霊)'으로 설명한 것으로 보아 '키키'설이 타당할 것이다.

98 오야마쓰미(大山津見神): 해신(海神)인 오와타쓰미(☞주석 87 참조)와 대비되는 신명이다. 스사노오의 [이즈모로 간 스사노오] 신화(☞163페이지 참조) 및 [천손, 히코호노니니기] 신화(☞289페이지 참조)에 등장하기도 한다. 천손 니니기(邇々芸命)가 강림한 후 산신의 딸, 그리고 해신의 딸과 각각 혼인하는 것으로 이야기가 전개된다. 이로 보아 산신과 해신의 힘이 천신 계보에 편입되어 천황가로 연결된다고 해석할 수 있다. 자연신인 산신과 해신이 여기에서 이자나키와 이자나미의 자손으로 편입된 의미에 주목할 필요가 있다.

4. 여러 신(神) 낳기

99 가야노히메(鹿屋野比売神): 풀의 종류인 '띠'가 나온 들판을 신격화한 표현이다. 《일본서기》에는 '풀들의 조상이 가야노히메(草祖草野姫)'라는 표현이 등장하는데, 이 신명을 '가야노히메'라 읽는다.

100 노즈치(野椎神): 들판의 영혼(野神霊)이라는 의미가 담긴 신명이다. 풀과 들은 상관성이 높다.

101 이상 네 신은 인간들의 생활과 관계가 깊은 바람(風), 나무(木), 산(山), 들(野)을 상징화한 신명으로 보인다.

102 아메노사즈치(天之狭土神)・구니노사즈치(国之狭土神): 원문에 '土'를 '즈치(豆知)'라 훈독하라는 독법이 있다. '사즈치'의 '사(狭)'는 신성하다는 의미이며 '즈치(土)'는 흙, 즉 '산의 신성한 흙'을 신격화한 것이다. 그리고 '사'를 언덕(坂), '즈'를 조사, '치'를 존칭으로 보고 산과 들의 경계인 언덕을 상징화한 신으로 해석하는 견해도 있다. '아메노(天之)', '구니노(国之)'의 대조가 언덕에서 산과 들의 교섭을 나타낸다는 견해가 있다. 《일본서기》에서는 천지개벽에서 처음으로 등장한 세 신 중에 구니노토코다치(国常立尊)에 이어 두 번째로 '구니노사즈치(国狭槌尊)'가 등장한다. 이 신을 벼농사 일체를 장악해 관리하는 장로신(長老神)으로 보는 설도 있다.

103 아메노사기리(天之狭霧神)・구니노사기리(国之狭霧神): 《고사기전》에서 '사기리'는 언덕 끝자락의 경계신으로 해석한다. 일본어로 '기리(霧)'는 안개를 의미하는데, '안개'는 산과 들에 발생하는 자연현상으로 '하늘(天)'과 '땅(地)'에 걸쳐 나타난다. '사기리(狭霧)'는 《고사기》에서 모두 아홉 차례 보이는데, 이 부분과 [오쿠니누시 계보](☞220페이지 참조)에서 등장한다. 오쿠니누시의 자손인 아메노히하라오시나도미(天日腹大科度美神)가 아메노사기리(天狭霧神)의 딸 도쓰마치네(遠津待根神)를 아내로 맞이하는 것으로 그린다. 그 외에는 아마테라스와 스사노오의 [우케이] 신화에서 탄생하는 '타키리비메(多紀理毘売命)'의 신명에만 보이는 '키리'가 있다. (☞주석 234 참조)

104 아메노쿠라토(天之闇戸神)・구니노쿠라토(国之闇戸神): 《고사기

전》에서 '쿠라(闇)'는 계곡, '토(戸)'는 장소로 해석한 이래 주로 이를 따르고 있다. 산속의 어두운 곳, 즉 계곡으로 보고 있으며, 산·들·땅·안개·계곡은 고대인의 일상 체험에 기초한 관념이 작동한 것으로 볼 수 있다.

105 오토마토이코(大戸或子神)·오토마토이메(大戸或女神): 원문에 '或'을 '마토히(麻刀比)'라 훈독하라는 독법에 따라 '戸或'를 '토마토히(현대어:토마토이)'라 읽을 수 있다. 신명에 혼란스럽다는 의미의 '토마토이(戸或)'가 들어간 것은 신 자체가 혼란스러운 것이 아니라 인간을 현혹하는 존재라는 의미가 담겨 있다고 볼 수 있다. '或'은 '惑'과 상통하는 한자로 《고사기전》에서는 '땅에서 안개가 피어오르고 그 안개로 시야가 어두워져 인간을 현혹하는 현상을 연출한다.'라는 의미로 이 신의 성격을 설명했다. 이후 이런 해석이 오늘날까지 계승되어 산신과 들 신으로 인해 태어난 여러 신들의 경우, 지상에 안개가 끼어 어두운 계곡에 난기류가 발생한 상황을 신격화한 것이라 해석하고 있다.

106 이상 여덟 신의 관계는 흙에서(天之狭土神·国之狭土神) 안개가 피어오르고(天之狭霧神·国之狭霧神), 안개로 인해 어두워져(天之闇戸神·国之闇戸神) 혼란을 야기하는(大戸或子神·大戸或女神) 현상을 신격화하여 전개하는 흐름으로 파악할 수 있다.

107 도리노이와쿠스후네(鳥之石楠船神)·아마토리후네(天鳥船): 배를 신격화한 표현이다. 도리노이와쿠스후네(鳥之石楠船)라는 이름의 한자표기에 '새처럼 속력이 빠르고 돌처럼 견고한 녹나무(楠)로 만든 배'라는 의미가 있다. '새'와 '배'의 관계는 하늘과 바다가 하나로 이어진 것이라는 관념이 반영된 산물로 볼 수 있다. 하늘을 나는 새와 바다를 항해하는 배의 이미지가 중첩된 것이다. 《일본서기》 신대(상) 제5단 정문에는 히루코(蛭児)를 '아마이와쿠스후네(天磐櫲樟船)'에 태워 흘려보냈다는 기사가 있다. 또 같은 단의 두 번째 일서에는 히루코와 스사노오 다음으로 '도리노이와쿠스후네(鳥磐櫲樟船)'를 낳았는데, 세 살이 되도록 서지 못하는 히루코를 이 배에 실어 보냈다는 기사가 있다. 《고사기》에서는 나중에 다케미카즈치(建御雷神)가 아시하

라나카쓰쿠니(葦原中国)에 파견될 때 아마토리후네(天鳥船)와 함께 내려오는 장면이 있다. (☞주석 498 참조)

108 오게쓰히메(大宜都比売神): 원문에 이 신명은 음독하라는 독법이 있다. 앞서 아와국(粟国)(☞주석 57 참조)의 별명에 오게쓰히메가 나왔지만, 그 신과 이 신은 별개의 신으로 보는 견해가 유력하다. 이후에 나오는 [양잠과 오곡의 기원] 신화에서 스사노오에게 살해당하는 여신이 바로 이 신과 동일한 신이라고 보는 것이 일반적이다. (☞주석 275 참조)

109 비코(毘古): 신명을 구성하는 요소 중 '히코·비코'와 '히메·비메'는 성별을 구분하는 역할을 한다. '히코·비코'는 남성을 의미하며 《일본서기》에서는 주로 '彦'이라는 한자로 표기하지만, 《고사기》에서는 주로 '比古(日子)·毘古'라는 한자로 표기하고 있다. 여성을 의미하는 '히메·비메'는 《일본서기》에서는 주로 '姫'로 표기하는데 《고사기》에서는 주로 '比売·毘売'로 표기한다. 특히 《고사기》의 신명 표기에서 '히(比)'와 '비(毘)'의 한자표기를 구분하고 있는 것으로 보아 청음과 탁음의 구분이 이루어지고 있음을 알 수 있다.

110 히노카구쓰치(火之迦具土神): 화신(火神)의 성격을 갖는 신이다. 원문에 '迦具' 두 자는 음독하라는 독법이 제시되어 있는데, 《고사기전》에 '카구(迦具)'는 빛나다(赫)라는 의미이며 '카가', '카게', '카구' 모두 어원이 같다고 설명하고 있다. 빛이 희미하게 흔들리며 타오르는 의미로 보는 견해도 있다. '히노카구쓰치'의 '카구'는 앞에 '히노(火之)'가 있으므로 '불이 가물가물 흔들리며 타오른다.'라는 의미라고 해석할 수 있다. 바로 앞에 등장하는 이름인 '히노카가비코'는 조명의 영능(霊能)이며 '히노카구쓰치'는 타오르는 불의 영능에 기초해 이름 붙인 것으로 구분할 수 있다.

5. 화신(火神) 피살

이 자식을 낳음으로써 음부¹¹¹에 화상을 입고 몸져눕고 말았다.

이때 구토한 오물에서¹¹² 생겨난¹¹³ 신의 이름은 카나야마비코金山毘古神이며, 다음으로 카나야마비메金山毘売神¹¹⁴이다.

다음으로 똥에서 생겨난 신의 이름은 하니야스비코波邇夜須毘古神이며, 다음으로 하니야스비메波邇夜須毘売神¹¹⁵이다.

다음으로 오줌에서 생겨난 신의 이름은 미쓰하노메弥都波能売神¹¹⁶이다. 다음으로 와쿠무스히和久産巣日神¹¹⁷이다. 이 신의 자식은 도요우케비메豊宇気毘売神¹¹⁸라고 한다.

그리고 이자나미는 화신火神을 낳음으로써 마침내 세상을 떠났다.¹¹⁹ 아마토리후네로부터 도요우케비메까지 합쳐서 여덟 신이다.

이자나키와 이자나미 두 신이 함께 낳은 섬은 모두 열넷이다. 또 신은 서른다섯 신¹²⁰이다. 이 신들은 이자나미가 아직 타계하기 전에 낳았다. 다만 오노고로섬(意能碁呂島)은 낳은 것이 아니다. 또 히루코(蛭子)와 아와시마섬(淡島)은 자식의 수에 넣지 않는다.

이자나키가 말했다.

"사랑하는¹²¹ 나의 아내¹²²를 단 하나¹²³의 자식과 맞바꾸다니!"

곧바로 머리맡에서 다리 쪽으로 왔다 갔다 기면서 통곡할 때,¹²⁴ 그 눈물에서 나타난 신은 가구야마산香山¹²⁵ 우네오畝尾의 나무뿌리에 진좌한 이름하여 나키사와메泣沢女神¹²⁶이다.

타계한 이자나미는 이즈모국出雲国과 하하키국伯伎国의 경계에 있는 히바노산比婆之山¹²⁷에서 장사를 지냈다.¹²⁸

이에 이자나키는 몸에 차고 있던 장검[129]을 뽑아 그 아이 카구쓰치의 목을 베었다. 그러자 그 칼끝에 묻은 피가 신성한[130] 바위 무리에 튀어 생겨난 신의 이름은 이와사쿠石析神이며, 다음으로 네사쿠根析神[131]이고, 다음으로 이와쓰쓰노오石筒之男神이다. 세 신이다.

다음으로 칼의 날밑에 묻은 피가 신성한 바위 무리에 튀어 생겨난 신의 이름은 미카하야히甕速日神[132]이며, 다음으로 히하야히樋速日神[133]이고, 다음으로 다케미카즈치노오建御雷之男神[134]이다. 또 다른 이름은 다케후쓰建布都神이며, 또 다른 이름은 도요후쓰豊布都神[135]이다. 세 신이다.

다음으로 칼자루에 묻은 피가 손가락 사이에서 새어 나와 생겨난 신의 이름은 구라오카미闇淤加美神이며, 다음으로 구라미쓰하闇御津羽神[136]이다.

이상 이와사쿠부터 구라미쓰하까지 합쳐서 여덟 신은 칼에서 태어난[137] 신이다.

살해당한 카구쓰치의 머리에서 생겨난 신의 이름은 마사카야마쓰미正鹿山津見神[138]이다.

다음으로 가슴에서 생겨난 신의 이름은 오도야마쓰미淤縢山津見神[139]이다.
다음으로 배에서 생겨난 신의 이름은 오쿠야마쓰미奥山津見神[140]이다.
다음으로 음부에서 생겨난 신의 이름은 구라야마쓰미闇山津見神[141]이다.
다음으로 왼손에서 생겨난 신의 이름은 시기야마쓰미志芸山津見神[142]이다.
다음으로 오른손에서 생겨난 신의 이름은 하야마쓰미羽山津見神[143]이다.
다음으로 왼발에서 생겨난 신의 이름은 하라야마쓰미原山津見神[144]이다.
다음으로 오른발에서 생겨난 신의 이름은 도야마쓰미戶山津見神[145]이다.

마사카야마쓰미부터 도야마쓰미까지 합쳐 여덟 신이다.[146]

그리고 벨 때 사용한 칼의 이름은 아마노오하바리天之尾羽張라 하고, 또 다른 이름은 이쓰노오하바리伊都之尾羽張[147]라고 한다.

因生此子、美蕃登此三字以音、見灸而病臥在、多具理邇此四字以音、成神名、金山毘古神、訓金云加那、下効此。次、金山毘売神。次、於屎成神名、波邇夜須毘古神。此神名以音。次、波邇夜須毘売神。此神名亦以音。次、於尿成神名、弥都波能売神、次、和久産巣日神。此神之子、謂豊宇気毘売神。自字以下四字以音。故、伊耶那美神者、因生火神、遂神避坐也。自天鳥船至豊宇気毘売神、并八神也。凡伊耶那岐・伊耶那美二神共所生嶋、壱拾肆嶋。又、神、参拾伍神。是、伊耶那美神、未神避以前、所生。唯、意能碁呂嶋者、非所生。亦、蛭子与淡嶋、不入子之例也。故爾、伊耶那岐命詔之、愛我那邇妹命乎、那邇二字以音。下効此。謂易子之一木乎、乃匍匐御枕方、匍匐御足方而哭時、於御涙所成神、坐香山之畝尾木本、名、泣沢女神。故、其、所神避之伊耶那美神者、葬出雲国与伯伎国堺比婆之山也。於是、伊耶那岐命、抜所御佩之十拳剣、斬其子迦具土神之頸。爾、著其御刀前之血、走就湯津石村、所成神名、石析神。次、根析神。次、石筒之男神。三神。次、著御刀本血亦、走就湯津石村、所成神名、甕速日神。次、樋速日神。次、建御雷之男神。亦名、建布都神。布都二字以音。下効此。亦名、豊布都神。三神。次、集御刀之手上血、自手俣漏出、所成神名、訓漏云久伎 闇淤加美神。淤以下三字以音。下効此。次、闇御津羽神。上件、自石析神以下、闇御津羽神以前、并八神者、因御刀所生之神者也。所殺迦具土神之於頭所成神名、正鹿山上津見神。次、於胸所成神名、淤縢山津見神。淤縢二字以音。次、於腹所成神名、奥山上津見神。次、於陰所成神

> 名、闇山津見神。次、於左手所成神名、志芸山津見神。志芸二
> 字以音。次、於右手所成神名、羽山津見神。次、於左足所成神
> 名、原山津見神。次、於右足所成神名、戸山津見神。自正鹿山津
> 見神至戸山津見神、幷八神。故、所斬之刀名、謂天之尾羽張。亦名、
> 謂伊都之尾羽張。伊都二字以音。

주석

111 음부: 원문에는 '美蕃登'라고 표기하는데 이는 '미호토'라고 읽는다. '미(美)'는 존칭의 '미(御)', '호토(蕃登)'는 여성의 음부를 의미한다. '호토'의 '호'는 불을 연상시키는 말이다. [요모쓰쿠니] 신화에 '음부(陰)'가 등장하며, [스사노오의 난동] 신화에는 '陰上'은 '호토(富登)'라 훈독한다는 기술이 있다. (☞주석 250 참조)《고사기》의 진무(神武) 기사에 '미인의 호토(富登)', '호토타타라이스스키히메(富登多多良伊須須岐比売)' 등의 예가 보인다. 모두 여성을 의미한다.

112 오물: 원문에 '多具理邇'라고 표기하는데, 이 네 자는 음독하라는 독법에 따라 '타구리니'라고 발음한다. '타구리'라는 말은 구토할 때 나오는 오물이라는 의미로 해석한다. '니'는 조사에 해당한다.

113 생겨난: 원문에는 '成'으로 표기한다. 신푸쿠지본(真福寺本)에는 '낳다'라는 의미의 '生'으로 표기하고 있으나, 이자나키와 이자나미 두 신의 생식 행위를 통해 탄생한 신이 아니기 때문에 적합한 표현이라 보기 어렵다. 아마도 '成'으로 표기하는 것이 타당할 것이다. 다음으로 등장하는 신부터는 '成'으로 표기하고 있는 점도 주목할 만하다. 그래서 후대에 교정한 텍스트에는 대부분 '成'으로 고쳐 표기한다.

114 카나야마비코(金山毘古神)・카나야마비메(金山毘売神): 원문에 '金'은 '카나(加那)'라 훈독하라는 독법이 있다. 광산(鉱山)을 상징하는 신으로 보인다. 구토에서 생겨났다는 것은 녹아내리는 광석의 모

습과 유사하다는 발상에서 나온 신명이라 할 수 있다.

115 하니야스비코(波邇夜須毘古神)・하니야스비메(波邇夜須毘売神): 이 두 신의 이름에 대해서는 음독하라는 독법이 원문에 제시되어 있다. '하니'는 흙으로 해석하는 것이 일반적이다. '야스'는 모토오리 노리나가가 '네야스(禰夜須)는 끈적하게 만드는 현상'이라고 해석한 이래 그에 따르는 의견이 많다. 반면에 '단지 흙을 의미하는 것이 아니라 토기를 만드는 것을 네야스'라 해석하고 '제사를 위한 토기를 만드는 점토'라고 보는 견해도 있다. 또한 '야스'를 '安'으로 본다면 '토양의 안정을 도모한다'라는 의미로도 해석할 수 있으며, 이 설을 계승하여 '가구야마(香山)의 흙을 이용하는 일련의 제사용 주술 도구를 신격화'한 것으로 보는 견해도 있다.

116 미쓰하노메(弥都波能売神):《일본서기》 신대(상) 제5단 두 번째 일서에 '수신 미쓰하노메(水神罔象女)'에 해당하는 기록을 보면 '罔象'을 '미쓰하(美都波)'라고 읽는다는 독법이 있다. 따라서 이를 근거로 '미(弥)'는 '물(水)'을 의미하며, 땅과 물은 곡물이 나오는 기반이므로, 앞서 등장한 하니야스 두 신과 함께 농경과 밀접한 관계가 있다는 것을 지적하는 견해가 많다.

117 와쿠무스히(和久産巣日神): '무스히'는 처음에 등장한 '다카미무스히(高御産巣日神)・가무무스히(神産巣日神)'(☞주석 6 참조)에 나온 표현과 유사하다. '와쿠'는 '와카(若・稚)'와 유사한 의미로 보는 견해가 있다.《일본서기》에는 신대(상) 제5단 두 번째 일서에 '와쿠무스히(稚産霊)'가 나오는데, 머리에서 누에와 뽕나무가 나오고 배꼽에서 오곡이 나왔다고 기록하고 있다. 이에 따르면 농경의 기원을 상징하는 신으로 해석되는데 이와 같은 기술은《고사기》에는 없다. 다만 이어서 등장하는 도요우케비메(豊宇気毘売神)가 이 신의 자식으로 등장하는 점이 흥미롭다.《고사기》는 계보 형식을 취하며 추상적으로 농경의 기원을 말하고 있다고 볼 수 있다.

118 도요우케비메(豊宇気毘売神): 이 신명은 '宇'부터 네 자는 음독하라

는 독법이 원문에 제시되어 있다. 《고사기전》에서는 '음식신(食物神)'으로 해석하고 있다. 또 《오토노호가이(大殿祭) 축문》에 '야후네토요우케히메(屋船豊宇気姫命)'가 나오고 '이는 벼의 신령(稲霊)이다. 속칭 우카노미타마(宇賀能美多麻)라 한다.'라는 기록이 있으며, '우카(うか)'는 '우케(うけ)'의 옛말로 설명하고 있다. 이를 근거로 벼를 상징하여 음식물과 깊은 관계가 있는 신으로 볼 수 있다. 다만 이전에 오게쓰히메(大宜都比売)가 나왔기 때문에 이미지가 중복된다. 일본의 《시대별국어대사전·상대편(時代別国語大辞典·上代編)》에서는 '원래는 신이라기 보다 곡령(穀霊)을 수용하는 의미에서 나온 것'으로 설명한다. 그렇다면 이 신이 와쿠무스히의 자식으로 나오는 것도 합리적이라고 볼 수 있다.

119 세상을 떠났다: '죽다'로 설명하는 경우가 일반적이지만 '가무사리(神避)'는 단순하게 '죽음'으로 대체하기는 어렵다. 이자나미에게만 사용한 특수 용어이므로 일반적인 죽음의 의미로 해석하는 것은 적절하지 않다. 오쿠니누시(大国主神)의 이야기에서는 형들에게 박해받던 오아나무치(大穴牟遅)가 후에 오쿠니누시가 되고나서, '형제 신들을 몰아내고(追避)'라는 표현이 등장한다. (☞200페이지 참조) 이처럼 오쿠니누시가 수많은 형들을 '몰아냈다'는 점을 참고하면 '避'는 나라(国)의 중심에서 경계의 바깥으로 이동하는 것을 의미한다고 볼 수 있다. 이자나미가 히바노산(比婆之山)에 매장되었다는 점 역시 경계 바깥으로의 이동이라 생각할 수 있다.

120 35신: 이자나키와 이자나미가 함께 낳은 신이 총 35신이라는 의미인데, 이자나키와 이자나미의 [여러 신 낳기] 신화(☞60페이지 참조)에서 생성되는 신을 세어보면 전체 40신으로 숫자가 맞지 않는다. 그래서 이자나키와 이자나미의 자식 수에 대해서는 다양한 설이 있다. (☞86페이지 [깊이 읽기 (05) 이자나키와 이자나미가 낳은 신은 왜 35신인가] 참조)

121 사랑하는: 《고사기》에 '愛'라는 글자는 모두 23번 등장한다. 이전에 등장한 '정말 정말 멋진 사내여!'라는 의미의 '아나니야시, 에오토코오

(阿那邇夜志、愛袁登古袁)'(☞주석 43 참조)나 '에히메(愛比売)'(☞주석 55 참조)라는 용례는 모두 음차하여 사용한 것이므로 실제 '사랑'의 의미로 쓰인 경우는 이 부분이 처음이다. '사랑'의 의미로 쓰인 용례를 보면 부부・형제간의 애정 관계를 주제로 다룬 이야기에 쓰인 것을 알 수 있다.

122 아내: 원문에는 '那邇妹命'라 표기하는데, 이 표현 속에 쓰인 '那邇'는 음독한다는 분주에 따라 '나니'라 읽는다. '나니모(那邇妹)'는 남성이 여성에 대해 애정을 담아 부르는 말이다. '妹'라는 한자는 여동생의 의미를 갖지만, 이자나키와 이자나미는 육체적 결합을 통해 국토와 신들을 낳은 부부관계로 볼 수 있으므로 여기서는 '아내'로 해석했다.

123 단 하나: 원문에는 '一木'으로 표기하는데, '一人'과 같은 의미로 사용된 것으로 볼 수 있다. 《고사기》에서 신을 세는 단위로는 '柱'를 사용하고 있는데 그와 구별하기 위해 '木'을 사용한 경우는 여기가 유일한 용례이다.

124 《일본서기》 신대(상) 제5단 일곱 번째 일서에도 이와 유사한 표현이 있다. 또 《만엽집》에도 유사한 표현이 등장한다. '머리맡에서 다리 쪽으로 왔다 갔다 기면서 통곡'하는 행위는 장송 의례와 관계가 깊은 행위로 볼 수 있다. 《예기(礼記)》의 문상(問喪)에서 '효자, 부모가 죽으면 슬픔과 애통함이 넘쳐 포복(匍匐)하고 통곡한다.'는 기록이 보여 고대 동아시아의 장송 의례가 반영된 것으로 보인다.

125 가구야마산(香山): 《고사기》에서 구체적인 지명으로 등장하는 첫 번째 용례로 '香具山'로 표기하기도 한다. 가구야마는 이즈모(出雲)나 요모쓰쿠니(黄泉国)와 대조적인 장소로 설정한 것으로 보이며, 천상과 지상의 연결고리라는 이미지가 있다. 이는 이즈모를 왕도에서 먼 벽지로 설정하고, 장례를 치르기 전에 탄식하는 장소를 중앙으로 설정한 것으로 보는 해석이 있다. '포복(匍匐)', '곡읍(哭泣)'과 같은 묘사는 죽은 이의 부활・재생을 바라는 문맥으로 볼 수 있으며, 그 후 장례를 치른다는 기술이 이어진다. 고대 일본인의 신화적 상상력이 가상 세

계에만 머무르지 않고 실제 세계에도 영향을 미친다는 점에서 곧이어 등장하는 이즈모국, 하하키국, 히바노산 등의 구체적인 지명에 대해서도 기술 의도나 문맥을 살펴볼 필요가 있다.

126 나키사와메(泣沢女神): 많이 운다는 뜻의 이름을 가진 여신으로《만엽집》에서는 죽음으로부터의 소생을 기원하는 노래에 등장하기도 한다.《고사기》에 나키사와메가 등장하는 것 역시 이자나미의 부활을 기원하는 의미가 있다고 볼 수 있다.

127 히바노산(比婆之山): 이 산의 소재는 여러 설이 있는데 현재의 시마네현(島根県) 야스기시(安来市) 하쿠타초(伯太町)에 있는 히바산으로 보는 것이 일반적이다. 시마네현과 돗토리현(鳥取県)의 경계 지점에 위치한 히바산 꼭대기에는 이자나미를 제신으로 모시는 히바산 구메신사(久米神社)가 있다.

128 산상타계(山上他界)는 일본의 오래된 장례 풍습 중 하나로 죽으면 그 혼은 산꼭대기 저 먼 곳으로 간다고 믿었다. 장례 제의 중 죽은 자를 묘지까지 모시는 과정을 산으로 보낸다는 의미인 '야마오쿠리(山送り)'라고 하기도 한다. 이자나미의 장례를 치르는 장소가 히바산인 점도 이러한 산상타계와 관계가 깊다. 한편, 이즈모와 요모쓰쿠니를 중첩 시킬 의도가 있었다면 '이즈모국과 하하키국의 경계'라는 기술을 통해 이즈모를 요모쓰쿠니(黄泉国) 즉 타계의 입구로 설정한 것도 자연스러운 기술로 볼 수 있을 것이다. 여기에는《고사기》성립 당시의 조정에서 바라본 방향감각이 개입한 것으로 보인다.

129 장검: 일본어로는 도쓰카쓰루기(十拳剣)라고 하는데 한자 표기를 보면 주먹 열 개 정도 길이의 검을 의미한다. 주로 '십악검' 혹은 '장검'으로 해석한다.

130 신성한: 원문의 '湯津'은 신성·청정을 나타내는 '유(斎)'의 의미로 해석하는 견해가 우세하다.《고사기》에 또 다른 예로는 '신성한 손톱 모양 빗(湯津津間爪櫛)', '신성한 단풍나무(湯津楓)'가 있다.

131 이와사쿠(石析神)·네사쿠(根析神):《고사기전》에서는 '이와네사쿠

(石根析)'라는 말이 두 가지로 분리되어, 두 신의 이름이 되었다고 해석하고 있다. 암석의 의미로 해석하기도 하고, '검신'이나 '뇌신(雷神)'으로 보는 견해도 있다. '네사쿠'라는 신명을 보면 나무뿌리의 의미도 있다.

132 미카하야히(甕速日神): 이 신명은 미칭인 미(御)에 기세가 강하다는 의미의 이카하야(厳速)가 이어지는 구조로, 강한 기세를 신격화한 것으로 볼 수 있다.

133 히하야히(樋速日神): 미카하야히와 같은 신명 구성을 갖는데, 《일본서기》에서는 '熯速日神'라는 표기로 등장해, '熯'의 의미에서 불의 근원으로 보기도 한다. 《고사기전》에서는 '熯'가 불이 활활 타올라 건조한다는 의미가 있는데, 이 신명에서 '火'가 아닌 '樋'라는 한자의 차음을 사용한 것 역시 불이 아니라 건조를 의미하기 때문이라고 설명한다.

134 다케미카즈치노오(建御雷之男神): 이 신명은 용맹함을 의미하는 '다케미(建御)'와 번개의 의미를 갖는 '이카즈치(雷)'로 구성되어, 용맹한 번개의 남신이라는 의미를 갖는다. 이후 [아시하라나카쓰쿠니 정복] 신화에서는 다케미카즈치라는 이름으로 등장해 아시하라나카쓰쿠니로 파견된다. (☞주석 495 참조) 이 신은 《일본서기》 정문에서는 《고사기》와 달리, 히노하야히(熯速日神)의 자식으로 등장한다.

135 다케후쓰(建布都神)·도요후쓰(豊布都神): 신명 중 '布都' 두 자는 음독하라는 독법이 원문에 제시되어 있다. 다케미카즈치노오의 또 다른 이름으로 다케후쓰와 도요후쓰가 등장하는데 '후쓰(布都)'는 검이 무엇인가를 벨 때 나는 소리를 나타낸 의성어로 보는 견해도 있다.

136 구라오카미(闇淤加美神)·구라미쓰하(闇御津羽神): '구라오카미' 신명에는 '淤'부터 세 자는 음독하라는 독법이 제시되어 있다. '구라'는 좁은 계곡, '오카미'와 '미쓰하'는 물을 의미하는 것으로, 두 신 모두 물을 관장하는 신으로 해석한다. 《일본서기》 신대(상) 제5단 여섯 번째 일서에 '이름하여 구라오카미(闇龗)라 한다. 다음으로 구라야마쓰미(闇山祇), 다음으로 구라미쓰하(闇罔象)이다.'라는 기록이 있다.

137 태어난: 이자나키가 카구쓰치의 목을 벤 장검에서 생성된 신의 경우, 생겨난 신(成神)으로 서술하고 있어, 이자나키와 이자나미 두 신이 함께 낳은 신들과는 구분된다. 그런데 이 부분의 마지막 줄에서는 태어난 신(生之神)으로 표기하고 있다.

138 마사카야마쓰미(正鹿山津見神): '마사카'는 '마사카키(真坂木・真賢木・真榊)'라는 신목(神木)을 상징하는 표현으로, 신이 깃드는 신성한 나무로 해석할 수 있다. '야마쓰미'는 산신을 의미한다.

139 오도야마쓰미(淤滕山津見神): 먼저 생겨난 마사카야마쓰미와 대비해서 주로 설명한다. 오도(淤滕)라는 표현에 대해서는 원문에 '淤滕' 두 자는 음독하라는 독법이 제시되어 있는데, 아래쪽을 의미하는 '오리도(下処)'라는 설과 동생을 의미하는 '오토(弟)'라는 설이 있다.

140 오쿠야마쓰미(奥山津見神): 한자 표기 그대로 깊은 산속을 관장하는 산신으로 볼 수 있다.

141 구라야마쓰미(闇山津見神): 앞서 등장한 '구라오카미'와 동일하게 '구라'는 좁은 계곡을 의미하므로, 계곡을 다스리는 산신으로 볼 수 있다. 한편 화신(火神) 카구쓰치의 다른 이름인 히노카카비코(火之炫毘古神)에서 '비코'라는 명칭을 통해 남신으로 짐작할 수 있다. 그러나 구라야마쓰미가 생성되는 부위가 여성의 음부를 의미하는 '陰'으로 표기되어 있어 카구쓰치의 성별에 혼동이 보인다.

142 시기야마쓰미(志芸山津見神): 원문에 '志芸' 두 자는 음독하라는 독법이 있다. '시기(志芸)'는 무성하다는 의미의 일본어 '시게루(繁る)'를 연상케 하며, 나무가 무성한 산을 다스리는 산신이라는 의미가 있다.

143 하야마쓰미(羽山津見神):《일본서기》에는 '하야마쓰미(麓山祇)'라는 표기가 등장하므로 산기슭을 다스리는 산신으로 본다.《고사기전》에서는 '하야마(麓山)' 외에도 '하야마(葉山)'로 보는 설도 설명하고 있다.

144 하라야마쓰미(原山津見神): 고원을 다스리는 산신으로 볼 수 있다.

145 도야마쓰미(戸山津見神): 외산(外山)을 다스리는 산신이라는 의미

를 갖는다.

146 죽은 화신(火神)의 몸에서 산신이 생겨난다는 발상은 산태우기(山燒き)에 유래한 사체화생신화의 일종으로 보는 견해도 있다. 또 화산을 상징하는 신화로 보는 설도 있는데, 죽은 화신의 몸에서 많은 화산이 유래하고, 그 피가 화산 활동과 분출물의 표상이라고 본다. 이 화산설에서는 여기서 등장하는 여러 '야마쓰미(山津見)', 즉 산신들은 일반적인 산이 아닌 '화산'에 한정된 신격이라고 본다. (☞90페이지 [깊이 읽기 (06) 살해된 카구쓰치의 몸에서 생겨난 신들] 참조)

147 아마노오하바리(天之尾羽張)·이쓰노오하바리(伊都之尾羽張): 이자나키가 카구쓰치를 벨 때 사용한 검으로 앞에는 '十拳劍'이라는 표기가 등장한다. 아마노오하바리와 이쓰노오하바리의 경우 이 장면에서는 검의 이름으로 소개하고 있지만, 이후의 신화 내용을 통해 신 이름임을 알 수 있다. 반면, '도쓰카쓰루기'는 고유명사가 아니라 장검을 지칭하는 일반명사라 할 수 있다. '아마노(天之)'는 《고사기》의 경우 다카아마하라(高天原)의 이미지를 반영한 경우가 많은데 이 신도 이후의 신화 내용에서 보면 다카아마하라에 있었던 존재로 나타난다. 원문에 '伊都' 두 자는 음독하라는 독법이 제시되어 있는데, '이쓰(伊都)'는 위세가 강한 것을 의미한다. 또 이어지는 [아시하라나카쓰쿠니 정복] 신화(☞247페이지 참조)에서 다케미카즈치의 부친으로 등장하기도 한다. 칼을 매개로 출현한 신이 부모자식관계로 연결되어 있다는 점도 특이하다.

깊이 읽기 (03)

신화 속 사랑과 결혼, 이자나키·이자나미가 남긴 교합이야기

[이자나키(伊耶那岐命)·이자나미(伊耶那美命)] 신화에 등장하는 '신성한 기둥(天之御柱)'을 도는 장면은 고대의 결혼 풍습과 밀접한 관련이 있다. 사람들이 어느 특정한 날 기둥을 돈다는 것은 일종의 주술적, 종교적 의례로 세계 각국에 존재한다. 중국 남부와 동남아지역의 산촌민들 사이에서도 봄철 남녀가 들판에 모여 기둥을 돌며 자유롭게 배우자를 선택하는 행사가 있었다. 그 한 예로, 중국 운남성(云南省)의 묘족(苗族)은 춘제를 거행할 때 산에 풍요를 상징하는 기둥을 세우고 남녀가 그 주위를 돌며 춤추고 노래하는 풍습이 있었다.

그렇게 보면 유럽의 '메이폴(May Pole) 행사'도 이와 유사하다. 메이폴 행사는 여인의 다산능력을 기원하며 매년 5월 1일에 기둥을 돌면서 노래하고 춤추는 풍습이다. '기둥'에 신령 특히 조상신이 강림하거나 깃들어 있다는 관념의 징표 즉 기둥을 도는 행위는 신령을 받아 결혼 승낙을 받고 가호를 받기 위한 성스러운 행위라고 여겨졌다. 동서를 막론하고 고대인에게 남녀가 기둥을 도는 행위는 신성한 행위로 간주되었던 것이다.

한편 남녀의 성교행위가《고사기(古事記)》에서 적나라하게 묘사되어 다소 충격으로 다가올 수 있을지 모른다. 게다가 이후 등장하는 섬들도 모두 자연 발생이 아닌 두 신의 성교를 통해 자식으로 태어난다. 따라서 태초 남녀 신의 성교행위는 단순한 육체적 결합 행위가 아닌 섬과 신을 낳는 성스러운 생산 행위로 이해해야 한다. 흥미롭게도《일본서기(日本書紀)》신대(상) 제4단 다섯 번째 일서에는 새들의 교접 장면을 보고 이자나키와 이자나미가 성교하는 방법을 알게 되었다는 기사가 있다. 이 전승은 대만의 아미족, 일본의 아이누족과 오키나와(沖繩) 지역 등에서도 유사하게 나타나며 인간이 어떻게 남녀교합의 방법을 알게 되었는지 설명하는 일종의 문화기원신화라 할 수 있다. 새의 교접 행위를 보고 성교의 방법을 배우고 태초의 남녀가 교합의 길을 터득했다는 것을 설명하는 신화적 서사인 것이다. 따라서《고사기》속 [이자나키·이자나미] 신화 역시 이와 같은 문화기원신화로 볼 수 있다.

한편 [이자나키·이자나미] 신화는 동남아시아의 근친상간 전승을 바탕으로 하며 그 앞부분에 있었을 것으로 추정되는 홍수설화가 탈락되어 [이자나키·이자나미] 신화로 변형되었다고 보는 견해도 있다. 원초적인 홍수신화에서는 태고의 바다에서 바위가 먼저 출현하고 그 위에 남매가 내려와 혼인하여 인류의 시조가 되었다고 한다. '오노고로섬(淤能碁呂島)'에서 교합하는 [이자나키·이자나미] 신화와 매우 유사하다. 두 신의 성교행위를 '성혼'으로 설명하는 경우가 일반적이지만 원문에 '누이'를 의미하는 '妹'라는 한자표기에 주목하면 근친상간으로도 볼 수 있다. 태초에 남매 신이 결혼하여 인류의 자손을 번식시켰다는 전승은 많은 민족 사이에 전해지고 있으며 이러한 남매혼, 근친상간 결혼 이야기는 중국 남부, 동남아시아에도 널리 분포하고 있다. [이자나키·이자나미] 신화도 이러한 유형에 속한다고 볼 수 있다.

글: 김미선

깊이 읽기 (04)

오야시마쿠니(大八島国), 그 섬들은 우연이 아니다?!

《고사기(古事記)》 신화에서 이자나키와 이자나미가 낳은 첫 여덟 개의 섬을 의미하는 '오야시마쿠니'는 일본열도의 기원을 설명하는 중요한 전승으로 《일본서기(日本書紀)》에서는 '大八洲国'로 표기한다. 이 신화는 단순히 땅이 창조되는 과정을 서술한 것에 그치지 않고 일본의 영토 인식, 야마토 조정의 영향력과 대외의식을 담고 있다는 점에서 주목할 만하다.

특히 《고사기》와 《일본서기》 신대(상) 제4단에 등장하는 섬들은 고대 일본의 정치적 배경과 영토의식을 엿볼 수 있는 중요한 단서가 되기도 한다. 두 기록을 비교해 보면 현재의 시코쿠(四国), 규슈(九州), 아와지섬(淡路島), 사도섬(佐渡島), 오키섬(隠岐島), 기나이(畿內), 이 6개 지역이 양서에 모두 공통으로 나타난다.

흥미로운 점은 《일본서기》 제4단 정문과 일서(첫 번째·여섯 번째·일곱 번째·여덟 번째·아홉 번째)에서는 동해에 면하고 한반도와 인접한 '오키섬'과 '사도섬'이 등장하는 반면 지정학적으로 더 가까운 '쓰시마섬'과 '이키섬'의 경우 일곱 번째 일서를 제외하고 정문과 다른 일서에는 기록되어 있지 않다는 사실이다. 이에 비해 《고사기》는 남중국해의 소규모 섬들까지도 언급하며 일본과 한반도를 연결하는 해상 교통망의 경로를 보다 구체적으로 기술하고 있다. 이러한 서술상의 차이는 고대 일본이 주변국과의 관계를 어떻게 인식하고 있었는지를 보여주는 대목으로 중앙권력의 영향력이 미쳤던 곳과 그 상징적 경계를 설정하려는 의도가 반영된 것으로 볼 수 있다.

이러한 점에서 오야시마쿠니 전승은 야마토 조정이 일본열도를 정비한 후 주변국과의 경계의식 및 교류 관계를 반영하고 있었음을 보여준다.

이는 이키섬의 하루노쓰지 유적(原の辻遺跡)에서 출토된 무문토

기, 와질토기, 청동검, 청동거울, 곡옥 등의 한반도계 유물과 전방후원분(前方後円墳) 형태로 조성된 사사즈카(笹塚) 고분에서 출토된 하니와(埴輪)를 비롯한 신라계 토기, 금동제 마구류(馬具類), 철제 무기 및 농기구 등의 고고학적 증거를 통해 확인할 수 있다. 이러한 유물들은 한반도 남부지역과의 구체적인 교류 양상을 뒷받침하는 것으로 이 섬들의 포함 여부는 단순한 신화적 서사에 그치는 것이 아니라 주변국과의 대외 관계 속에서 형성된 정치적 인식과 전략적 의도가 반영된 것으로 해석할 수 있다.

글: 김미선

이자나키와 이자나미가 낳은 오야시마쿠니(大八島国)

깊이 읽기 (05)

이자나키와 이자나미가 낳은 신은 왜 35신인가

[여러 신 낳기] 신화 말미에 '이자나키와 이자나미 두 신이 함께 낳은 섬은 모두 14도, 신은 35신이다.'라는 기술이 있다. 그런데 생성된 신의 수를 실제로 세어보면 모두 40신으로 《고사기(古事記)》에서 기술한 '35신'과는 숫자가 맞지 않는다. 그렇기에 이자나키와 이자나미의 자식 수에 대해 해석하는 다양한 설이 있는데 여기서는 대표적인 세 가지 셈법을 소개하기로 하자.

첫 번째로는 《고토(鼇頭) 고사기》*에서 제시한 셈법으로, 이자나키와 이자나미의 손자 대에 해당하는 신들과 화신(火神) 탄생 이후의 신들을 제외한 다음, [여러 섬 낳기] 신화에 등장한 섬을 더하면 숫자가 맞는다고 설명한다. 그러나 이 경우, 이미 '14도'에 포함된 섬을 '35'신에 또다시 포함하게 된다. 그리고 같은 신격을 갖는 남녀 동반신인 하야아키쓰히코(速秋津日子神)와 하야아키쓰히메(速秋津比売神)는 각각 하나로 보는데, 그에 반해 카나야마비코(金山毘古神)·카나야마비메(金山毘売神)는 둘을 세트로 묶어 하나로 본다는 모순이 발생한다.

두 번째로, 《고사기전(古事記伝)》에서는 이자나키와 이자나미가 낳은 섬을 35신에 포함하지 않는다. '이미 섬 낳기를 마치고 다시 신을 낳았다.(既生国竟、更生神)'라는 문장 이후에 등장하는 신부터 그 수를 세는데, 그중 대칭을 이루는 신 중에서 남녀 동반신은 한 세트로 본

---

* 《고토(鼇頭) 고사기》: 최초로 고사기 전권을 해석한 주석서로, 이세(伊勢) 외궁의 신관이었던 와타라이노부요시(度会延佳)가 주석을 달아 통칭 '노부요시(延佳) 고사기'라 불린다.

다. 반면 대칭을 이루는 신 중에서 '아메노(天之)○○', '구니노(国之)○○'라는 이름 구성을 가진 신은 세트가 아닌 각각 하나의 신으로 보는데, 남녀 동반신만을 한 세트로 보는 근거는 분명하지 않다.

　세 번째로 모리 마사모리(毛利正守)는 35신이 '이자나키와 이자나미가 함께(共) 낳은(生) 신'이라는 점에 주목한다. '나누어 낳은(持別而生)' 신들의 경우는 이자나키와 이자나미가 함께 신을 생성할 때 등장하는 구문(次、生神名…)에 명확한 차이가 있어, 주어가 이자나키와 이자나미는 아닌 것이 명백하다고 설명한다. 또 《고사기》에는 화신(火神)을 낳은 후 이자나미가 '음부에 화상을 입고 몸져눕고 말았다.'라는 설명이 등장한다. 즉 더 이상 생식행위로서 자식을 낳을 수 없는 상태가 된 것이다. 이 점에 주목하여 이자나미가 화상을 입은 후 오물과 똥오줌에서 생겨난 신은 '낳은' 신으로 넣을 수 없다고 주장한다. 모리는 나아가 이자나키와 이자나미가 낳은 '섬' 중에서 '신명'을 가진 경우에 주목한다. 이자나키와 이자나미가 낳은 여러 섬 중에서 이요노후타나섬(伊予之二名島)과 쓰쿠시섬(築紫島)은 '몸은 하나에 얼굴이 네 개였으며 각 얼굴에 이름이 있었다.'라고 하므로, 각각의 이름을 하나의 신으로 세어야 한다고 주장한다. 이렇게 하면 이자나키와 이자나미가 낳은 섬 중에 신명을 가진 것이 총 18신이고, 이자나키와 이자나미가 함께 낳은 17신을 더해 총 35신이 나온다고 설명한다. 그러나 《고사기》에서 신명은 주로 '○○神' '○○命'와 같은 형식을 띠는 것에 비해, 섬의 이름으로 등장한 것은 '○○比売' '○○比古' '○○別' 등으로 표기하고 있어 이후의 신명과는 차이가 난다는 점에서 반론의 여지는 남아있다.

　이렇듯 '이자나키와 이자나미 두 신이 함께 낳은 섬은 모두 14도, 신은 35신이다.'라는 문구에 맞추기 위해 계속해서 다양한 계산법이 연구되고 제시되고 있으나, 아직 어느 것 하나 명확한 것은 없다.

	섬 이름	신 이름	《고토고사기》	《고사기전》	모리 마사모리
여러 섬 낳기	아와지노호노사와케섬(淡道之穗之狹別島)		[1]	포함×	
	이요노후타나섬(伊予之二名島)	에히메(愛比売)	[2]		[1]
		이히요리히코(飯依比古)			[2]
		오게쓰히메(大宜都比売)			[3]
		다케요리와케(建依別)			[4]
	오키노미쓰고섬(隱伎之三子島)	아메노오시코로와케(天之忍許呂別)	[3]		[5]
	쓰쿠시섬(築紫島)	시라히와케(白日別)	[4]	포함×	[6]
		도요히와케(豊日別)			[7]
		다케히무카히토요쿠지히네와케(建日向日豊久士比泥別)			[8]
		다케히와케(建日別)			[9]
	이키섬(伊伎島)	아마히토쓰바시라(天比登都柱)	[5]		[10]
	쓰시마섬(津島)	아메노사데요리히메(天之狹手依比売)	[6]		[11]
	사도섬(佐度島)		[7]		포함×
	오야마토토요아키즈섬(大倭豊秋津島)	아메미소라토요아키즈네와케(天御虛空豊秋津根別)	[8]		[12]
	기비코섬(吉備兒島)	다케히카타와케(建日方別)	[9]		[13]
	아즈키섬(小豆島)	오노데히메(大野手比売)	[10]		[14]
	오시마섬(大島)	오타마루와케(大多麻流別)	[11]		[15]
	히메지마섬(女島)	아마히토쓰네(天一根)	[12]		[16]
	지카섬(知訶島)	아메노오시오(天之忍男)	[13]		[17]
	후타고섬(両兒島)	아메후타야(天両屋)	[14]		[18]
여러 신 낳기 (1)		오코토오시오(大事忍男神)	[15]	[1]	[19]
		이와쓰치비코(石土毘古神)	[16]	[2]	[20]
		이와스히메(石巢比売神)	[17]		[21]
		오토히와케(大戶日別神)	[18]	[3]	[22]
		아메노후키오(天之吹男神)	[19]	[4]	[23]
		오야비코(大屋毘古神)	[20]	[5]	[24]
		가자모쓰와케노오시오(風木津別之忍男神)	[21]	[6]	[25]
		오와타쓰미(大綿津見神)	[22]	[7]	[26]
		하야아키쓰히코(速秋津日子神)	[23]	[8]	[27]
		하야아키쓰히메(速秋津比売神)	[24]		[28]

섬 이름		신 이름	《고토고사기》	《고사기전》	모리 마사모리
강과 바다를 나누어 낳은 신		아와나기(沫那芸神)	포함×	[9]	포함×
		아와나미(沫那美神)		[10]	
		쓰라나기(頰那芸神)		[11]	
		쓰라나미(頰那美神)		[12]	
		아메노미쿠마리(天之水分神)		[13]	
		구니노미쿠마리(国之水分神)		[14]	
		아메노쿠히자모치(天之久比奢母智神)		[15]	
		구니노쿠히자모치(国之久比奢母智神)		[16]	
여러 신 낳기 (2)		시나쓰히코(志那都比古神)	[25]	[17]	[29]
		쿠쿠노치(久々能智神)	[26]	[18]	[30]
		오야마쓰미(大山津見神)	[27]	[19]	[31]
		가야노히메(鹿屋野比売神)	[28]	[20]	[32]
산과 들을 나누어 낳은 신		아메노사즈치(天之狭土神)	포함×	[21]	포함×
		구니노사즈치(国之狭土神)		[22]	
		아메노사기리(天之狭霧神)		[23]	
		구니노사기리(国之狭霧神)		[24]	
		아메노쿠라토(天之闇戸神)		[25]	
		구니노쿠라토(国之闇戸神)		[26]	
		오토마토이코(大戸或子神)		[27]	
		오토마토이메(大戸或女神)			
여러 신 낳기 (3)		도리노이와쿠스후네(鳥之石楠船神)	[29]	[28]	[33]
		오게쓰히메(大宜都比売神)	[30]	[29]	[34]
		히노야기하야오(火之夜芸速男神)	[31]	[30]	[35]
오물과 똥오줌 에서 태어난 신		카나야마비코(金山毘古神)	[32]	[31]	포함×
		카나야마비메(金山毘売神)			
		하니야스비코(波邇夜須毘古神)	[33]	[32]	
		하니야스비메(波邇夜須毘売神)			
		미쓰하노메(弥都波能売神)	[34]	[33]	
		와쿠무스히(和久産巣日神)	[35]	[34]	
		도요우케비메(豊宇気毘売神)	포함×	[35]	

글: 박신영

깊이 읽기 (06)

살해된 카구쓰치의 몸에서 생겨난 신들

화신(火神)의 몸통에서 산신(山神)이 출현한다는 발상은 자연신화의 관점에서 보면 화산의 기원 신화 유형에 속한다고 볼 수 있다. 죽은 화신의 몸에서 많은 화산이 유래하고, 솟구치는 피는 화산 활동과 분출물의 표상이라고 보는 것이다. 여기서 출현하는 신의 이름을 보면 의미는 분명하지 않지만, 신체 부위와 연관성이 강해 보인다. 이것을 거인이 누워있는 모습을 산에 비유해, 가슴·배·음부가 산의 깊숙한 지역을 상징하고 양손과 양발은 산기슭을 묘사한 것이라는 견해가 있다.

한편《일본서기(日本書紀)》신대(상) 제5단 여덟 번째 일서에는 '첫 번째로 머리는 오야마쓰미(大山祇)로 변했고, 두 번째로 몸통은 나카야마쓰미(中山祇)로, 세 번째로 손은 하야마쓰미(麓山祇)로, 네 번째로 허리는 마사카야마쓰미(正勝山祇)로, 다섯 번째로 다리는 시기야마쓰미(離山祇)로 변했다.'라는 묘사가 있다. 화신의 사체에서 산신이 출현한다는 기술 내용은《고사기(古事記)》와 유사하나,《고사기》에서는 몸이 여덟 군데로 나뉜 것에 비해,《일본서기》는 다섯 군데로 나뉜다는 점에 차이가 있다.

사체에서 산신이 출현한다는 내용은 중국의 고대 문헌《술이기(述異記)》에 기록된 반고(盤古) 신화의 발상과 흡사하다. 반고 신화에서는 거인 반고의 사체가 '머리는 동악(東岳), 배는 중악(中岳), 왼쪽 볼은 남악(南岳), 오른쪽 볼은 북악(北岳), 다리는 서악(西岳)이 되었다.'

라고 전한다. 이는 《술이기》의 기술에 나온 발상이 《고사기》 및 《일본서기》 편찬 시 어느 정도 영향을 준 것으로 볼 수 있다. 다만 신화의 구조만 놓고 보면 《일본서기》의 전승이 반고 신화에 훨씬 가깝다고 볼 수 있으며 《고사기》는 이를 부분적으로 변형시킨 것으로 볼 수 있다.

글: 박신영

살해된 카구쓰치

3장
요모쓰쿠니(黃泉国)와 미소기(禊)

1. 요모쓰쿠니

그 아내인 이자나미를 만나고 싶은 나머지 요모쓰쿠니黃泉国[148]로 쫓아갔다. 그리고 (이자나미가) 어전御殿의 닫힌 문[149]에서 나와 맞이했을 때 이자나키가 분부하듯 말했다.

"사랑하는 내 부인이여! 나와 당신이 만든 나라는 아직 다 만들지 못한 상태[150]라오. 그러하니 다시 돌아가야 하오."

그러자 이자나미가 대답하였다.

"유감스럽지만 빨리 오셨으면 좋았을 텐데…. 나는 요모쓰쿠니의 음식을 먹고 말았나이다.[151] 그러나 사랑하는 내 남편[152]이 찾아와 주신 것은 송구한 일입니다. 그래서 나도 돌아가고자 합니다. 잠시 요모쓰쿠니의 신[153]과 의논해 보겠으니 나를 보아서는 안 됩니다."[154]

그렇게 말하고 그 어전 안으로 돌아 들어간 사이, 그 시간이 너무 길어 기다리기 힘들었다.

그래서 왼쪽 미즈라美豆良[155]에 꽂아 놓은 신성한 손톱 모양 빗의 두꺼운 빗살[156] 하나를 꺾어 거기에 한 줄기 불을 밝히고, 들어가 쳐다보니 구더기가 드글드글 끓어 괴성을 지르는 모습[157]이었다.

머리에는 대뢰大雷가 있었고 가슴에는 화뢰火雷, 배에는 흑뢰黑雷, 음부에는 석뢰析雷, 왼손에는 약뢰若雷, 오른손에는 토뢰土雷, 왼발에는 명뢰鳴雷, 오른발에는 복뢰伏雷가 있어 모두 합쳐 여덟 뇌신雷神[158]이 생겨났다.[159]

이에 이자나키가 보고 꺼리며[160] 도망치듯 돌아가려 하자 그 부인인 이자나미가 말했다.

"나에게 치욕[161]을 느끼게 했군요."

즉시 요모쓰시코메予母都志許売[162]를 보내 쫓아가도록 했다.
그랬더니 이자나키가 검은 가발을 집어 던져버리자 금세 포도 열매가 생겨났다. (쫓아오던 요모쓰시코메가) 그것을 주워 먹는 동안 계속 도망쳐 갔다.
그런데 또다시 쫓아 오자 이번에는 오른쪽 미즈라에 꽂혀 있던 신성한 손톱 모양 빗의 살을 당겨 빼내 던지니 죽순이 생겨났다. 그래서 역시 (쫓아오던 요모쓰시코메들이) 이것을 뽑아 먹는 동안에 또 도망쳤다.
또 다음에는 그 여덟 뇌신雷神에 엄청난 세력[163]의 요모쓰쿠니 군사를 딸려 보내 쫓게 하였다. 그래서 몸에 차고 있던 장검을 뽑아 손을 뒤로 하여 칼을 휘두르며[164] 도망쳐 나왔다. 그래도 또 쫓아오기에 요모쓰히라사카黃泉比良坂[165] 기슭[166]에 도달했을 때 그 언덕 밑에 있는 복숭아 열매를 세 개 따서 다가오는 것을 기다리다가 던졌더니 모두 도망쳐 돌아갔다.
그래서 이자나키는 그 복숭아 열매에게 말했다.

"네가 나를 도와준 것처럼 아시하라나카쓰쿠니葦原中国[167]의 모든 현세 사람들[168]이 고통의 늪에 빠져 병들고 힘들어할 때 도와주거라."

그렇게 말하고 오호카무즈미意富加牟豆美命[169]라 칭했다.
마지막으로 그 아내인 이자나미 자신이 쫓아왔다. 그리하여 엄청나게 거대한 바위를 요모쓰히라사카에 끌고 와 막고, 이 바위를 사이에 두고 각각 마주 보며 서서 이별의 말[170]을 건넬 때, 이자나미가 말했다.

"사랑스런 내 남편이 진정 그리하신다면 당신 나라의 사람들을 하루에 천 명의 목을 졸라 죽일 것입니다."

그러자 이자나키는 말했다.

"사랑하는 내 아내가 그리한다면 나는 하루에 천오백 명을 낳는 산실産屋을 지을 것이오."

이와 같은 이유로 하루에 반드시 천 명이 죽고 하루에 반드시 천오백 명이 태어나는 것이다.[171] 그리고 이자나미를 요모쓰 대신黃泉津大神[172]이라고 한다.

또 말하기를 쫓아온 것을 일컬어 지시키 대신道敷大神[173]이라 이름 붙였다고 한다. 또 그 요모쓰쿠니의 언덕을 닫고 있는 바위를 지가에시노 대신道反之大神[174]이라 이름을 붙이고, 또 요모쓰쿠니의 문을 막고 있는 대신이라고도 한다.

그리고 그 이른바 요모쓰히라사카는 지금 이즈모국出雲国의 이부야사카伊賦夜坂[175]라고 한다.

於是、欲相見其妹伊耶那美命、追往黄泉国。爾、自殿縢戸出向之時、伊耶那岐命語詔之、愛我那邇妹命、吾与汝所作之国、未作竟。故、可還。邇伊耶那美命答白、悔哉、不速来。吾者為黄泉戸喫。然、愛我那勢命、那勢二字以音。下効此。入来坐之事、恐故、欲還。且与黄泉神相論。莫視我、如此白而、還入其殿内之間、甚久、難待。故、刺左之御美豆良、三字以音。下効此。湯津々間櫛之男柱一箇取闕而、燭一火入見之時、宇士多加礼許呂呂岐弖、此十字以音。於頭者大雷居、於胸者火雷居、於腹者黒雷居、於陰者析雷居、於左手者若雷居、於右手者土雷居、於左足者鳴雷居、於右足者伏雷居、并八雷神、成居。於是、伊耶那岐命、見畏而逃還之時、其妹伊耶那美命言、令見辱吾、即遣予母都志許売此六字以音。令追。爾、伊耶那岐命、取黒御縵投棄、乃生蒲子。是摭食之間、逃行。猶追。亦、刺其右御美豆良之湯津津間櫛引闕而投棄、乃生笋。是抜食之間、逃行。且後者、於其八雷神、副千五百之黄泉軍令追。爾、抜所御佩之十拳剣而、於後手布伎都都、此四字以音。逃来。猶追。到黄泉比良此二字以音。坂之坂本時、取在其坂本桃子三箇待撃者、悉坂返也。爾、伊耶那岐命、告桃子、汝、如助吾、於葦原中国所有、宇都志伎上　此四字以音。青人草之、落苦瀬而患惚時、可助、告、賜名号意富加牟豆美命。自意至美以音。最後、其妹伊耶那美命、身自追来焉。爾、千引石引塞其黄泉比良坂、其石置中、各対立而、度事戸之時、伊耶那美命言、愛我那勢命、為如此者、汝国之人草、一日絞殺千頭。爾、伊耶那岐命詔、愛我那邇妹命、汝為然者、吾一日立千五百產屋。是以、一日必千人死、一日必千五百人生也。故、号其伊耶那美神命謂黄泉津大神。亦云、以其追斯伎斯此三字以音。而、号道敷大神。亦、所塞其黄泉坂之石者、号道反之大神。亦、謂塞坐黄泉戸大神。故、其所謂黄泉比良坂者、今、謂出雲国之伊賦夜坂也。

주석

148 요모쓰쿠니(黄泉国): 화신을 낳다가 생을 마감한 이자나미가 향하는 세계이다. 이 세계를 '黄泉国'라 표기하고, '요모쓰쿠니' 또는 '요미노쿠니'라 발음한다. '요미'를 어둠(闇)으로 보아 지하 세계로 해석하는 견해가 있다. 반면에 '요미·요모'의 어원을 일본어로 산을 의미하는 '야마'로 보아 타계가 깊은 산속에 위치한다는 산상타계(山上他界)설도 있다. 《고사기(古事記)》에서는 이와 관련된 용어로 '요모쓰헤구이(黄泉戸喫)'(주석 151 참조), '요모쓰시코메(予母都志許売)'(주석 162 참조)가 등장한다. 이를 근거로 본서에서는 '요모쓰쿠니'로 읽는다.(122페이지 [깊이 읽기 (07) 사랑하는 이를 쫓아 저세상으로—요모쓰쿠니] 참조)

149 닫힌 문: 원문에는 '滕戸'라 표기하고 있다. '滕'이라는 한자는 '騰'과 비슷한 한자이므로 '騰'의 오기로 보는 견해가 있다. 우라베(卜部) 계열의 필사본에는 '騰'으로 표기하고 있다. '騰戸', '滕戸' 모두 고분의 매장 시설에 들어가는 통로인 선도(羨道) 입구에 설치한 개석(蓋石)으로 볼 수 있다. '騰' 표기에 따른다면 오르막 문으로 해석이 가능하다. 고대 능묘(陵墓)의 석곽 입구가 밀어 올리는 구조라는 점에서 석곽 입구에 설치된 문을 표현한 것으로 해석할 수 있다. 그렇게 본다면 그 발상은 고분 시대의 매장 관습을 표현한 것으로 볼 수 있다. 한편 빈소의 입구로 해석하는 견해도 있다. 반면 '滕'이라는 한자 표기를 그대로 받아들인다면 막힌 문이 된다. 문의 구조나 형상을 어떻게 볼 것인가에

따라 요모쓰쿠니(黄泉国) 신화의 성립 배경을 파악할 수 있는 중요한 단서이다.

150 **아직 다 만들지 못한 상태**: 지금까지 이자나키·이자나미 두 신의 역할은 국토(国)와 신(神)을 낳는(生) 일을 수행하는 것이었다. 그러므로 '만들다'라는 의미의 '作'으로 표기한 것은 신화 전개상 적합하지 않다는 견해가 있다. 그러나 두 신은 앞부분에서 천신(天神)으로부터 국토를 '단단하게 하라.(修理固成)'는 명을 받고 이를 수행하던 중이다. 이러한 입장으로 보면 '국토를 만들다.(作)'라는 것도 목적에 부합하므로 모순이 아니라는 견해도 있다. '生'과 '作'은 '아이를 낳다' 또는 '아이를 만들다'로 모두 같은 의미로 해석할 수 있으므로《고사기》의 '作'의 범주에 '生'도 포함된다고 볼 수 있다. 또 '아직 다 만들지 못한 상태(未作竟)'라는 표현에는 천신이 내린 '단단하게 하라.'는 명이 다 완성되지 못하여 미완성 부분은 후반부에 이어지는 [오쿠니누시의 나라 통합] 신화로 계승된다는 견해도 있다. 그렇다면 결과적으로 '나라 만들기'는 두 신의 활약만으로는 완성되지 않고 오쿠니누시(大国主神)로 계승된다고 볼 수도 있다. 하지만, 천신의 명령은 어디까지나 두 신에게 내려진 것이므로 일단 두 신에 관련된 신화의 범위 내에서 해석해야 할 것이다. 그리고 '단단하게 하라.'의 내용이 '섬과 신을 낳는 일(生)'이라면 요모쓰쿠니 신화 이후에 전개되는 이자나키의 '미소기(禊)' 과정을 통해 '자식을 모두 낳고 낳은 끝에' 얻게 된 삼귀자(三貴子)의 탄생으로 완성되었다고 보는 것이 타당하다고 할 수 있다.

151 **요모쓰쿠니의 음식을 먹고 말았나이다**: 원문에는 '黄泉戸喫'라 표기한다.《일본서기(日本書紀)》신대(상) 제5단 여섯 번째 일서에 '湌泉之竈'이라는 표기에 대응하는 표기로, 일곱 번째 일서에는 이를 '요모쓰헤구히(譽母都俳遇比)'로 발음한다는 음주(音注)가 있는데, 현대어로는 '요모쓰헤구이'라 발음한다. 이를 근거로 모든 주석서에서 '요모쓰헤구이'로 발음하고 있다. '요모쓰'는 '황천국의'라는 의미이며, '헤'는 '戸'에 해당하며 '부엌'이라는 의미로 해석한다. '구이'는 '먹다(食)'라는 의미이다. 즉 '요모쓰쿠니의 부엌에서 지은 음식을 먹는다.'

라는 뜻이다. 현세가 아닌 타계의 음식을 먹는 순간 타계의 존재가 된다는 일종의 '공식(共食) 신앙'을 반영한 표현이라 할 수 있다. 그러나 이야기의 전개상 요모쓰쿠니의 음식을 먹어 돌아갈 수 없다 하더라도, 요모쓰쿠니의 신과 상의해 승인받으면 돌아올 수 있다고 해석할 수 있는 표현이 있으므로 구속력이 강하다고 보기 어렵다.

152 남편: 원문에는 '那勢命'라 표기하는데, '那勢' 두 자는 음독한다는 분주에 따라 '나세(なせ)'라 발음한다. 앞서 남성이 여성에 대해 애정을 담아 부르는 표현으로 등장한 '나니(那邇)'에 대응하는 것으로,(☞주석 122 참조) 여성이 애정을 담아 남성을 지칭하는 표현으로 볼 수 있다.

153 요모쓰쿠니의 신: 요모쓰쿠니(黃泉国)의 주신으로 마치 지옥의 염라대왕과 같은 인상을 보인다. 그런데 나중에는 이자나미가 '요모쓰 대신(黃泉津大神)'이 된다. 신화 전개상 이름 외에는 아무런 역할이 없으므로 편의상 신명만 등장시킨 것으로 보인다.

154 나를 보아서는 안 됩니다: '금실형(禁室型) 신화·설화' 유형에 자주 등장하는 '보지마형 금기(The taboo of 'don't look')' 신화 요소라 할 수 있는데, 금기를 어긴 이자나키는 그 세계에서 이자나미의 정체를 보고 말았고, 그것이 결정적인 이별의 원인이 되었다는 점에서 다른 '금실형' 신화와 공통된다. 요모쓰쿠니는 결과적으로 이자나미의 '본향(本鄕)'으로 설정되어 있으나, 그것은 그 세계의 음식을 먹음으로 인해 자격을 얻었다는 점이 부가됨으로써 금실형 신화가 변용되었다고 볼 수 있다. (☞122페이지 [깊이 읽기 (07) 사랑하는 이를 쫓아 저세상으로 – 요모쓰쿠니] 참조)

155 미즈라(美豆良): '美豆良' 이 세 글자는 음독하라는 독법에 따라 '미즈라'라고 읽는다. 일본 고대의 머리 형태로 양쪽 귀 옆에 머리카락을 8자형으로 묶어 올리는 형태이다. (☞주석 218 참조)

156 신성한 손톱 모양 빗의 두꺼운 빗살: 원문에는 '湯津々間櫛之男柱'라 표기한다. 《일본서기》 신대(상) 제5단 여섯 번째 일서에 '湯津爪櫛'라는 표기가 보인다. '유쓰(湯津)'는 신성하다는 의미의 접두어, '쓰마

쿠시(津間櫛)'는 '촘촘한 참빗' 또는 '손톱 모양 빗'을 의미한다. 빗의 양단에 두꺼운 기둥과 같은 구조로 된 빗이다. 고분시대의 빗은 대나무로 제작된 단단한 빗이기 때문에 그 기둥 부분을 '男柱'로 표현하고 있다.

157 구더기가 드글드글 끓어 괴성을 지르는 모습: 원문에는 '宇士多加礼許呂々岐弖'라 표기하는데 이를 음독하라는 독법 표기가 보이므로 '우지타카레코로로키테'로 읽는다. '코로로쿠(嘶咽)'는 목이 쉴 정도로 흐느껴 운다는 의미로, 구더기가 잔뜩 끼어 괴성을 내는 모습을 표현한 것이다. 이자나미의 몸에 구더기가 잔뜩 끼어 이자나미가 소리치며 울먹이는 모습을 연상할 수 있다. 반면에 '코로로쿠'의 주어는 구더기로 보는 것이 자연스럽다며 이를 구더기가 꾸물거리는 소리로 해석하는 견해도 있다.

158 뇌신(雷神): 뇌신의 '雷'는 '이카즈치'라고 읽는데 이는 무서운 위력 있는 영적인 존재(厳霊), 혹은 '번개(雷)'로 볼 수 있다. 나중에 등장하는 '다케미카즈치노오(建御雷之男神)'(☞주석 134 참조)와의 관계도 생각할 필요가 있다. 각각의 '이카즈치'에는 '神'이라는 표기가 붙어있지 않지만, 마지막에는 '여덟 뇌신(八雷神)'이라고 지칭하는 점도 간과해서는 안 된다.

159 생겨났다: 이자나미의 몸의 여러 곳에는 여덟 뇌신이 '있다(居)'는 표현이 있고, 마지막 부분에는 '생겨났다(成居)'로 표기된 점이 주목된다. 단순히 '居'라면 이들 뇌신과 이자나미와 관계가 불분명하지만, 여덟 뇌신을 '成'의 의미와 연계하여 생각한다면 '이카즈치'는 이자나미의 몸에서 출현한 것으로 이해할 수 있다.

160 꺼리며:《고사기》에는 '畏'가 종종 등장하는데, 해당 장면은 단순히 두려워하는 모습이라기보다 평소와 다른 추한 모습을 보고 꺼리는 내용에서 등장한다.《고사기》에서 '見畏'의 용례는 7개가 나온다. '畏'와 같은 의미를 갖는 한자로는 '惶', '懼', '恐'이 있는데 '見'과 함께 쓰여 숙어로 사용되는 한자는 '畏'뿐이다. '見畏'는 대부분 이류혼인담(異類婚

姻譚)에서 상대방의 실체를 보았을 때 나오는 반응에서 숙어로 사용되었고, 그것을 본 자가 도주하는 형태로 이야기가 전개된다.

161 치욕: '보지마' 금기가 깨졌을 때 반드시 따라오는 표현이 '辱' 즉 수치심이다. 이 수치심은 사회적인 규범 또는 종교성을 띤 규범과 관계가 깊다.

162 요모쓰시코메(予母都志許売): 원문에 '予母都志許売' 이 여섯 자는 음독하라는 분주가 보인다. 요모쓰쿠니의 추녀(醜女)라는 의미로 죽음의 더러움인 '게가레(穢)'의 표상이라 할 수 있다.《일본서기》 신대(상) 제5단 여섯 번째 일서에 '요모쓰시코메(泉津醜女)'라는 표기와 일곱 번째 일서에 '醜女, 이를 시코메라 한다.(醜女、此云志許売)'라는 표기와 부합한다. 이를 두고《고사기》의 편자가《일본서기》의 원문을 참고한 것으로 보는 견해도 있다. '메'가 여성을 의미하는 말이라고 해석한다면 '시코'는 '추하다'라는 의미를 갖는 말이 된다. 또 한편으로 위력이 있고 용맹스러운 이미지도 있다. '요모쓰시코메'와 비슷한 구조를 갖는 '아시하라시코오(葦原色許男)'의 존재를 보더라도 '시코'는 용맹성을 의미하는 것으로 보이지만, 원래의 의미로 보면 아시하라나카쓰쿠니(葦原中国)의 추남(醜男)이라는 해석도 성립한다. '고노하나노사쿠야히메'와 '이와나가히메'의 자매이야기를 보면 '醜'는 '美'의 대립어로 볼 수 있으며 평범하지 않은 위력을 가진 존재라는 인상도 있다. 그러므로 단순히 '추함'만을 나타내는 것이라 보기 어렵다.

163 엄청난 세력: 원문에는 천오백이라는 숫자로 표기하고 있지만, 이는 실제 숫자가 아닌 '엄청난 수'를 의미하는 상징수이다.

164 손을 뒤로하여 칼을 휘두르며: 싸움에서 칼은 앞으로 휘두르는 것이 일반적인데, 손을 뒤로하여 칼을 휘두른다는 것은 주술적인 의미를 담은 것으로 볼 수 있다. 원문에는 '布伎都都'라 표기하는데, 이 네 자는 음독한다는 분주에 따라 '후키쓰쓰'로 발음한다. '후키'는 일본어로 '휘두르다'라는 의미의 '후리(振り)'와 같은 의미로 본다.

165 요모쓰히라사카(黄泉比良坂):《일본서기》신대(상) 제5단 일곱 번째

일서에는 '泉津平坂, 이를 요모쓰히라사카(余母津比羅佐可)라 한다.'라는 음주도 보인다. 타계인 요모쓰쿠니와 현세인 아시하라나카쓰쿠니와의 경계를 의미한다. 원문에 '히라(比良)는 음독한다.'라는 독법이 달려 있는데, 이는 평평한 지역을 의미한다. 현대 일본어에서 사카(坂)는 언덕을 의미하지만, 고대 일본어에서의 '사카'는 경계의 의미가 강하다. 나중에 등장하는 [우미사치·야마사치] 신화에서는 '우나사카(海坂)'라는 사례도 보여(주석 646 참조) '사카'가 다른 세계와의 '경계' 지점을 의미한다는 것을 알 수 있다. 이후 '지금 이즈모의 이부야사카(伊賦夜坂)를 말한다.'라는 기사도 등장한다.

166 기슭: 《일본서기》의 경우 '이미 요모쓰히라사카(泉津平坂)에 도착했다.', '이 언덕길(坂路)에 막혀'(제5단 여섯 번째 일서), '길 주변(道辺)에 커다란 복숭아나무가 있다.'(제5단 아홉 번째 일서), '요모쓰히라사카(泉平坂)에서 서로 다투다가'(제5단 열 번째 일서)와 같이 '산기슭(坂本)'이라는 표현은 보이지 않는다. 문맥상으로도 절벽이나 경사지를 연상시키는 묘사는 없다. 따라서 문맥상 아시하라나카쓰쿠니(葦原中国)와 요모쓰쿠니의 사이에는 수직적인 관계가 의식되지 않는다. 그런데 진화제(鎮火祭) 축문에는 '하국(下国)'이라는 표기가 나온다. 이는 시대가 변해감에 따라 상하관계가 형성되어 요모쓰쿠니를 지하 세계로 보는 관념이 반영된 것으로 볼 수 있다.

167 아시하라나카쓰쿠니(葦原中国): 《고사기》 신화에서 지상 세계 혹은 현세를 의미하는 표현으로 이 장면에서 처음 등장한다. 여기서 나카쓰쿠니(中国)라고 표현한 것은 가운데 있는 나라라는 의미로 신화에 등장하는 여러 다른 세계를 의식하여 중간 세계라는 의미를 담은 명칭으로 볼 수 있다. (284페이지 [깊이 읽기 (17) 신들의 '공간'에서 인간의 '나라'로, 아시하라나카쓰쿠니] 참조)

168 현세 사람들: 원문에는 '우쓰시키(宇都志伎) 아오히토구사(青人草)'라는 표현으로 등장한다. '우쓰시(宇都志)'는 '현실', '아오히토구사(青人草)'는 '푸른 풀 같은 인간'으로, 연결하면 현실 세계에 사는 사람

을 '푸르른 풀'에 비유한 표현이기도 하고 '나약하고 덧없는 풀'에 비유한 표현이기도 하다. 본래 눈에 보이지 않는 신계의 존재가 현세에 나타나 보인 상태를 '우쓰시'라고 한다. 이처럼 '우쓰시'는 인간계에 신계의 존재가 나타날 경우, 역으로 신계에서 인간에게 관여하는 경우 사용된다. 신화 세계에서는 인간계(아오히토구사의 세계)와 신계가 병존하고 있고 사람의 생사는 이자나키와 이자나미가 장악하고 있다는 기원을 말하는 이야기이다.

169 오호카무즈미(意富加牟豆美命): 이 신명은 '意'에서 '美'까지는 음독하라는 독법이 제시되어 있다. 대신이라는 의미의 '오카무(大神)'에 연결 조사인 '즈(현대어의 '노(の)'의 의미)', 열매라는 의미의 '미(実)'라는 구조로 볼 수 있는데, 직역하면 대신(大神)의 열매라는 의미가 된다.

170 이별의 말: '事戸'의 의미는 불분명하지만, 상대방에게 절연의 말을 건네는 의미로 보는 견해가 유력하다.

171 앞서 등장한 '엄청난 세력의 요모쓰쿠니의 군사(千五百之黄泉軍)'라는 표현과 마찬가지로 천 명, 천오백 명이라는 숫자는 '많은 수'의 의미로 해석할 수 있다. 매일 많은 사람이 죽음을 맞이하고, 또 그보다 더 많은 사람이 태어난다는 의미이다.

172 요모쓰 대신(黄泉津大神): 앞서 이자나키가 요모쓰쿠니를 방문해 이자나미에게 함께 돌아가자고 청했을 때 이자나미가 요모쓰쿠니의 신(黄泉神)과 상의한다는 내용이 등장한 바 있다. 그러나 그 신과는 별개로 '대신'이라는 명칭이 등장한 것으로 보아 이자나미가 요모쓰쿠니의 대왕으로 승격했다는 것을 알 수 있다.

173 지시키 대신(道敷大神): 길을 쫓아와 그 길을 차지한 것을 의미하는 신명으로 이자나미를 일컫는 또 다른 이름이다. 《일본서기》 신대(상) 제5단 여섯 번째 일서에는 '道敷神'가 등장하는데, 《일본서기》에서는 이자나미의 다른 이름이 아니라 이자나키가 던진 신발에서 생겨난 신으로 등장한다는 것이 차이점이다.

174 지가에시노 대신(道反之大神): 그 길에 오는 이를 쫓아내는 신이라는 의미로 사자의 세계인 요모쓰쿠니에서 쫓아온 이자나미를 다시 쫓아 버렸다는 의미가 된다.

175 이부야사카(伊賦夜坂): 시마네현(島根県) 마쓰에시(松江市) 히가시이즈모초(東出雲町)의 '이야(揖屋)'라는 곳에 '이야 신사(揖屋神社)'가 있다. 또 같은 지역에 '요모쓰히라사카'의 유적이라고 칭하는 곳도 있다. '이야 신사'는 《이즈모풍토기(出雲国風土記)》 오우군(意宇郡)에 '이후야샤(伊布夜社)', 《엔기시키(延喜式)》〈진묘쵸(神名帳)〉에 '이야 신사(揖屋神社)'가 보인다. 《일본서기》 사이메이(斉明) 5년 기사에 이즈모 구니노미야쓰코(出雲国造)에게 명을 내려 신궁을 건설하게 했다는 기사가 있는데, 이 신궁을 구마노타이샤(熊野大社)로 보는 설과 이즈모타이샤(出雲大社)로 보는 설이 있다.

2. 미소기와 삼귀자

이리하여 이자나키 대신大神[176]은 말했다.

"나는 참으로 더러운[177] 나라를 방문했구나. 그러니 나는 미소기禊[178]를 하고 신성한 내 몸[179]을 닦아야겠다."

쓰쿠시竺紫 히무카日向에 있는 다치바나橘 오도小門의 아와키하라阿波岐原[180]를 찾아가 미소기를 했다.

그래서 던져버린 지팡이에서 생겨난 신의 이름은 쓰키타쓰후나토衝立船戸神[181]이다.

다음으로 던져버린 허리띠에서 생겨난 신의 이름은 미치노나가치하道之長乳歯神[182]이다.

다음으로 던져버린 주머니[183]에서 생겨난 신의 이름은 도키하카시時量師神[184]이다.

다음으로 던져버린 옷에서 생겨난 신의 이름은 와즈라이노우시노和豆良比能宇斯能神[185]이다.

다음으로 던져버린 바지에서 생겨난 신의 이름은 지마타道俣神[186]이다.

다음으로 던져버린 모자에서 생겨난 신의 이름은 아키구이노우시노飽咋之宇斯能神[187]이다.

이어서 던져버린 왼손의 손목 고리에서 생겨난 신의 이름은 오키사카루奥疎神[188]이다. 다음으로 오키쓰나기사비코奥津那芸佐毘古神이다.[189] 다음으로 오키쓰카이베라奥津甲斐弁羅神이다.[190]

다음으로 던져버린 오른손의 손목 고리에서 생겨난 신의 이름은 헤사카루辺疎神이다. 다음으로 헤쓰나기사비코辺津那芸佐毘古神이며 다음으

로 헤쓰카이베라辺津甲斐弁羅神이다.¹⁹¹

이상의 후나토부터 헤쓰카이베라까지의 열 두신은 몸에 걸친 물건을 벗는 과정에서 태어난¹⁹² 신들이다.

이에 (이자나키가) 말했다.

"상류는 물살이 빠르고, 하류는 물살이 약하구나."

처음으로 중류에 몸을 담그고 씻었을 때 생겨난 신의 이름은 야소마가쓰히八十禍津日神이며, 다음으로 오마가쓰히大禍津日神¹⁹³이다. 두 신은 그 더러운 나라를 방문했을 때 접촉한 게가레穢¹⁹⁴로 부터 생겨난 신이다.

다음으로 그 화禍를 고치려고 생겨난 신의 이름은 가무나오비神直毘神이고, 다음으로 오나오비大直毘神¹⁹⁵이며, 다음으로 이즈노메伊豆能売¹⁹⁶이다. 합쳐서 세 신이다.

다음으로 물의 바닥에서 씻었을 때 생겨난 신의 이름은 소코쓰와타쓰미底津綿津見神¹⁹⁷이며, 다음으로 소코쓰쓰노오底筒之男命¹⁹⁸이다. 물의 중간 지점에서 씻었을 때 생겨난 신의 이름은 나카쓰와타쓰미中津綿津見神이고, 다음으로 나카쓰쓰노오中筒之男命이다. 물의 표면에서 씻었을 때 생겨난 신의 이름은 우와쓰와타쓰미上津綿津見神이고, 다음으로 우와쓰쓰노오上筒之男命이다.

이 세 와타쓰미 신은 아즈미 무라지阿曇連¹⁹⁹ 등이 조상신으로 모시는 신²⁰⁰이다. 그리고 아즈미 무라지는 그 와타쓰미의 자식, 우쓰시히카나사쿠宇都志日金析命²⁰¹의 자손이다.

그 소코쓰쓰노오, 나카쓰쓰노오, 우와쓰쓰노오 세 신은 스미노에墨江 세 대신大神이다.

그리고 왼쪽 눈을 씻을 때 생겨난 신의 이름은 아마테라스 대신天照大御神²⁰²이다.

다음으로 오른쪽 눈을 씻을 때 생겨난 신의 이름은 쓰쿠요미月読命[203]이다.

다음으로 코를 씻을 때 생겨난 신의 이름은 다케하야스사노오建速須佐之男命[204]이다.

이상 야소마가쓰히부터 하야스사노오까지의 열 신[205]은 몸을 씻음으로써 태어난 신이다.

이때 이자나키가 크게 기뻐하며 말했다.

"나는 아이를 계속 낳고 낳은 끝에 삼귀자三貴子를 얻었다."

곧 목에 건 장식옥의 끈을 딸랑딸랑[206] 흔들어 울리면서 아마테라스에게 주며 말했다.

"너는 다카아마하라高天原[207]를 다스리거라."

이렇게 위임하였다. 그 목장식 구슬의 이름을 미쿠라타나御倉板挙之神[208]라고 한다. 다음으로 쓰쿠요미에게 말했다.

"너는 요루노오스쿠니夜之食国[209]를 다스리거라."

이렇게 위임하였다. 다음으로 스사노오에게 말했다.

"너는 우나하라海原[210]를 다스리거라."

이렇게 위임하였다.
그래서 각각 위임한 명에 따라 통치하던 중에 스사노오는 명받은 나라를 다스리지 않고 턱수염이 가슴팍까지 길게 자랄 때까지 아우성치며 울부짖었다.[211] 그 우는 모습은 청산이 모두 말라비틀어질 정도로 울어댔고, 울어서 강과 바다가 모두 말라버릴 정도[212]였다. 그 때문에 악신惡神의 소리가 여름 파리 떼처럼 가득하고 만물의 재앙이 발생했다.

그래서 이자나키 대신大御神[213]는 스사노오에게 말했다.

"어째서 너는 위임받은 나라를 다스리지 않고 울어대고 있는가?"

그래서 답하여 말했다.

"나는 죽은 어머니[214]가 있는 네노카타스쿠니根堅州国[215]에 가고 싶어 우는 것입니다."

그러자 이자나키 대신大御神은 크게 노하며 말했다.

"그렇다면 너는 이 나라에 살아서는 안 되느니라."

곧바로 추방[216]해 버렸다. 그리고 그 이자나키 대신大神은 오우미淡海[217]의 다가多賀에 진좌해 있다.

> 是以、伊耶那伎大神詔、吾者、到於伊那志許米上、志許米岐此九字以音。穢国而在祁理。此二字以音。故、吾者、為御身之禊而、到坐竺紫日向之橘小門之阿波岐此三字以音。原而、禊祓也。故、於投棄御杖所成神名、衝立船戸神。次、於投棄御帶所成神名、道之長乳齒神。次、於投棄御囊所成神名、時量師神。次、於投棄御衣所成神名、和豆良比能宇斯能神。此神名以音。是以、伊耶那伎大神詔、吾者、到於伊那志許米上、志許米岐此九字以音。穢国而在祁理。此二字以音。故、吾者、為御身之禊而、到坐竺紫日向之橘小門之阿波岐此三字以音。原而、禊祓也。故、於投棄御杖所成神名、衝立船戸神。次、於投棄御帶所成神名、道之長乳齒神。次、於投棄御囊所成神名、時量師神。次、於投棄御衣所成神名、和豆良比能宇斯能神。此神名以音。次、於投棄御褌所成神名、道俣神。次、於投棄御冠所成神名、飽咋之宇斯能神。自宇以下三字以音。次、於投棄左御手之手纏所成神名、奧疎神。訓奧云於伎。下劾此。訓疎云奢加留。下劾此。次、奧津那芸佐毘古神。自那以下五字以音。下劾此也。次、奧津甲斐弁羅神。自甲以下四字以音。下劾此。次、於投棄右御手之手纏所成神名、辺疎神。次、辺津那芸佐毘古神。次、辺津甲斐弁羅神。右件、自船戸神以下、辺津甲斐弁羅神以前、十二神者、因脱著身之物、所生神也。於是、詔之、上瀬者、瀬速、下瀬者、瀬弱而、初於中瀬堕迦豆伎而滌時、所成坐神名、八十禍津日神。訓禍云摩賀。下劾此。次、大禍津日神。此二神者、所到其穢繁国之時、因汙垢而所成神之者也。次、為直其禍而所成神名、神直毘神。毘字以音。下劾此。次、大直毘神。次、伊豆能売。并三神也。伊以下四字以

音。次、於水底滌時、所成神名、底津綿上津見神。次、底筒之男命。於中滌時、所成神名、中津綿上津見神。次、中筒之男命。於水上滌時、所成神名、上津綿上津見神。訓上云宇閇。次、上筒之男命。此三柱綿津見神者、阿曇連等之祖神以伊都久神也。伊以下三字以音。下劾此。故、阿曇連等者、其綿津見神之子、宇都志日金析命之子孫也。宇都志三字以音。其底筒之男命・中筒之男命、上筒之男命三柱神者、墨江之三前大神也。於是、洗左御目時、所成神名、天照大御神。次、洗右御目時、所成神名、月読命。次、洗御鼻時、所成神名、建速須佐之男命。須佐二字以音。右件、八十禍津日神以下、速須佐之男命以前十柱神者、因滌御身所生者也。此時、伊耶那伎命、大歓喜詔、吾者、生々子而、於生終得三貴子、即其御頸珠之玉緒、母由良邇此四字以音。下劾此。取由良迦志而、賜天照大御神而、詔之、汝命者、所知高天原矣、事依而賜也。故、其御頸珠名、謂御倉板挙之神。訓板挙云多那。次、詔月読命、汝命者、所知夜之食国矣、事依也。訓食云袁須。次、詔建速須佐之男命、汝命者、所知海原矣、事依也。故、各随依賜之命、所知看之中、速須佐之男命、不治所命之国而、八拳須至于心前、啼伊佐知伎也。自伊下四字以音。下劾此。其泣状者、青山如枯山泣枯、河海者悉泣乾。是以、悪神之音、如狭蠅皆満、万物之妖、悉発。故、伊耶那岐大御神、詔速須佐之男命、何由以、汝、不治所事依之国而、哭伊佐知流。爾、答白、僕者、欲罷妣国根之堅州国故、哭。爾、伊耶那岐大御神、大忿怒詔、然者、汝、不可住此国、乃神夜良比爾夜良比賜也。自夜以下七字以音。故、其伊耶那岐大神者、坐淡海之多賀也。

주석

176 이자나키 대신(伊耶那伎大神): 이자나키에 대한 존칭은 '神', '命'으로 표기했는데, 여기서 '大神'으로 격상된다. 이는 앞에서 이자나미를 요모쓰 대신(黃泉津大神)이라고 지칭한 것과 관련 있어 보인다.

177 더러운: 원문에는 '伊那志許米志許米岐'라 표기하는데 음독하라는 독법에 따라 '이나시코메시코메키'라 읽는다. '이나(伊那)'는 강조의 의미이며, '시코메(志許米)', '시코메키(志許米岐)'에서 공통되는 '시코'는 앞에서 등장한 요모쓰시코메(予母都志許売)(☞주석 162 참조)에 나오는 의미와 통한다. 즉 '시코(志許・醜)'는 추함, 더러움 등으로 해석할 수 있다.

178 미소기(禊): 더럽고 부정한 것을 의미하는 '게가레(穢)'를 씻어내기 위한 정화의식이다. 이자나키의 경우 죽음의 세계인 요모쓰쿠니에 다녀옴으로써 발생한 '게가레'를 씻어내고 그 결과 최종적으로 존귀한 세 자식을 얻는 것으로 그려진다. 미소기는 '미소기하라에(禊祓)'라는 형태로 '하라에(祓)'와 함께 사용되는 경우도 많다. 하지만 《고사기》에서의 미소기는 '게가레'를 씻어내기 위한 의식이고, '하라에'는 죗값을 치르기 위해 배상하는 것을 의미한다. 《고사기》에는 이자나키의 미소기 외에도 천황 주아이(仲哀) 기사에서 '禊'가 등장하고, 천황 리추(履中) 기사에서 '祓禊'가 등장하는데, 모두 '죽음'과 관련 있다. 즉 '죽음'이 '게가레'를 발생시키는 원인이 되며, 이를 제거하는 행위 또는 의식으로서 미소기를 선택하는 것이다.(☞124 페이지〔깊이 읽기 (08) 목욕과 정화, 미소기(禊)〕참조)

179 신성한 내 몸: 이 장면은 요모쓰쿠니에 다녀온 이자나키가 부정을 닦아내기 위해 몸을 씻는 장면인데, 이자나키는 '나는 미소기를 하고 신성한 내 몸을 닦아야겠다.(吾者、爲御身之禊而)'라 말한다. 이 기술의 원문을 보면 이자나키는 자신의 몸을 '御身'로 표현하고 있는 것을 알 수 있다. 이는 자신의 몸을 높인 표현으로 요모쓰쿠니를 다녀온 후, 대신(大神)으로 격상된 것과 연결해 생각해 볼 수 있다. 본서에서는

이를 '신성한 내 몸'으로 해석했다.

180 쓰쿠시(竺紫) 히무카(日向)에 있는 다치바나(橘) 오도(小門)의 아와키하라(阿波岐原): 쓰쿠시(竺紫)는 지금의 규슈(九州) 지역이다. 이 구절은《고사기》에서 유일하게 구체적인 지명까지 등장하는 곳이라는 점에 주목할 필요가 있다. 원문에 '阿波岐' 이 세 글자는 음독하라는 독법이 있어 '아하키'라 읽을 수 있는데, 현대 일본어로는 '아와키'라 발음한다.

181 쓰키타쓰후나토(衝立船戸神): '쓰키타쓰(衝立)'는 지팡이(杖)에서 나온 발상으로 보인다. 그렇다면 지팡이를 땅에 꽂아 세운다는 의미가 된다.《일본서기》신대(상) 제5단 여섯 번째 일서에 '岐神'가 보이고, 아홉 번째 일서에 '岐神, 본래의 이름은 쿠나토(来名戸)의 조상신이라 한다.'라는 기술이 보인다. '후나토(船戸)'는 '쿠나토'와 같은 뜻으로 길의 모퉁이로 볼 수 있다. 이 신부터 이하 여섯 신을 육로신으로 보는 설과 요모쓰쿠니에서 도주하는 것과 관계있다고 보는 설이 있다.

182 미치노나가치하(道之長乳歯神): 미치노나가치(道長乳)는 '긴 길'이라는 의미로 허리띠가 긴 것에서 그러한 발상이 나온 것으로 보인다. 요모쓰쿠니에서 도망쳐 나온 길이 길다는 것을 암시한다. '하(歯)'의 의미는 불분명하지만《일본서기》신대(상) 제5단 여섯 번째 일서에는 '長道磐神'으로 나오므로 '나가치이와'에서 '이와(磐)' 즉 바위의 뜻으로 보는 견해가 있다.

183 주머니:《고사기전(古事記伝)》에는 '囊'을 '裳'의 오기로 보고 있으나, '裳'은 일반적으로 여성이 입는 옷이므로 이자나키의 복장에는 어울리지 않는다는 반론도 있다. 여기에서는 저본(底本)에 따라 '囊'을 채택하고 주머니로 해석했다. 여행할 때 휴대하고 다니는 소품으로 볼 수 있다.

184 도키하카시(時量師神): 시간에 관련된 신으로 보인다. 필사본에 따라 '時量師神'와 '時置師神' 두 가지 표기가 있다. 이처럼 필사본마다 신명 표기에 차이가 있어 신명을 읽는 방법 역시 주석서 마다 차이를 보

인다. 모토오리 노리나가(本居宣長)는 '時置師神'로 보고 '도키오카시'라고 읽었으나, 이후 대부분의 주석서에서는 우라베계 필사본을 따라 '時量師神'로 보고 '도키하카시'라고 읽는다. 본서에서는 현존하는 가장 오래된 필사본인 신푸쿠지본(真福寺本)의 표기에 따라 '도키하카시'라고 읽는다.

185 와즈라이노우시노(和豆良比能宇斯能神): 원문에 이 신명은 음독하라는 독법이 제시되어 있다. 액운과 고통, 번뇌의 신으로 볼 수 있다. 벗어 던진 옷과 함께 털어낸다는 의미가 있다. 《일본서기》 신대(상) 제5단 여섯 번째 일서에 등장하는 '와즈라이노카미(煩神)'와 대응된다.

186 지마타(道俣神): 길이 갈라지는 곳, 즉 길의 분기점에 모시는 신이라는 설이 있으며, 일본의 전통 속바지인 훈도시(褌)가 둘로 갈라진다는 점에서 나온 발상이라 보는 견해도 있다.

187 아키구이노우시노(飽咋之宇斯能神): 원문에 신명 중 '宇'부터 세 자는 음독하라는 분주가 보인다. 포식을 관장하는 신으로 볼 수 있다. '아키구이(飽咋)'는 입을 크게 벌리고 먹는 모습을 표현하는데, 뒤집힌 모자의 모습에서 입을 벌리고 있는 모양을 연상한 것으로 보인다. 《일본서기》 신대(상) 제5단 여섯 번째 일서에는 '아키구이노카미(開囓神)'로 나온다.

188 오키사카루(奧疎神): '오키(奧)'는 '오키(沖)'와 발음이 통하며 해안에서 떨어진 곳을 말한다. 즉 해안에서 멀어지는 것을 의미하는 신명이다. 원문에 '奧'은 '오키(於伎)'로, '疎'는 '사카루(奢加留)'로 각각 훈독하라는 독법이 보인다.

189 오키쓰나기사비코(奧津那芸佐毘古神): 원문에 '那'부터 다섯 자는 음독하라는 분주가 보인다. '나기사(那芸佐)'는 '波限'로 바다와 육지의 경계를 말한다.

190 오키쓰카이베라(奧津甲斐弁羅神): 원문에 '甲'부터 네 자를 음독하라는 분주가 보인다. '카이'는 골짜기(峽) · 사이(間) · 조개(貝) 등의 설이 있다.

191 헤사카루(辺疎神)·헤쓰나기사비코(辺津那芸佐毘古神)·헤쓰카이베라(辺津甲斐弁羅神): '헤(辺)'는 해안이라는 뜻이며, 해변의 경계에서 멀어져간 신이 '헤사카루(辺疎神)'가 된다.

192 태어난: '미소기'에 따라 출현하는 신들은 이자나키의 몸에 지니고 있던 것과 이자나키의 몸을 씻을 때 생겨난(成) 신들이다. 출현시킨 신과 출현한 신과의 관계는 엄밀히 따지자면 부모 자식 관계는 아니다. 그러나 이 문장에는 신들이 '태어났다(生)'라고 기술하고 있다. 이것은 나중의 [우케이] 신화(☞ 129페이지 참조) 등에도 보이는 기술 방법인데, 본래 남녀의 생식 행위를 통해 아이를 낳는 부모 자식 관계는 아니지만, '낳다' 혹은 '태어나다'의 의미인 '生'으로 표기해 마치 부모 자식 관계인 것처럼 표현함으로써 혈통을 중시하는 관념이 돋보이는 기술 방법이다. 특히 이 방식으로 삼귀자(三貴子) 역시 이자나키의 자식으로서 자리매김하게 된다.

193 야소마가쓰히(八十禍津日神)·오마가쓰히(大禍津日神): 원문에 '禍'는 '마가(摩賀)'로 훈독하라는 독법이 제시되어 있는데, '마가(禍)'란 왜곡되거나 좋지 못한 것을 의미한다.

194 게가레(穢): 보통 '더러움', '때' 등으로 해석하는 경우가 많은데, 일반적인 의미의 더러움과는 달리 기피의 대상과 접촉함으로써 발생하는 부정한 것으로 정화가 필요한 더러움을 의미한다.

195 가무나오비(神直毘神)·오나오비(大直毘神): 원문에 '毘'는 음독하라는 분주가 있어 '直毘'는 나오비(なおび)라 읽는다. 이는 '고치다', '올바르게 하다'라는 뜻으로 앞서 나온 '마가(禍)'를 상징하는 신과 대조를 이루는 신이다. 모토오리 노리나가는 《고사기전》의 〈총론〉에서 '나오비노미타마(直毘霊)'를 논한 바 있다. 요모쓰쿠니에서 묻혀 온 죽음의 '게가레'를 씻어내는 미소기 과정에서 가장 먼저 생겨나는 것이 야소마가쓰히와 오마가쓰히이다. 이 두 신은 '마가(禍)' 즉 재앙을 품은 신이다. 곧이어 신명에 '고치다', '낫다'의 의미가 있는 가무나오비와 오나오비가 생겨나 재앙을 털어내자, 마침내 지고신(至高神)인

아마테라스가 등장한다. 모토오리 노리나가는 두 '나오비'가 그 영험으로 일본에 붙어있는 부정한 것을 털어낼 때, 일본 고유의 도(道)가 드러난다고 주장한다. 즉 '마가'란 외래의 유교 중심 도덕관, 다시 말해 '중국 고전의 정신'으로 규정하고, 이를 털어내고 고침으로써 고대로부터 이어진 신의 뜻을 받드는 정신인 '간나가라(惟神)' 즉 신도(神道)를 찾고자 했다.

196 이즈노메(伊豆能売): '伊' 이하 네 자는 음독하라는 독법이 제시되어 있다. '이즈(伊豆)'는 결백, 엄정, 신성, 청정 등의 의미로 해석되며, 더러움을 씻어내어 깨끗이 하는 여신이라는 의미이다. 무녀와 같은 존재를 신격화한 것이라는 견해도 있다.

197 소코쓰와타쓰미(底津綿津見神)・나카쓰와타쓰미(中津綿津見神)・우와쓰와타쓰미(上津綿津見神): 바다의 신으로 앞서 [여러 신 낳기] 신화에서 오와타쓰미(大綿津見神)가 등장한 바 있는데,(☞주석 87 참조) 여기서는 세 단계로 나뉘어 등장한다. 우와쓰와타쓰미의 신명에 '上'은 '우하(宇閇)'라고 훈독하라는 독법이 보이는데, 현대어에서는 '우와'로 발음한다.

198 소코쓰쓰노오(底筒之男命)・나카쓰쓰노오(中筒之男命)・우와쓰쓰노오(上筒之男命): '쓰쓰'의 표기는 '筒'로 쓰는 경우도 있으나, 본서에서는 신푸쿠지본의 표기를 사용한다. 항해의 신으로 보는 설과 배가 정박하는 곳을 지키는 신으로 보는 설이 있다. 이 신들 역시 함께 등장하는 와타쓰미 세 신과 마찬가지로 세 단계로 나뉘어 출현한다. 이를 두고 '3'이라는 숫자를 신성시하는 관념의 산물이라는 견해와 해신(海神) 계통의 특징으로 보는 견해가 있다. 후에 이 세 신은 '스미노에(墨江) 세 대신'이라는 기술이 있는데, 스미요시타이샤(住吉大社)의 제신을 말한다.

199 무라지(連): 상대(上代)의 가바네(姓) 중 하나로, 왕가에 세습적으로 봉사해 온 유력 호족에게 부여된 직책명이며, 오미(臣)와 대등한 최상위 족성(族姓)에 해당한다. (☞주석 243 참조)

200 조상신으로 모시는 신: 원문에는 '伊都久神'라 표기하는데, '伊'부터 세 자는 음독하라는 분주에 따라 '이쓰쿠(伊都久)'라 발음한다. 이는 심신을 청결이 하여 엄숙히 신을 모신다는 의미이다. 소중히 여긴다는 의미의 일본어 '이쓰쿠시무(いつくしむ)'의 어원으로 여겨진다.

201 우쓰시히카나사쿠(宇都志日金析命): 원문에 '宇都志' 세 자는 음독하라는 독법이 제시되어 있다. 《신센쇼지로쿠(新撰姓氏錄)》에 호타카미(穗高見命)라는 이름으로 전해진다. 나가노현 '사쿠군(佐久郡)'의 지명유래 전승에 이 신이 개척한 곳이기 때문에 그 신의 이름 중 '사쿠(析)'를 따온 것이라는 이야기가 전해진다.

202 아마테라스 대신(天照大御神): 이하 아마테라스로 지칭한다. 일본 천황가의 조상신이자 지고의 신으로 숭상받는 신으로《고사기》의 이후 신화 전개에 주요한 역할을 하는 신이다. 하늘을 비추는 위대한 신이라는 의미로《일본서기》에는 '일신(日神)', '오히루메노무치(大日孁貴)', '아마테라스오히루메노미코토(天照大日孁尊)' 등으로 표기되어 있다. 반면《고사기》에는 아마테라스오미카미(天照大御神) 즉 아마테라스 대신(大御神)으로 그 명칭이 일관되는 것으로 보아,《고사기》에서는 아마테라스가 지고신(至高神)으로 확정된 관념을 반영하고 있음을 알 수 있다. 《일본서기》에서 스사노오가 아마테라스를 가리키는 표현에 연상의 여자 형제를 가리키는 '姉'라는 표기가 있어 아마테라스를 여성으로 표현하는 경우를 자주 볼 수 있다. 하지만《고사기》에서는 아마테라스의 성별을 짐작할 수 있는 표현은 전혀 등장하지 않는다.

203 쓰쿠요미(月読命): 달과 관련 있는 신이다.《일본서기》에는 '月弓尊', '月夜見尊' 등으로 표기되어 있는데, '読', '弓', '夜見'의 발음은 모두 일본어의 '읽다'라는 표현인 '요미(読み)'와 연결 지을 수 있다. 그러므로 달 그 자체를 신격화한 것이라기 보다 달을 읽는 행위, 즉 달력을 세는 기술을 신격화한 것이라 보는 견해가 있다.

204 다케하야스사노오(建速須佐之男命): 신명 중 '須佐' 두 자는 음독하

라는 분주가 보인다. 용맹하고 빠르게 휘몰아치는 신이라는 의미가 담긴 신이다. 앞서 등장한 아마테라스와 함께 이후 신화 전개에 주인공 역할을 하는 신이다. 스사노오의 이름은 다케하야스사노오(建速須佐之男命), 하야스사노오(速須佐之男命), 스사노오(須佐之男命) 등이 등장하는데, 이하 본서에서는 스사노오로 통일한다.

205 열 신(十柱神): 미소기를 통해 생겨난 신의 수에 대해서는 필사본에 따라 '열네 신(十四柱神)'이라고 표기한 것과 '열 신(十柱神)'이라고 표기한 것이 있다. 미소기 과정에서 등장한 신들의 이름을 각각 세어보면 열네 신이 되는데, 와타쓰미 세 신과 쓰쓰노오 세 신을 각각 하나의 세트로 간주해 세면 모두 '열 신'이 된다.

206 딸랑딸랑: 원문에는 '母由良邇'라고 표기하는데, 이 네 자는 음독한다는 분주에 따라 '모유라니(もゆらに)'라 읽는다. 구슬이 흔들리며 내는 소리를 의미한다.

207 다카아마하라(高天原): 천지가 처음 생겨날 때 천신들이 생겨난 공간(☞주석 3 참조)으로, 아마테라스의 출현 이후 이 세계는 아마테라스가 다스리게 된다. (☞36페이지 〔깊이 읽기 (01) 신들의 무대, 다카아마하라〕 참조)

208 미쿠라타나(御倉板挙之神): 원문에 '板挙'는 '타나(多那)'라 훈독하라는 분주가 보인다. 이자나키가 아마테라스에게 다카아마하라를 다스리라 명하면서 건네는 구슬로 천신의 상징이기도 하다. 구슬은 이후 아마테라스가 천손을 지상으로 내려보낼 때 부여하는 삼종신기 중 하나에 포함된다. 이 구슬을 상징하는 신명은 여기에서만 등장한다.

209 요루노오스쿠니(夜之食国): '食'은 '오스(袁須)'라 훈독하라는 독법이 제시되어 있다. 이 명칭은 《고사기》에서 쓰쿠요미가 다스릴 세계로 명칭만 등장할 뿐이다. 쓰쿠요미가 달과 관련 있는 신이라는 점에서 '밤의 세계'로 연결 지을 수 있다.

210 우나하라(海原): 《고사기》에 등장하는 여러 신화 공간 중 하나로, 여기서는 이름만 등장하지만 이후에 [우미사치·야마사치] 신화의 공간 배경으로 다시 등장한다. (☞356페이지 〔깊이 읽기 (23) 우나하라, 왕권을 낳은

물결의 세계) 참조)

211 **아우성치며 울부짖었다**: 원문에는 '啼伊佐知伎也'라고 표기하는데, '伊佐知伎' 이 네 자는 음독한다는 분주에 따라 '이사치키'로 읽는다. 이는 '큰 소리로 외치다', '아우성치다'라는 의미로 해석할 수 있으며, 여기서는 울부짖다(啼)와 결합하여 울부짖으며 아우성치는 스사노오의 모습을 연상할 수 있다.

212 스사노오가 우나하라를 다스리도록 명 받은 것과 관련지어 물의 질서를 어지럽힐 수 있는 큰 힘을 가진 존재임을 드러내는 표현이라는 견해가 있다.

213 **이자나키 대신(伊耶那伎大御神)**: 앞서 등장한 [요모쓰쿠니] 신화 말미에 이자나미를 요모쓰 대신(黄泉津大神)이라고 지칭하며 '命'에서 '大神'으로 격상시켰다.(☞주석 172 참조) 이에 따라 이자나키 역시 이와 격을 맞추어 이자나키 대신(伊耶那伎大神)이라는 명칭으로 등장한 바 있다.(☞주석 176 참조) 아마테라스가 생겨난 이후 아마테라스에게 붙인 '大御神'이라는 명칭을 이자나키에게도 부여해 한층 더 격상시킨 것으로 볼 수 있다.(☞주석 202 참조) 이자나키의 존칭은 【神 → 命 → 大神 → 命 → 大御神 → 大神】의 순서로 변화한다. 마지막으로 다시 '大神'이 되는 것은 '오우미(淡海)의 다가(多賀)에 진좌(鎮座)한다.'는 기사와 관계가 있다고 보는 견해가 있다. 《고사기》에서 진좌한 신의 기본 존칭은 '大神'이며, 이는 《고사기》 중권에 기록된 신들이 모두 '大神'인 것과도 관계가 있다. 본서에서는 '大神'과 '大御神'을 모두 '대신'으로 번역하고 한자를 병기하여 그 차이를 구분했다.

214 **죽은 어머니**: 원문의 '妣'는 죽은 어머니를 의미하므로 이자나미라고 생각하기 쉬우나, 《고사기》에서 스사노오는 이자나키가 단독으로 행한 미소기에 의해 태어났으므로 이자나미라고 단정 짓기에는 의문이 남는다.

215 **네노카타스쿠니(根堅州国)**: 나중에 등장하는 오쿠니누시(大国主神)의 이야기에서 형들에게 죽임을 당한 오아나무지(大穴牟遅神, 오쿠

니누시의 다른 이름)가 방문하게 되는 곳이 네노카타스쿠니이다. 오아나무지가 방문하게 될 네노카타스쿠니를 스사노오(須佐之男命)가 있는 곳이라고 설명한다. (☞242페이지 〔깊이 읽기 (15) 복합적 공간, 네노카타스쿠니〕 참조)

216 추방: 원문에는 '夜良比爾夜良比'라 표기하는데 음독하라는 분주에 따라 '야라히니야라히'라고 읽는다. 내쫓는다는 의미이다.

217 오우미(淡海): 《일본서기》에는 '아와지노시마(淡路之洲)에 유궁(幽宮)을 지었다.(構幽宮於淡路之洲)'라는 기사가 있어 《고사기》와 차이가 난다. 이자나키와 이자나미가 처음으로 낳은 섬이 '아와지'라는 점을 고려하면 《일본서기》의 기록에 신빙성이 높다는 견해가 우세하며, 실제로 아와지에는 이자나키 신궁이 세워져 있다. 《고사기》 신푸쿠지본(真福寺本)의 '오우미(淡海)'라는 표기가 '아와지 (淡路)'의 오기일 것이라 주장하는 견해도 있다.

2. 미소기와 삼귀자

깊이 읽기 (07)

사랑하는 이를 쫓아 저세상으로-요모쓰쿠니(黃泉国)

요모쓰쿠니는《고사기(古事記)》신화의 전개 과정에 등장하는 중요한 타계 중 하나이다. 일본어 독법으로는 '요미노쿠니' 또는 '요모쓰쿠니'라고 읽는다. 밤을 의미하는 '요미(夜見)'나 산을 의미하는 '야마(山)'의 발음이 '요미'로 변한 것으로 보기도 한다. 모토오리 노리나가(本居宣長)는 '요미(夜見)'로 해석하여 '쓰쿠요미(月読命)가 있는 세계'라고 주장했다. '야마'로 보는 설은 산상타계관(山上他界観)을 반영한 것으로《고사기》에 이자나미가 매장된 곳을 '히바노산(比婆之山)'이라고 표기한 데에서 그 근거를 찾는다.

'黃泉国'의 '황천'이라는 표현은 동아시아 타계관의 영향을 받아, 지하 세계의 관념이 반영된 것이라고 볼 수 있다. 중국의 '황천'이라는 관념이 일본으로 넘어와서는 한정된 신화 세계라는 의미를 갖는 '쿠니(国)'가 접속된 형태로 변용된다. 즉, 원래는 외래의 타계관이었던 것이 일본 고유의 타계관으로 통합되었음을 짐작할 수 있다.

《고사기》의 요모쓰쿠니에 대한 묘사는 더러운 장소이자, '게가레(穢)' 관념을 상징하는 공간이라고 할 수 있다. 이는 나중에 '삼귀자(三貴子)'의 탄생으로 연결되는 불가피한 요소이다. 삼귀자는 이자나키가 요모쓰쿠니에서 묻혀 온 더러움과 부정한 것을 제거하는 '미소기(禊)' 과정에서 생겨나기 때문이다.

한편 이자나키가 요모쓰쿠니를 방문하는 이 신화는 '금실형(禁室型) 신화·설화' 유형에 자주 등장하는 '보지마형 금기(The taboo of 'don't look')' 신화 요소를 포함하고 있다는 점에서 그리스 신화의 〈오르페우스와 에우리디케〉 이야기와 비교되곤 한다. 아폴론과 뮤즈인 칼리오페 사이에서 태어난 오르페우스는 빼어난 리라 연주로 주변을 매료시켰다. 오르페우스는 물의 님프 에우리디케와 결혼했는데, 에우

요모쓰히라사카
시마네현(島根縣) 마쓰에시(松江市) 히가시이즈모초(東出雲町)

리디케는 풀숲에서 뱀에게 발을 물려 죽고 말았다. 갑작스러운 아내의 죽음을 슬퍼하던 오르페우스는 죽은 자의 세계인 하데스의 세계로 들어가 에우리디케를 데리고 나오는데, 조건이 하나 있었다. 에우리디케를 데리고 빠져나가는 동안 절대 뒤를 돌아보지 말라는 것이었다. 그런데 그 조건을 깜빡 잊어버리고 에우리디케가 잘 따라오고 있는지 돌아본 순간, 에우리디케는 다시 암흑 속으로 빨려 들어갔다. 오르페우스는 슬픔에 잠겨 살다가 죽은 후 다시 에우리디케를 만나 행복하게 영생을 누렸다는 것이 〈오르페우스와 에우리디케〉 이야기의 요지이다.

 이 두 신화는 사랑하는 이를 쫓아 죽음의 세계로 향한다는 설정에서 공통점을 보인다. 하지만 오르페우스는 '뒤를 돌아보지 말라.(Don't turn around)'는 금기를 어긴 그 자체로 타의에 의해 에우리디케와 이별을 맞이했다면, 이자나키는 '이자나미의 모습을 보지 말라.'는 금기를 어기고, 이자나미의 추하고 흉한 모습을 보자 놀라 달아난다는 점에서 차이를 보인다. 또 결말 역시 오르페우스는 죽은 후 에우리디케와 다시 재회하지만, 《고사기》의 이자나키와 이자나미는 절연의 말을 건네고 영원한 이별을 맞이한다는 점에서 큰 차이를 보인다.

글: 박신영

깊이 읽기 (08)

목욕과 정화, 미소기(禊)

 '미소기(禊)'란 부정함과 더러움을 상징하는 '게가레(穢)'를 씻어내는 일종의 정화 의례이다. 《고사기(古事記)》에서는 요모쓰쿠니 즉 저승에 다녀온 행위로 인해 발생한 '게가레'를 씻어낸다. 이자나키가 '미소기'를 하는 과정에서 처음에는 부정과 왜곡을 의미하는 야소마가쓰히(八十禍津日神)·오마가쓰히(大禍津日神)가 생겨나고, 이어서 이를 고치는 가무나오비(神直毗神)·오나오비(大直毗神)가 생겨난다. 다음으로 바다와 깊은 관련이 있는 와타쓰미(綿津見) 세 신과 스미노에(墨江) 세 대신을 비롯해 여러 신들이 생겨난 후, 마지막에 존귀한 세 신인 삼귀자(三貴子)가 생겨난다.
 삼귀자의 탄생은 《고사기》 신화의 전체 흐름에서 매우 중요한 의미가 있다. 요모쓰쿠니에서 사자(死者)와 접촉한 후 이승으로 돌아온 이자나키는 '미소기'를 거행한다. 이자나키의 '미소기'라는 행위는 부패한 시신에 대한 혐오감과 죽음을 '게가레'로 여겨 기피하는 관념을 반영한 것이다. 동시에 요모쓰쿠니의 더러움을 씻어냄으로써 삼귀자가 생겨난다는 것은 신성성을 한층 극대화하려는 의도가 들어간 서술 장치라 할 수 있다.
 《삼국지(三國志)》〈위서(魏書)〉 동이전(東夷傳) 왜인조(일명 '위지왜인전(魏志倭人伝)')에는 사자를 '게가레'로 인식하고 접촉을 기피하거나 물로 씻어내는 행위가 기록되어 있다. 《고사기》에서 요모쓰쿠니에 다녀온 이지나키가 몸을 씻어야겠다고 말한 후 쓰쿠시에서 '미소기'를 거행했다는 기록과 부합하는 관념이다. 시기적으로 보면 〈위서〉 동이전 왜인조에 보이는 장례 후에 목욕재계하는 풍습이 《고사기》에 자연스럽게 반영된 것으로 볼 수 있다. 다시 말해 사자에게 붙어있는 '게가레'를 물로 씻는 '미소기'를 통해 깨끗한 상태로 돌아간다는 관념이 3세기 이후 면면히 계승되어 《고사기》의 문맥으로 자리매김했다고 볼 수 있다.

  부정한 것을 물로 씻어내는 행위는 일본의 목욕문화와도 맞닿아 있다. 일본에서는 저녁에 목욕하는 문화가 보편적인데, 이는 하루의 피로를 풀기 위한 목적과 특히 추운 겨울에 바닥난방이 보편화되지 않은 일본의 가옥 구조 등의 영향도 있다. 거기에 더해 바깥에서 묻혀 온 부정한 기운을 씻어내고자 한 '미소기' 관념 역시 이러한 목욕문화의 기저에 자리 잡고 있다.

  일본의 '목욕'에 대한 관념이 잘 나타나 있는 것이 미야자키 하야오 (宮崎駿) 감독의 장편 애니메이션 영화 《센과 치히로의 행방불명》 (2001)이다. 이 작품은 신들의 온천장을 무대로 하는데, 여러 에피소드 중 '오물신-오쿠사레사마(オクサレ様)' 에피소드에서 '미소기' 관념을 살펴볼 수 있다. 온몸이 더러운 진흙투성이로 뒤덮인 모습으로 등장한 오물신은 아무리 좋은 약초 물을 쏟아부어도 좀처럼 깨끗해지지 않는다. 그러다 센이 끄집어낸 자전거를 시작으로 온갖 쓰레기들이 쏟아져 나온 후, 오물신은 고귀한 강의 신으로 변모한다. '현대 물질문명의 죽음'의 표상인 쓰레기와 그것을 제거함으로써 오물신이 고귀한 존재로 변모하는 이 구도는 '게가레'를 제거하고 고귀한 존재로 거듭나는 '미소기'의 구조를 그대로 보여준다. 이처럼 고대로부터 이어진 '미소기' 관념은 현대 일본의 생활과 문화 저변에 여전히 자리하고 있다.

글: 박신영

4장 아마테라스(天照大御神)와 스사노오(須佐之男命)

1. 우케이(宇気比)

그리하여 스사노오速須佐之男命가 말했다.

"그렇다면 아마테라스天照大御神께 아뢰러 가야겠다."

곧바로 하늘로 올라가려고 하자 산천이 모두 움직이고 국토가 모두 진동했다. 그러자 아마테라스는 듣고 놀라 말했다.

"내 동생이 올라오는 이유는 분명 선량한 마음이 아니다. 내 나라를 빼앗으려는 게 틀림없구나."

머리를 풀어 미즈라[218]로 묶어 올린 뒤, 왼쪽과 오른쪽 미즈라에, 그리고 머리 장식에도, 또 왼손과 오른손에도 각각 커다란 곡옥[219]을 오백 개나 꿰어[220] 휘감았다. 등에는[221] 천 개나 되는[222] 화살이 들어간 화살통을 메고, 가슴팍에는 오백 개나 되는 화살이 들어갈 만한 화살통을 차고 신성한[223] 띠를 찼다. 활의 가운데를 끌어당기고, 단단한 지면은 기마자세[224]를 취한 양다리가 빠져들 만큼 차오르고,[225] 마치 눈보라와 같이 위세 좋고[226] 강하게 땅을 차고 기다렸다가 물었다.[227]

"어찌 올라왔는가?"

이에 스사노오가 답했다.

"나에게 나쁜 마음은 없나이다. 다만 (이자나키) 대신大御神[228]

께서 명하시어 내가 왜 우는지 이유를 물으시기에 괴로워하며[229] 답하기를, '나는 죽은 어머니의 나라에 가고 싶어 울고 있나이다.'라고 아뢰었더니 (이자나키) 대신大御神께서 '너는 이 나라에 있어서는 안 된다.'라며 쫓아내셨습니다. 그리하여 쫓겨난 사정을 아뢰고자 올라왔을 뿐입니다. 다른 마음은 없나이다."

그러자 아마테라스가 물었다.

"그렇다면 네 마음이 청명하다는 것을 어찌 알겠느냐."

스사노오는 말했다.

"각각[230] 우케이宇氣比[231]를 하고 아이를 낳읍시다."

그래서 각각 아마야스강天安河을 사이에 두고 우케이를 했다.
　그때 아마테라스가 먼저 스사노오建速須佐之男命가 차고 있는 장검을 건네받아 삼단으로 꺾어 자른 다음 구슬을 꿴 줄을 흔들어 소리 내면서[232] 아마마나이天真名井라는 우물물에 흔들어 씻었다. (그 검을) 여러 번 깨물고 부순 다음[233] 불어 낸 입김으로부터 생겨난 신의 이름은 타키리비메多紀理毘売命[234], 또 다른 이름은 오키쓰시마히메奧津島比売命라고 한다.
　다음으로 이치키시마히메市寸島比売命[235], 또 다른 이름은 사요리비메狭依毘売命라고 한다.
　다음으로 타키쓰히메多岐都比売命[236]이다. 세 신이다.

스사노오速須佐之男命가 아마테라스의 왼쪽 미즈라에 휘감겨 있는 커다란 곡옥 오백 개 정도를 꿴 구슬 장식을 건네받아, 구슬을 꿴 실을 흔들어 소리 내면서 아마마나이의 물로 흔들어 씻었다. (그 구슬을) 여러 번 씹다가 부수어 불어 낸 입김에서 생겨난 신의 이름은 마사카쓰아카쓰카치하야히 아마노오시호미미正勝吾勝々速日天之忍穂耳命237이다.

또 오른쪽 미즈라에 휘감겨 있는 구슬 장식을 건네받아 씹고 씹은 후 불어 낸 입김으로부터 생겨난 신의 이름은 아마노호히노天之菩卑能命238이다.

또 머리 장식에 묶여 있는 구슬을 건네받아 여러 번 씹은 후 불어 낸 입김에서 생겨난 신의 이름은 아마쓰히코네天津日子根命239이다.

또 왼손에 묶여 있는 구슬 장식을 건네받아 씹고 씹은 다음 부수어 불어 낸 입김에서 생겨난 신의 이름은 이쿠쓰히코네活津日子根命이다.

또 오른손에 묶여 있던 구슬 장식을 건네받아 여러 번 씹은 다음 부수어 불어 낸 입김에서 생겨난 신의 이름은 구마노쿠스비熊野久須毘命240이다. 모두 다섯 신이다.

그래서 아마테라스는 스사노오에게 말하며 구별했다.

> "나중에 태어난 다섯 남자는 나의 물건241에서 태어난 아이이므로 나의 자식이다. 먼저 태어난 세 여자는 너의 물건에서 태어났으므로 너의 자식이다."

그리고 먼저 태어난 신인 타키리비메는 무나카타胸形242의 오키쓰미야奧津宮에 모셔져 있다. 다음으로 이치키시마히메는 무나카타의 나카쓰미야中津宮에 모셔져 있다. 다음으로 타키쓰히메는 무나카타의 헤쓰미야辺津宮에 모셔져 있다. 이 세 신은 무나카타노기미胸形君 등이 모시는 세 대신大神이다.

그리고 나중에 태어난 다섯 아들 중에서 아마노호히의 자식, 다케히

1. 우케이(宇気比) 131

라토리建比良鳥命, 이는 이즈모 구니노미야쓰코(出雲国造)·무자시 구니노미야쓰코(無耶志国造)·가미쓰우나카미 구니노미야쓰코(上菟上国造)·시모쓰우나카미 구니노미야쓰코(下菟上国造)·이지무 구니노미야쓰코(伊自牟国造)·쓰시마 아가타노아타이(津島県直)·도쓰오미 구니노미야쓰코(遠江国造) 등의 조상이다.

다음으로 아마쓰히코네는 오시카후치 구니노미야쓰코(凡川内国造)·누카타베노유에무라지(額田部湯坐連)·이바라키 구니노미야쓰코(茨木国造)·야마토나카 아타이(倭田中直)·야마시로 구니노미야쓰코(山代国造)·우마구타 구니노미야쓰코(馬来田国造)·미치노시리노키헤 구니노미야쓰코(道尻岐閇国造)·스하 구니노미야쓰코(週芳国造)·야마토노아무치 미야쓰코(倭淹知造)·다케치 아가타누시(高市県主)·가마후 이나키(蒲生稲寸), 사키쿠사베 미야쓰코(三枝部造)243 등의 조상이다.244

원문

故於是、速須佐之男命言、然者、請天照大御神将罷、乃参上天時、山川悉動、国土皆震。爾、天照大御神、聞驚而詔、我那勢命之上来由者、必不善心。欲奪我国耳、即解御髪、纏御美豆羅而、乃於左右御美豆羅、亦於御鬘、亦於左右御手、各纏持八尺勾璁之五百津之美須麻流之珠而、自美至流四字以音。下効此。曽毘良邇者、負千入之靫、訓入云能理。下効此。自曽至邇以音也。比良邇者、附五百入之靫、亦所取佩伊都此二字以音。之竹鞆而、弓腹振立而、堅庭者、向於股蹈那豆美、三字以音。如沫雪蹶散而、伊都二字以音。之男建訓建云多祁夫。蹈建而、待問、何故上来。爾、速須佐之男命答白、僕者、無邪心。唯、大御神之命以、問賜僕之哭伊佐知流之事。故、白都良久、三字以音。僕、欲往妣国以、哭。爾、大御神詔、汝者、不可在此国而、神夜良比夜良比賜故、以為請将罷往之状参上耳。無異心。爾、天照大御神詔、然者、汝心之淸明、何以知。於是、速須佐之男命答白、各宇気比而生子。自宇以下三字以音。下効此。故爾、各中置天安河而、宇気布時、天照大御神、先乞度建速須佐之男命所佩十拳剣、打折三段而、奴那登母々由良邇、此八字以音。下効此。振滌天之真名井而、佐賀美邇迦美而、自佐下六字以音。下効此。於吹棄気吹之狭霧所成神御名、多紀理毘売命。此神名以音。亦御名、謂奥津島比売命。次、市寸島上此売命。亦御名、謂狭依毘売命。次、多岐都比売命。三柱。此神名以音。速須佐男命、乞度天照大御神所纒左御美豆良八尺勾璁之五百津之美須麻流珠而、奴那登母々由良爾振滌天之真名井而、佐賀美邇迦美而、於吹棄気吹之狭霧所成神御名、正勝吾勝々速日天之忍穗耳命。亦、乞度所纒右御美豆良之珠而、佐賀美邇迦美而、於吹棄気吹之狭霧所成神御名、天之菩卑能命。自菩下三字以音。乞度所纒御縵之珠而、佐賀美邇迦美而、於吹棄気吹之狭霧所成神御名、天津日子根命。又、乞度所纒左御手之珠而、佐賀美邇迦美而、於吹棄気吹之狭霧所成神御名、活津日子根命。亦、乞度所纒右御手之珠而、佐賀美邇迦美而、於吹棄気吹之狭霧所成神御名、熊野久須毘命。自久下三字以音。幷五柱。於是、天照大御神、告速須佐之男命、是、後所生五柱男子者、物実因我物所成故、自吾子也。先所生之三柱女子者、物実因汝物所成故、乃汝子也。如此詔別也。故、其、先所生之神、多紀理毘売命者、坐胸形之奥津宮。次、市寸島比売命者、坐胸形之中津宮。次、田寸津比売命者、坐胸形之辺津宮。此三柱神者、胸形君等之以伊都久三前大神者也。故、此、後所生五柱子之中、天菩比命之

> 子、建比良鳥命、此、出雲国造・無耶志国造・上菟上国造・下菟上国造・伊自牟国造・津島県直・遠江国造等之祖也。次、天津日子根命者、凡川内国造・額田部湯坐連・茨木国造・倭田中直・山代国造・馬来田国造・道尻岐閇国造・周芳国造・倭淹知造・高市県主・蒲生稲寸・三枝部造等之祖也。

주석

218 미즈라(美豆羅): 일본 고대의 머리 형태로 양쪽 귀 옆에 머리카락을 8자형으로 묶어 올리는 형태이다. 일반적으로 어린이의 머리 형태라고 설명하는 곳이 많지만, 이 장면은 아마테라스(天照大御神)가 전투를 준비하는 듯한 모습으로 고대 전사들의 머리 모양으로 해석하는 견해도 있다.

미즈라

219 커다란 곡옥: 원문에는 '八尺勾璁'이라 표기하는데 일본어로는 일반적으로 '야사카노마가타마'라 읽는다. 앞서 이자나키(伊耶那岐命)가 아마테라스에게 다카아마하라(高天原)를 다스리라 명하며 목에 걸고 있던 구슬 장식을 준 장면이 등장한 바 있다. (☞109페이지 참조) 이후 천손이 강림할 때 부여하는 삼종신기 중 하나에 커다란 곡옥이 포함되기도 한다. (☞주석 552 참조)

220 꿰어: 원문에는 '美須麻流'라 표기하는데, '美'부터 '流'까지 네 자는 음독하라는 독법에 따라 일본어로는 '미스마루'로 발음한다. 많은 구슬을 긴 줄로 꿴 것을 의미하며, 이것을 몸에 지님으로써 주술적 위력을 나타내고자 한 것으로 보인다.

221 등에는: 원문에 쓰인 '曽毘良邇'는 '曽'부터 '邇'까지 음독하라는 독법이 있어, 일본어로는 '소비라니'로 발음한다. '소비라'에서 '소'는 등(背)을 의미하며, '히라(비라)'는 평평한 면(平)이라는 뜻이 있으므로 전체적으로 '등'을 지칭한다고 볼 수 있다.

222 천 개나 되는: 원문에는 '千入'라 표기하는데, '入'은 '노리(能理)'라고 훈독하라는 독법에 따라 '千入'는 일본어로 '치노리'라 읽는다. 천이라는 실제 숫자로 생각한다면 과장된 표현으로 볼 수도 있지만, 앞서 등장한 구슬을 '오백 개'나 꿰었다는 표현이나, 이어 등장하는 '오백 개나 되는 화살' 등과 더불어 아마테라스의 위세를 강조하기 위한 표현으로 볼 수 있다.

223 신성한: 원문에 '伊都'라 표기하는데, 이 두 자는 음독하라는 독법에 따라 '이쓰'라고 발음한다. 엄숙함(厳)이나 경건함(斎)을 의미하는데, 여기서는 '신성한 위력'을 상징하는 수식어로 사용된다. 《고사기(古事記)》에서 여러 차례 등장하는 표현에는 '이하 이에 따른다.(下効此)'라는 분주를 주로 사용하는데, '伊都'가 나올 때는 두 자는 음독하라는 독법이 항상 붙어있다는 것이 특징이다.

224 기마자세: 허벅지의 모습은 서로 마주 보면서 다리를 벌리고 기마자세를 취하는 것으로 볼 수 있다. 신푸쿠지본(真福寺本)에는 '向於股'로 표기하는 반면, 모토오리 노리나가(本居宣長)는 '於向股'라고 주장한다. 하지만 '於向股'는 해석이 어색해지므로 본서에서는 신푸쿠지본 표기에 따랐다.

225 빠져들 만큼 차오르고: 원문에 보이는 '那豆美, 세 자는 음독한다.'라는 독법에 따라 '나즈미'라 읽는다. 일본어의 '나즈무(なずむ)'는 '걸리다'라는 의미로 무언가에 걸려 앞으로 나아가기 힘든 상태를 일컫는다. 여기서는 흙먼지가 피어올라 먼지가 허벅지까지 차오르고, 그것이 마치 다리가 땅속에 빠져든 것처럼 보이는 이미지를 떠올릴 수 있다.

226 위세 좋고: '伊都'가 다시 등장하는데, 여기에도 '두 자는 음독하라'는 독법이 제시되어 있다. 앞에 등장한 '伊都'를 '신성한'으로 해석했으나, 여기서는 아마테라스가 싸움의 태세를 갖추고, 강인한 모습으로 기다리는 장면이므로 '위세 좋고'로 해석했다. (☞주석 223 참조)

227 아마테라스가 전투태세를 갖추고 스사노오를 기다리는 모습이 매우 리듬감 있고, 약동감이 있는 구승(口承)적인 요소를 갖는다. 그러므

로 이는 단순한 과장 표현으로 해석하기보다는 의식(儀式)으로서의 배경이 있는 것으로 볼 수 있다. 또한 커다란 곡옥과 많은 화살을 갖춘 모습은 의례나 의식에 관련된 복식이었을 가능성도 생각해 볼 수 있다.

228 대신(大御神):《고사기》에서 '大御神'으로 지칭하는 존재는 아마테라스와 이자나키, 그리고 가모 대신(迦毛大御神)이 있다. 앞서 삼귀자에게 각각 다스릴 나라를 분배하는 장면에서 이자나키의 명칭이 대신(大御神)으로 변화했는데, 그 명칭이 여기서도 이어진다. (☞주석 213 참조)

229 괴로워하며: 원문에 '都良久'라 표기하는데, 세 자는 음독하라는 분주에 따라 '쓰라쿠(都良久)'라고 읽는다. 현대 일본어에서 '괴롭다'라는 의미의 '쓰라이(辛い)'의 어원으로 볼 수 있다.

230 각각: 우케이는 보통의 서약과는 다르다. 스사노오(速須佐之男命)의 마음이 청명함을 증명해야 하는 상황이니 스사노오만 우케이를 행하면 될 테지만, 여기서는 아마테라스도 함께 행하는 것이 특징적이다. 즉 아마테라스와 스사노오를 대등한 관계로 설정하고 있는 것이라 볼 수 있다.

231 우케이(宇気比): '宇気比'를 음독하라는 독법에 따라 '우케이'라 읽는다.《일본서기(日本書紀)》신대(상) 제6단 정문에서는 이를 '誓約之中'이라는 한자어로 쓰고 독법에 이를 '우케이노미나카(宇気譬能美難箇)'라고 읽는다는 설명이 보인다. 우케이란 미리 A라면 A'라는 결과가, B라면 B'라는 결과가 나온다는 전제 조건을 마련하여 그 결과에 따라 진실을 가리거나 신의 의향을 확인하는 일종의 주술 행위이다.《일본서기》에서는 본문과 일서 모두 예외 없이, 예컨대 남신을 낳으면 청명한 마음(淸), 여신을 낳으면 탁(濁)한 마음과 같은 전제 조건을 내걸고 우케이를 한다. 하지만《고사기》에서는 전제 조건 없이 우케이를 한다는 점에서 큰 차이가 있다. (☞152페이지 (깊이 읽기 (09) '우케이', 누가 옳은지 겨루어 보자!) 참조)

232 흔들어 소리 내면서: 원문에는 '奴那登母々由良邇'라 표기하는데, '이 여덟 자는 음독한다.'라는 독법에 따라 '누나토모모유라니'라 발음한다. [미소기와 삼귀자] 신화에 '장식옥의 끈을 딸랑딸랑(玉緒母由良邇)'(☞주석 206 참조)이라는 표현에서 '모유라니(母由良邇)'라고 읽은 전례가 있는데, 그것을 바탕으로 생각해 보면 '누나토모(奴那登母)'와 모유라니(母由良邇)'가 합쳐진 구성이라고 볼 수 있다. '누나토(奴那登)'는 구슬을 의미하는 '누(玉)'에 현대어 연결어 '노(の)'와 동일한 '나', 소리를 의미하는 '토(音)'가 합쳐진 구성으로 '구슬의 소리'로 해석할 수 있다. '모유라'는 그 소리를 나타내는 의성어로 설명할 수 있다. 하지만 구슬은 그런 소리를 낸다고 해도 검을 씻을 때도 '누나토모 모유라니(奴那登母母由良邇)'라는 소리를 낸다는 것은 부자연스럽다. 이는 구슬의 묘사 방식을 검에도 적용한 것이거나, 아니면 검에도 구슬처럼 소리 나는 장식을 붙였을 가능성도 있다.

233 여러 번 깨물고 부순 다음: 원문에는 '佐賀美邇迦美而'라 표기하는데, '佐부터 아래 여섯 자는 음독한다.'라는 독법이 있어 '사카미니카미테'라고 발음한다. 현대 일본어에서 '씹다'라는 의미의 동사 '가무(噛む)'의 어원을 여기서 찾을 수 있다.

234 타키리비메(多紀理毘売命): 이 신명은 음독하라는 분주가 보인다. '타'는 접두어, '키리'는 안개라는 의미를 갖는 여신이다. 또 다른 이름인 오키쓰시마히메(奥津島比売命)는 오키(沖) 즉 먼 바다에 있는 섬을 신격화한 것이다.

235 이치키시마히메(市寸島此売命): '받들어 모시다'라는 의미의 '이쓰키'의 발음이 변한 것이라는 견해가 많다. 또 다른 이름인 사요리비메(狭依毘売命)는 신이 깃들었다는 의미로 해석하는 견해도 있고, 배가 정박하는 곳의 여신이라는 견해도 있다.

236 타키쓰히메(多岐都比売命): 이 신명은 음독한다는 독법이 제시되어 있다. 《일본서기》에는 '湍津姫'라는 표기로도 등장하는데, 물의 흐름이 빠른 것을 신격화한 것이다.

237 마사카쓰아카쓰카치하야히 아마노오시호미미(正勝吾勝々速日天之忍穂耳命): '마사카쓰', '아카쓰', '카치' 등에 해당하는 한자표기 '勝'은 한자 의미 그대로 '승리하다'라는 의미이다. 아마테라스의 물건으로 스사노오의 행위에 의해 생성된 신이다. 이후 아마테라스가 자신의 물건에서 생겨났으니 자신의 자식이라 선언한 후 아마테라스에게 귀속되는 것으로 보아 아마테라스의 승리로 볼 수도 있다. 반면 이후 스사노오는 자신이 이겼다고 선언하는데, 그와 연관 지어 설명하는 견해도 있다. '하야히(速日)'는 맹렬한 기세를 의미하며, '아마노(天之)'라는 표현을 통해 천신계(天神系) 신임을 나타내고 있다. [천손강림] 신화에서 지상으로 강림하는 니니기의 부친에 해당한다. (☞291페이지 참조)

238 아마노호히노(天之菩卑能命): 이 신명에서 '菩'부터 세 자는 음독하라는 독법이 제시되어 있다. '호히'는 '稲穂' 즉 벼 이삭을 의미한다. 이즈모 구니노미야쓰코(出雲国造)의 조상신으로 여겨지며, 이후에 [아시하라나카쓰쿠니 정복] 신화에서 '아마호히(天菩比神)'라는 이름으로 다시 등장한다. (☞249페이지 참조)

239 아마쓰히코네(天津日子根命) · 이쿠쓰히코네(活津日子根命): 하늘의 남신(天津彦)과 기세 높은 남신(活津彦)으로 해석하는 견해가 있고, 또 다른 견해로는 하늘에 있는 태양의 아들(天の日の子)과 기세 높은 태양의 아들(活の日の子)이라고 해석하는 견해가 있다.

240 구마노쿠스비(熊野久須毘命): '久'부터 세 자는 음독하라는 독법이 보인다. 구마노타이샤(熊野大社)의 제신이다. 구마노(熊野)에 대해서는 《고사기전(古事記伝)》에서 이즈모의 지명과 연관 지은 이래 이에 따르는 견해가 많으나, 반대로 이즈모와 연관 지을 필연성이 없다고 부정하는 견해도 있다. '쿠스'는 신비롭다는 의미의 '쿠스시(奇)'의 어간으로 보인다. 구마노의 신비로운 혼령으로 해석할 수 있다.

241 물건: 원문에는 '物実'라 표기되어 있다. 재료가 되는 물건이라고 보는 견해가 많다. 아마테라스와 스사노오가 갖고 있는 물건으로부터 신이

출현하고 또 그 신의 귀속이 결정된다는 점에서 '物実'의 의미는 결코 소홀하게 다룰 용어가 아니다. 이를 '모노자네(ものざね)'라고 읽는데, 이는 《일본기사기(日本紀私記)》을본(乙本)에 '모노자네(毛乃左禰)'라는 독법이 있어 이것이 지금까지 계승된 것이라 볼 수 있다. 《일본서기》신대(상) 제6단 본문에도 이 단어가 나오는데 상대 문헌 중에는 《일본서기》스진(崇神) 10년 9월 기사에 '倭国之物実'라는 예가 있고 '物実, 이를 모노시로(望能志呂)라 한다.'라는 독법이 달려 있다. 하지만 '모노시로(物実)'가 여기서 말하는 '모노자네(物実)'와 같은 의미로 볼 수 있는가에 대해서는 찬반이 엇갈린다. '実'을 같은 독법으로 읽을 수 있는 '代'로 본다면, 야마토국의 영매(霊媒)가 된다는 의미이다.

242 무나카타(胸形): 지금의 후쿠오카현(福岡県) 무나카타시(宗像市)에 위치한 무나카타타이샤(宗形大社)를 말하며, 스사노오의 칼을 매개로 태어난 세 여신 다리키비메, 이치키시마히메, 타키쓰히메를 모시고 있다. (☞154페이지 [깊이 읽기 (10) 신이 깃든 오키섬 그리고 무나카타] 참조)

243 일본 고대 야마토 정권은 귀족 간의 신분 질서를 유지하기 위해 씨성(氏姓) 제도를 도입하였다. 씨(氏)는 혈족의 명칭으로, 일본어로 '우지(うじ)'라 하며, 성(姓)은 조정에서 각 호족에게 부여한 칭호로 일본어로 '가바네(かばね)'라 한다. 가바네의 종류에는 오미(臣), 무라지(連), 미야쓰코(造), 아타이(直), 오비토(首) 등이 있으며, 이 중 무라지는 왕가에 세습적으로 봉사해 온 유력 호족에게 부여된 직책명이다.

244 내용상으로는 '다케히라토리…등의 조상이다.', '아마쓰히코네는 … 등의 조상이다.'라는 문장 구조로 보아 하나의 문장으로 해석하는 것이 가장 자연스러우나, 신푸쿠지본에서는 분주로 표기되어 있다. 본서에서는 신푸쿠지본의 원문 표기를 존중하여 작은 글씨로 표기하였다.

2. 스사노오의 난동

이리하여 스사노오가 아마테라스에게 말했다.

"내 마음이 결백하므로 내가 낳은 아이는 연약한 여자였나이다. 그러니 내가 이긴 것입니다."

그러고는 승기에 취해[245] 아마테라스가 경영하는 논의 둑을 부수고 도랑을 메웠다. 또 처음으로 올릴 수확제[246]를 거행하는 신전에 똥칠[247] 했다.

그러함에도 불구하고 아마테라스는 탓하지 않고 말했다.

"똥으로 보이는 것은 취해서 토한 것으로[248] 내 동생이 이렇게 한 것 같구나. 또 논둑을 부수고 도랑을 메운 것도 땅을 새롭게 다지기[249] 위해 내 동생이 이렇게 했을 것이네."

그러나 그 악행은 멈출 줄 모르고 더욱 심해졌다.

아마테라스가 신성한 옷을 짜는 방에 있다가 신에게 바칠 옷을 짜도록 했을 때, 스사노오는 그 방의 지붕에 구멍을 뚫어 신성한 얼룩말의 가죽을 벗겨 떨어뜨렸다. 아마하타오리메天服織女가 이를 보고 깜짝 놀라 베틀 북에 음부[250]를 찔려 죽었다.

원문

爾、速須佐之男命、白于天照大御神、我心清明故、我所生之子、得手弱女。因此言者、自我勝、云而、於勝佐備、此二字以音。離天照大御神之營田之阿、此阿字以音。埋其溝、亦、其、於聞看大嘗之殿屎麻理此二字以音。散。故、雖然爲、天照大御神者、登賀米受而告、如屎、醉而吐散登許曾此三字以音。我那勢之命、爲如此。又、離田之阿、埋溝者、地矣阿多良斯登許曾自阿以下七字以音。我那勢之命、爲如此登此一字以音。詔雖直、猶其惡態、不止而轉。天照大御神、坐忌服屋而、令織神御衣之時、穿其服屋之頂、逆剝天斑馬剝而、所墮入時、天服織女、見驚而、於梭衝陰上而死。訓陰上云富登。

주석

245 **승기에 취해**: 원문에는 '勝佐備'라 표기하는데, 이긴다는 의미의 '勝'은 '가치'라고 읽고, '佐備' 두 자는 음독한다는 독법에 따라 합쳐서 '가치사비'라고 읽는다.

246 **수확제**: 원문에는 '大嘗'라 표기하는데, 현대에는 '다이조사이(大嘗祭)' 혹은 '오나메마쓰리(大嘗祭)'라고 발음하기도 한다. 일본의 천황이 매년 11월 햇곡식을 신들에게 바치는 제사를 주관하는데 이를 '니나메사이·니나메노마쓰리(新嘗祭)'라고 한다. 천황 즉위 후 처음으로 행하는 '니나메사이'를 특별히 칭하여 '오나메마쓰리(大嘗祭)'라 한다. 즉위 후 처음이라는 상징성이 매우 큰 제사이다.

247 **똥칠**: 원문에는 '屎麻理'라 표기하는데, '麻理' 두 자는 음독한다는 독법에 따라 '마리'라 읽고, 합쳐서 '구소마리'라는 발음이 된다.

248 토한 것으로: 원문에는 '吐散登許曽'라 표기한다. '登許曽' 이 세 자는 음독한다는 설명에 따라 '토코소'라 발음하며, 강조하는 의미 정도로 해석할 수 있다.

249 새롭게 다지기: 원문에 '阿多良斯登許曽'라 표기하는데, '阿'부터 일곱 자는 음독한다는 분주에 따라 '아타라시토코소'라고 읽는다. 일본어의 '새롭다'라는 의미를 갖는 '아타라시이(新しい)'의 어원으로 볼 수 있다.

250 음부: 원문에는 '陰上'라 표기하고, '호토(富登)'라고 훈독하라는 독법이 제시되어 있다. 앞서 '미호토(美蕃登)'가 등장한 바 있다. (☞주석 111 참조)

3. 아마이와야(天石屋)

그러자 아마테라스는 이를 보고 꺼림직해서 아마이와야天石屋[251]의 문을 열고[252] 들어가 숨어버렸다.[253] 이로 인해 다카아마하라高天原는 모두 어두워지고 아시하라나카쓰쿠니葦原中国도 모두 암흑이 되었다. 이리하여 영원한 밤이 이어졌다. 그리고 다양한 신들의 소리가 파리 떼처럼 가득하고 온갖 재앙이 발생했다.

이리하여 수많은 신들이 아마야스강天安河의 강변 들판에 다 모인 후[254] 다카미무스히高御産巣日神의 자식 오모이카네思金神[255]에게 좋은 생각을 구하니, 도코요常世[256]의 닭을 모아 울게 하고, 아마야스강의 상류에서 단단한 돌을 채취하고 아마카나산天金山의 철을 채취하여 대장장이인 아마쓰마라天津麻羅[257]를 찾은 다음에 이시코리도메伊斯許理度売命[258]에게 명을 내려 거울을 만들게 했다. 다마오야玉祖命[259]에게 명을 내려 커다란 곡옥 오백 개 정도를 꿰어 구슬 장식을 만들게 했다.

아마코야天児屋命[260]와 후토타마布刀玉命[261]를 불러 아마카구산天香山에 있는 수사슴의 어깨뼈를 뽑고, 아마카구산의 하하카波波迦, 나무 이름이다.[262]라는 나무를 뽑아 점칠 준비를 했다.[263] 아마카구산의 무성한 비쭈기나무를 통째로 뽑아[264] 윗가지에는 커다란 곡옥 오백 개 정도가 꿰어있는 구슬 장식을 걸었다. 가운데 가지에는 커다란 거울[265]을 걸었다. 아래쪽 가지에는 흰 장식과 푸른 장식을 늘어뜨리고[266] 이 다양한 물건은 후토타마가 두터운 천으로 싸 들고, 아마코야가 주문을 외웠다.

아마타지카라오天手力男神[267]가 문 옆에 숨어 있고, 아마우즈메天宇受売命[268]는 아마카구산의 덩굴나무를 손에 묶고 아마마사키天真析로 머리 장식을 하였으며 아마카구산의 조릿대[269] 잎을 손에 묶었다. 아마이와야의 문에 나무통[270]을 뒤집어 놓고 밟아 소리내며[271] 신들린 듯이 젖가슴을 드러내고 치마끈은 음부까지 늘어졌다. 그러자 다카아마하라가 들썩이고 많은 신들이 일제히 깔깔거렸다.

이에 아마테라스는 이상하게 생각하고 아마이와야의 문을 조금 열고 안에서 말했다.

"내가 숨어 있어서 아마하라天原는 자연히 어두워지고 또 아시하라나카쓰쿠니葦原中国도 모두 어둠일 텐데 어째서 아마우즈메가 즐겁게 하고 또 수많은 신들이 모두 웃고 있는 것인가?"

그래서 아마우즈메는 말했다.

"당신보다 더 귀한 신이 있기에 기뻐서 웃으며 즐기고 있는 것입니다."

그렇게 대답하는 동안 아마코야와 후토타마가 그 거울을 내밀어 아마테라스에게 보여주자, 아마테라스는 드디어 이상하게 생각하고 천천히 문에서 나와 엿보려고 했다. 그때 그곳에 숨어 있던 아마타지카라오가 그 손을 잡아 밖으로 끌어내자마자 후토타마가 뒤쪽으로 금줄[272]을 치고 말했다.

"여기부터 안쪽으로 다시 들어가지 못합니다."

이리하여 아마테라스가 나오자 다카아마하라도 아시하라나카쓰쿠니도 자연히 밝아졌다.

그래서 여러 신들은 다 함께 합의하여 스사노오에게 수많은 죗값을 묻고, 또 구렛나루[273]와 손발톱을 모두 잘라 하라에祓[274]를 하도록 명한 후 쫓아냈다.

원문

故於是、天照大御神、見畏、開天石屋戸而、刺許母理此三字以音。坐也。爾、高天原皆暗、葦原中国悉闇。因此而常夜往。於是、万神之声者、狭蠅那須此二字以音。満、万妖、悉発。是以、八百万神、於天安之河原、神集々而、訓集云都度比。高御産巣日神之子、思金神令思訓金云加尼。而、集常世長鳴鳥、令鳴而、取天安河之河上之天堅石、取天金山之鉄而、求鍛人天津麻羅而、麻羅二字以音。科伊斯許理度売命、自伊下六字以音。令作鏡。科玉祖命、令作八尺勾瓊之五百津之御須麻流之珠、召天児屋命、布刀玉命布刀二字以音。下効此。而、内抜天香山之真男鹿之肩抜而、取天香山之天之波波迦此三字以音。木名。而、令占合麻迦那波而、自麻下四字以音。天香山之五百津真賢木矣、根許士爾許士而、自許下五字以音。於上枝取著八尺勾瓊之五百津之御須麻流之玉、於中枝取繋八尺鏡、訓八尺云八阿多。於下枝、取垂白丹寸手・青丹寸手而、訓垂云志殿。此種々物者、布刀玉命、布刀御幣登取持而、天児屋命、布刀詔戸言祷白而、天手力男神、隠立戸掖而、天宇受売命、手次繋天香山之天之日影而、為縵天之真析而、手草結天香山之小竹葉而、訓小竹云佐佐。於天之石屋戸伏汙気此二字以音。而、蹈登杼呂許志、此五字以音。為神懸而、掛出胸乳、裳緒忍垂於番登也。爾、高天原動而、八百万神共咲。於是、天照大御神、以爲怪、細開天石屋戸而、内告者、因吾隠坐而、以爲天原自闇、亦、葦原中國皆闇矣、何由以、天宇受売者爲樂、亦、八百万神諸咲。爾、天宇受売白言、益汝命而貴神坐故、歡喜咲樂。如此言之間、天兒屋命、布刀玉命、指出其鏡、示奉天照大御神之時、天照大御神、逾思奇而、稍自戸出而、臨坐之時、其所隠立之天手力男神、取其御手引出、卽布刀玉命、以尻久米此二字以音。繩控度其御後方、白言、從此以内不得還入。故、天照大御神出坐之時、高天原及葦原中國、自得照明。於是、八百万神、共議而、於速須佐之男命、負千位置戸、亦、切鬚及手足爪令祓而、神夜良比夜良比岐。

주석

251 아마이와야(天石屋): 아마테라스가 들어가 숨는 장소로 주로 암굴로 해석한다.

252 열고: 《고사기》에는 '열다(開)'로 표기되어 있으나 《일본서기》는 '닫다(閉)'로 표기되어 있다. 《고사기전》은 '열다'로 설명하고 있다. 간혹 '문을 닫고 숨었다.'라고 해석하는 경우도 있는데, 이는 《일본서기》의 표기를 근거로 삼은 것이라 볼 수 있다. 그러나 안으로 들어가기 위해 문을 연다고 생각하면 '열다'로 해석해도 특별히 문제 될 것은 없을 것이다.

253 숨어버렸다: 원문에 '許母理'라는 표기가 보이는데, 이 세 자는 음독한다는 분주에 따라 '코모리'로 읽는다. '틀어박히다'라는 의미의 '고모루(隱もる)'의 어원으로 볼 수 있다.

254 다 모인 후: 원문에는 '集々而'라 표기하는데, '集'은 '쓰도히(都度比)'

라 훈독한다는 독법이 달려 있다. 수많은 신들이 몰려드는 모습을 연상할 수 있다.

255 오모이카네(思金神): '金'은 '카네(加尼)'라 훈독하라는 독법이 제시되어 있다. '사려깊은 신'이라는 의미가 담겨있다. 이 신은 나중에 [천손 강림] 신화에도 등장한다.〔☞ 298페이지 참조〕《일본서기》에서는 '思兼神'으로 표기하는데, 제7단 정문에는 '꾀가 많고 멀리 살핀다.(深謀遠慮)', 첫 번째 일서에는 '사려 깊은 지혜를 가졌다.(有思慮之智)'와 같은 설명이 동반되어, 책사의 성격을 가진 신임을 가늠할 수 있다. 이 신을 '정치 = 제사 = 봉사(奉仕)'라는 구도로 설정하여 고대 정치 담당자를 상징한 신격으로 해석하는 견해도 있다.

256 도코요(常世): 도코요는 해외, 이상향, 어둠 등으로 해석하기도 하는데, 여기에서 닭의 수식어로서 도코요가 쓰인 것에 대해 다양한 견해가 있다. 외국에서 들인 진귀한 닭을 지칭한다는 견해, 길게(常) 우는 울음소리를 나타낸 것이라는 견해, 어둠을 뜻하는 '常夜'와 같은 뜻으로 보고 밤의 어둠에서 동틀 녘을 알리는 동물임을 나타내기 위함이라고 보는 견해 등이 있다.〔☞ 354페이지 〔깊이 읽기 (22) 도코요쿠니에 담긴 세 이미지〕 참조〕

257 아마쓰마라(天津麻羅): '麻羅' 두 자는 음독하라는 독법이 보인다. '마라'의 정확한 의미는 알 수 없으나 문맥상으로 보면, 단단한 돌과 아마카나산(天金山)의 철을 채취하여 대장장이의 역할인 아마쓰마라를 찾아낸 다음 이시코리도메(伊斯許理度売命)에게 거울을 만들도록 명한 것으로 서술하고 있다. 이로 보아 제철을 위한 준비 과정을 의미하는 것으로 보인다. 원래 대장장이인 아마쓰마라는 칼을 만드는 역할로 여기에 집어넣은 것이라 보는 견해도 있다. [아마이와야] 신화에 거울·검·구슬이 등장하는 유래를 설명하려 한 것이었으나 나중에 [오로치 퇴치] 신화와 결합하면서 검의 이야기는 빼고 제작자인 대장장이 아마쓰마라의 이름만 남긴 것으로 보는 견해도 있다. 신화의 성립과 편집 과정에서 첨삭이 있었을 가능성을

엿볼 수 있다.

258 이시코리도메(伊斯許理度売命): '伊'부터 여섯 자는 음독하라는 독법에 따라 '이시코리도메'로 읽는다. '코리'는 '자르다'라는 의미가 있으므로 거푸집을 만들기 위해 돌을 자르는 행위를 상징한 표현이라 볼 수 있다. 《일본서기》 신대(상) 제7단 첫 번째 일서에서는 이 신의 이름이 '이시코리도메(石凝姥)'로 표기되어 '노파'로 추정된다. 역할을 보면 '아마테라스의 형상을 그려 넣어 기도하며 모시겠다.'는 오모이카네(思兼神)의 발의에 따라 아마카구산의 금속을 채취하여 만든 히보코(日矛)로 사슴 가죽을 벗겨 풀무질 장비(天羽韝)를 만드는 장면이 나온다. 두 번째 일서에서는 '가가미쓰쿠리베(鏡作部)의 먼 조상 아마아라토(天糠戸)'라는 자가 거울을 만들었다고 설명하고 있다. 세 번째 일서에서는 '가가미쓰쿠리베의 먼 조상인 아마누카토(天抜戸)'의 자식에 '이시코리토베(石凝戸辺)'가 보이며 큰 거울(八咫鏡)을 만드는 장면이 나온다. 《고사기》의 [천손강림] 신화에서는 '가가미쓰쿠리 무라지(作鏡連等)의 조상'이라는 설명이 있다. (☞주석 564 참조)

259 다마오야(玉祖命): 고대에 곡옥 등의 구슬 종류를 만드는데 종사하던 씨족인 다마쓰쿠리베(玉造部)의 조상신으로 여겨진다.

260 아마코야(天児屋命): 고대 일본의 조정에서 신사(神事)와 제사(祭祀)를 담당하던 나카토미씨(中臣氏)의 조상신으로 여겨진다.

261 후토타마(布刀玉命): '布刀' 두 자는 음독하라는 독법이 제시되어 있다. 나카토미씨와 더불어 고대 일본의 조정에서 신사(神事)와 제사(祭祀)를 담당하던 이미베씨(忌部氏)의 조상신으로 여겨진다.

262 하하카(波波迦): '波波迦' 이 세 자는 음독하라는 독법이 보인다. '나무이다'라는 분주가 있는데, 모토오리 노리나가는 《와묘루이주쇼(和名類聚抄)》를 근거로 '사쿠라' 즉 벚나무로 본다. 그 견해는 지금까지도 계승되고 있으며, 주로 가니와 사쿠라(樺桜)로 해석한다. 그 껍질에 붙인 불에 사슴의 어깨뼈를 태워 갈라진 틈이 들어간 정도를 보고 점을

친다.(☞주석 50 참조)

263 **준비를 했다**: 원문에는 '麻迦那波'라 표기하는데, '麻' 이후 네 자는 음독한다는 독법에 따라 일본어로는 '마카나하(まかなは)'라 읽는다. '조달하다', '꾸려가다' 등의 의미로 해석하는 현대 일본어의 '마카나우(賄う)'에서 그 의미를 유추할 수 있다. 여기서는 '갖추어 준비하다'라는 의미로 해석할 수 있다.

264 **통째로 뽑아**: 원문에는 '許士爾許士'라 표기하는데 '許' 이후 다섯 자는 음독한다는 독법에 따라 '고시네코시(こしねこし)'라 읽는다. 앞의 뿌리를 의미하는 '根'를 붙여 '뿌리째 뽑는다'라는 의미의 '네코지(根掘じ)로 볼 수 있다.

265 **커다란 거울**: 원문에는 '八尺鏡'라 표기하는데 '八尺'는 '야아타(八阿多)'라 훈독한다는 독법이 달려 있다. '아타'는 손을 쫙 펼친 정도의 길이를 말하는데, 신화 상에서 숫자 8은 '많음', '거대함'을 의미하는 상징수이다. 여기서는 거울의 크기가 매우 크다는 점을 상징하는 표현이다. 이 거울은 훗날 천손이 강림할 때 하사하는 삼종신기(三種神器)에 포함된다.(☞주석 552 참조)

266 **늘어뜨리고**: 원문에는 '垂'라는 표기가 보이는데 이 글자는 '시데(志殿)'라 훈독하라는 독법이 달려 있다. 한자 그대로 '늘어뜨리다'로 해석할 수 있다. 신사에서 흰 종이를 번개 모양으로 접어 매달아 늘어뜨린 것을 시데(紙垂)라고도 한다.

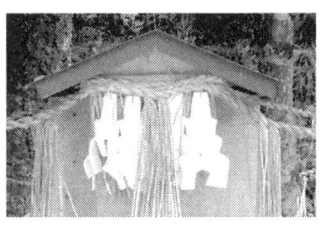

시데(紙垂)

267 **아마타지카라오(天手力男神)**: 《일본서기》에서는 '手力雄神', '天手力雄神'으로 표기하며 모두 손의 힘이 강한 남신이라는 의미를 갖는다. 아마이와야에 숨은 아마테라스의 손을 잡고 끌어내는 힘을 표상화한 신명이다.

268 아마우즈메(天宇受売命):《고고슈이(古語拾遺)》에 '아마노오스메(天鈿女命)'라는 신명이 등장하는데, 그 신은 강하며 사납고 맹렬하기에 그렇게 이름붙였다고 설명한다.《고사기전》은 이것을 근거로 강한 여신으로 본다. 한편 '우즈'를 머리 장식으로 해석하여 머리 장식을 한 무녀로 보는 견해가 있다.

269 조릿대: 원문에는 '小竹'라 표기하는데, 여기에는 '사사(佐佐)'라 훈독한다는 독법이 달려 있다. 일본어로 '사사'는 작은 대나무류의 총칭으로 조릿대라 해석할 수 있다.

270 나무통: '汙氣'라 표기하는데, 이 두 자는 음독하라는 독법에 따라 '우케'라 읽는다. 나무통을 의미하는 '오케(桶)'로 보는 견해가 많다.

271 소리내며: 원문에는 '登抒呂許志'라 표기하는데, 이 다섯 자는 음독한다는 독법에 따라 일본어로는 '토도로코시'라 읽는다. 이는 '소리가 울려퍼지다'라는 의미를 갖는 일본어 '도도로쿠(とどろく・轟く)'의 어원으로 볼 수 있다.

272 금줄: 원문에는 '久米繩'라 표기하는데, '久米' 이 두 자는 음독하라는 분주가 보인다. 일본어로 구메나와(久米繩)라 하는데, 이는 성역을 표시하는 금줄로 출입을 금지한다는 의미이다.

273 구렛나루: 신푸쿠지본에는 구렛나루를 의미하는 '鬚'으로 표기되어 있으나, 수염(鬚)으로 해석하는 경우도 많다. 본서에서는 한자 '鬚'의 의미를 살려 구렛나루로 해석했다. 난동을 부린 악동을 응징하기 위해 구렛나루를 잡아끄는 모습을 연상해 볼 수 있다.

274 하라에(祓): 나라의 중요한 일을 앞두고 정화의식을 행하는 오하라에(大祓)의 기원이 되는 신화이다. 스사노오가 우케이에서 승리한 것에 도취한 나머지 다카아마하라의 질서를 어지럽힌다. 이 죗값을 치르게 한 것이 '하라에'이다.《고사기》 주아이(仲哀) 기사에 '오하라에'를 한다는 기사가 등장하는데, 이 기사에도 '하라에'의 대상이 되는 죄목이 등장하는 것이 공통점이다. 앞서 이자나키가 행한 '미소기'와 결합하

여 '미소기하라에'라는 형태로 사용되기도 한다. 그러나《고사기》에서 '미소기'는 더러운 세계의 부정함을 씻어내고, '하라에'는 죗값을 치르는 것으로 그 의미에 차이가 있다. (☞주석 178 참조)

깊이 읽기 (09)

'우케이(宇気比)', 누가 옳은지 겨루어 보자!

'우케이'란 신의 의지로 나타난 징후를 통해, 일의 성패나 길흉, 선악, 옳고 그름 등을 판단하는 것이다. 앞으로 일어날 현상과 길흉 등의 관계를 예언하는 주술적 문장을 제창하는 언어 주술의 일종이다. '우케이'라는 표현은 신의 뜻을 '받다'라는 의미로 '우쿠(受く)'가 그 어원으로 보인다.

원래 '우케이'에는 【A가 일어나면 A', B가 일어나면 B'】와 같은 결과가 나온다는 전제 조건을 제시하여, 그 결과에 따라 진실을 가리거나 신의 의향을 확인하는 것이다. 반드시 '우케이'라는 명칭이 나타나지 않더라도 이러한 언어 주술은 상대 문헌에서 자주 보인다.

《고사기(古事記)》와 《일본서기(日本書紀)》에서 우케이 신화라고 하면 보통 아마테라스와 스사노오가 거행하는 '우케이' 장면을 일컫는다. 여기서는 '宇気比'라는 표기가 등장해 언어 주술을 의미하는 행위로 볼 수 있지만, 전제 조건이 빠져있다는 것이 특이하다. 아마테라스와 스사노오가 '우케이'를 한 결과 '마사카쓰아카쓰카치하야히 아마노오시호미미(正勝吾勝々速日天之忍穗耳命)'라는 이름의 남신이 탄생하는데, 이 남신은 이름 그대로 '승리'를 의미하는 남신이다. 또 스사노오가 '내 마음이 결백하므로 내가 낳은 아이는 연약한 여자였나이다. 그러니 내가 이긴 것입니다.'라고 선언한다. 이러한 결과로 볼 때, 처음에 '우케이'의 전제 조건을 제시하지는 않았지만, 결과를 통해 조건을 나중에 서술하는 것이 《고사기》 서술 방식의 특징이라 볼 수 있다.

반면 《일본서기》 본문에는 '우케이' 전에 스사노오가 '만약 내가 낳은 자식이 딸이라면 탁한 마음(濁心)을 가진 것이며, 만약 아들이라면 맑은 마음(清心)인 것입니다.'라고 조건을 내세운다. 또 일서에도 어김없이 조건을 내걸고 '우케이'를 실행하는 것으로 그리고 있다.

이 밖에도 '우케이'로 볼 수 있는 장면이 종종 등장하는데,《고사기》

에서는 고노하나노사쿠야비메(木花之佐久夜毗売)와 이와나가히메(石長比売)가 니니기와 혼인하는 장면을 꼽을 수 있다. 언니인 이와나가히메는 바위처럼 견고하고 흔들림 없음을 의미하고, 동생인 고노하나노사쿠야비메는 나무 꽃잎처럼 영화가 지속되는 것을 의미한다. 이것은 신명을 통해 이 두 여신과 혼인했을 때 일어날 결과를 미리 제시하는 것으로, 일종의 '우케이'로 볼 수 있다. 이처럼 '우케이'란 조건과 결과를 제시한다는 점이 특징적인 언어 주술이다.

글: 박신영

〈신화도(神話図)〉
고바야시 에이타쿠(小林永濯, 1843~1890)

깊이 읽기 (10)

신이 깃든 오키섬(沖ノ島) 그리고 무나카타(胸形)

지금의 후쿠오카현(福岡県) 무나카타시(宗像市)에 무나카타타이샤(宗形大社)가 있다. 무나카타타이샤는 오키쓰미야(奥津宮), 나카쓰미야(中津宮), 헤쓰미야(辺津宮)로 구성된다. 이중 오키쓰미야는 후쿠오카 서북쪽에 위치한 오키섬(沖ノ島)을 가리키며, 일반인의 출입을 금지하고 섬 자체를 신성한 장소 즉 신체(神体)로 숭배하고 있다. 나카쓰미야는 오키섬과 무나가타시 사이에 있는 오시마섬(大島)에 위치한다. 또, 헤쓰미야는 규슈(九州)의 무나카타시에 자리하고 있다. 무나카타타이샤의 제신은 스사노오(須佐之男命)의 칼을 매개로 태어난 세 여신인데, 오키쓰미야에 타키리비메(多紀理毘売命), 나카쓰미야에 이치키시마히메(市寸島此売命), 헤쓰미야에 타키쓰히메(多岐都比売命)를 각각 모시고 있다.

이들 신사가 각각 위치한 지역, 즉 규슈에서 출발해 오시마섬을 거쳐 오키섬로 나아가는 이 루트는 고대 한반도, 아시아 대륙의 여러 나라들과 일본열도를 이어주던 해상 루트이다. 특히 한반도를 비롯한 아시아 대륙의 여러 나라들과의 교류가 왕성하던 4세기 후반부터 9세기 말에 이르기까지, 오키섬은 항해의 안전과 교류 성취를 기원하는 제사를 지낸 곳이기도 하다. 오키섬에 직접 제물을 바치는 제사 의식은 9세기에 중지되었으나, 무나카타타이샤를 구성하는 세 신사(오키쓰미야, 나카쓰미야, 헤쓰미야)에서 '무나카타 세 여신'을 모시는 형태로 바뀌어 현재에 이른다. 이처럼 고대에 시작되어 현재까지 전승되는 '신성한 섬 숭배와 관련된 문화 전통'의 가치를 인정받아 〈신이 사는 섬: 무나카타·오키섬과 관련 유산군〉이 2017년 유네스코 세계문화유산에 등재되기도 했다.

《일본서기(日本書紀)》신대(상) 제6단 첫 번째 일서에 무나카타 세 신

무나카타타이샤(宗形大社)의 위치와 해상 루트

에게 '너희 세 신이 길에 내려가 천손을 도우면, 천손에 의해 모셔질 것이다.(汝三神、宜降居道中、奉助天孫而爲天孫所祭也。)'라고 명하는 기사가 있다. 일본 최초의 국제항인 무나카타에서 외교, 무역, 국방의 기능을 다함으로써 '국가' 즉 천황가(天皇家)를 모시는 임무를 수행한 신이라 할 수 있다. 이 기사의 내용처럼 무나카타타이샤는 일본의 천황가에서 현대에 이르기까지 지속해서 참배하는 곳이기도 하다.

한편 '무나카타'라는 이름은 신카이 마코토(新海誠) 감독의 장편 애니메이션 영화《스즈메의 문단속》에서도 등장한다. 작품 속에서 대지진을 일으키는 '미미즈'가 이 세상으로 나오지 못하도록 막는 것이 '도지시(閉じ師)'의 역할이다. 이러한 도지시를 가업으로 삼아 대대로 이어가고 있는 것이 바로 '무나카타' 집안으로 등장한다. 주기적으로 일어나는 재난을 봉쇄함으로써 국가의 안녕을 도모한다는 측면에서 애니메이션 작품 속 '무나카타'는 여전히 나라를 위해 봉사하는 역할로 그려지는 것이다.

글: 박신영

깊이 읽기 (11)

아마이와야(天石屋)에서 거듭난 태양신 아마테라스(天照大御神)

 《고사기(古事記)》의 [아마이와야] 신화는 아마테라스(天照大御神)가 스사노오(須佐之男命)의 난동을 피해 아마이와야(天石屋)라는 동굴에 숨으면서 시작된다. 태양을 상징하는 아마테라스가 동굴 속으로 숨었다는 것은 세상에 빛이 사라졌음을 의미한다. 아마테라스가 숨어버리자 세상에는 끝없는 어둠이 이어지고 혼란이 계속된다. 그러자 아마테라스를 동굴 밖으로 끌어내기 위해 여러 신들이 꾀를 내고 협동하여, 결국 아마테라스를 밖으로 나오게 만들고 세상은 다시 평온을 되찾는다.
 이 신화는 태양이 사라져 세상이 어둠에 잠긴다는 점에서 일식(日食) 현상을 그린 신화로 보기도 한다. 태양이 가려지는 일식 현상은 동서를 막론하고 불길한 징조로 받아들여지기도 했고, 다양한 설화를 낳기도 했다. 대부분의 일식 관련 설화에서는 일식현상 그 자체를 바탕으로 이야기가 전개되는 경우가 많다. 반면에 [아마이와야] 신화에서는 일식 현상이 끝난 이후, 즉 아마테라스가 동굴 밖으로 나온 이후에 발현되는 아마테라스의 힘에 주목할 필요가 있다.
 아마테라스는 동굴에서 나온 후, 세상의 혼란을 잠재우기 위해 특별한 일을 행하지는 않는다. 그저 아마테라스가 존재하는 그 자체로 혼란이 잦아들고 세상은 평온을 회복하는 것이다. 이는 악에 대항하는 태양의 '절대적인 힘'을 상징하는 것이기도 하다. 그리고 존재 자체로 '승리'를 의미하는 힘이기도 하다. 이처럼 아마테라스가 숨은 동굴 아마이와야는 아마테라스의 힘을 극적으로 보여주기 위한 무대 장치라고도 할 수 있다.
 이러한 '태양의 힘'이 잘 드러난 작품이 일본의 국민 만화로 큰 인기를 끈 《귀멸의 칼날》이다. 《귀멸의 칼날》에는 주인공 가마도 단지로

〈이와토카구라의 기원(岩戶神樂之起顯)〉
슌사이 도시마사(春齋年昌) 1889년作

(竈門炭次郎)의 귀걸이 문양, 태양신에게 바치는 춤인 '히노카미카구라', 태양의 힘을 상징하는 '해의 호흡' 등 태양을 상징하는 요소가 작품 곳곳에 나타난다.

 그중에서도 극장판 애니메이션 《귀멸의 칼날: 무한열차편》(2021) 의 후반부에 태양의 힘이 여실히 드러나는 장면이 등장한다. 귀살대의 염주(炎柱)인 렌고쿠 교주로(煉獄杏寿郎)와 혈귀 아카자(猗窩座)는 혈투를 벌이는데, 혈귀는 신체가 훼손되어도 순식간에 재생되는 반면 인간인 렌고쿠는 이 싸움으로 결국 죽음을 맞는다. 싸움의 결과만 보면 혈귀 아카자의 승리이지만, 멀리 동이 터오는 것을 본 아카자는 당황해 허둥지둥 달아난다. 그 모습은 승자와는 상당히 거리가 먼, 오히려 패자에 가까운 모습이다. 혈귀는 인간이 목숨을 걸고 싸워도 이기기 어려운 상대이지만, 태양은 떠오르는 그 자체만으로 혈귀를 물리친다. 이 장면은 존재 그 자체로 악을 물리치는 '절대적인 힘'의 상징으로서 태양의 의미를 잘 보여주는 장면이기도 하다.

 이처럼 일본에서 '태양'이란 '절대적인 힘'과 '승리'를 상징하는 것이라 할 수 있다. 떠오르는 태양을 표상화한 '욱일승천기'를 과거 일본군의 군기(軍旗)로 사용한 바탕에는 '태양'의 '절대적인 힘'을 이용해 적과 싸워 이기고자 한 관념이 자리하고 있는 것은 아닐까.

글: 박신영

5장 스사노오와 이즈모(出雲)

1. 양잠과 오곡의 기원

또 먹을거리를 오게쓰히메大気都比売神[275]에게 구했다. 그래서 오게쓰히메가 코와 입, 또 엉덩이에서 여러 맛있는 식재료를 꺼내 다양하게 조리하여 바쳤을 때, 스사노오는 그 모습을 서서 엿보다가 더럽게 만들어 바쳤다 하여 곧 그 오게쓰히메를 죽여 버렸다. 그러자 살해당한 신의 몸에서 생겨난 것은 머리에서 누에가 나오고, 두 눈에서 벼가 나고, 두 귀에서 조가 났으며, 코에서 팥[276]이 나고, 음부에서 보리가 나고, 엉덩이에 콩이 났다. 이러한 연유로 가무무스히神産巣日御祖命[277]는 이것들을 취해 종자로 삼게 했다.

원문

又、食物乞大気都比売神。爾、大気都比売、自鼻・口及尻種種味物取出而、種種作具而進時、速須佐之男命、立伺其態、為穢汚而奉進、乃殺其大宜津比売神。故、所殺神於身生物者、於頭生蠶、於二目生稻種、於二耳生粟、於鼻生小豆、於陰生麦、於尻生大豆。故是、神産巣日御祖命、令取茲、成種。

주석

275 오게쓰히메(大気都比売神): 음식을 관장하는 여신으로 앞서 [여러 섬 낳기] 신화에서 이자나키(伊耶那岐命)와 이자나미(伊耶那美命)에 의해 탄생한 오게쓰히메(大宜都比売神)(☞주석 108 참조)와 한자표기에 차이가 있어 같은 신으로 볼지는 논란의 여지가 있지만, 같은 신으

로 보는 견해가 많다. 또, '大宜津比売神'라는 표기도 보인다.

276 팥: 《일본서기(日本書紀)》에서 죽은 우케모치(保食神)의 몸에서 여러 곡물이 생겨나는데, 거기에서도 팥이 등장한다. 오곡의 기원은 한·중·일에서 다양하게 나타나는데 오곡의 종류에 팥이 포함되는 것이 일본 신화의 특징이다. (☞180페이지 〔깊이 읽기 (12) 《고사기》부터 《호빵맨》까지, 일본의 팥 문화〕 참조)

277 가무무스히(神産巢日御祖命): 천지가 시작될 때 처음으로 다카아마하라에 등장한 세 신들 중 하나이다. (☞주석 6 참조)

2. 이즈모로 간 스사노오

그리하여 (스사노오는) 추방되어 이즈모국出雲国 히카와강肥河²⁷⁸ 상류에 있는 도리카미鳥髪²⁷⁹라는 곳으로 내려갔다.

이때 젓가락²⁸⁰이 그 강을 따라 떠내려왔다. 그래서 스사노오須佐之男命는 그 강 상류에 사람이 있을 것으로 생각하고 찾아 올라갔다.

그러자 노부老夫와 노파老女 두 사람이 있었는데 어린 소녀를 사이에 두고 울고 있었다.

그리하여 물어보았다.

"그대들은 누구인가?"

그러자 그 노부가 답하여 말했다.

"저는 국신国神²⁸¹으로 오야마쓰미大山津見神²⁸²의 자식이옵니다. 저의 이름은 아시나즈치足名椎라고 하오며 아내의 이름은 데나즈치手名椎²⁸³라고 하고 딸의 이름은 구시나다히메櫛名田比売²⁸⁴라고 하옵나이다."

다시 또 물었다.

"그대가 울고 있는 이유는 무엇인가?"

답하여 말했다.

"저는 원래 여덟 명²⁸⁵의 어린 딸이 있었는데 고시高志²⁸⁶의 괴수 오로치八俣遠呂知²⁸⁷가 매년 찾아와서 잡아 먹어버렸나이다. 올해도 찾아올 시기가 되었기 때문에 울고 있나이다."

그래서 물었다.

"그 형태는 어떠한가?"

답하여 말했다.

"그것의 눈은 꽈리赤加賀智[288]와 같고 하나의 몸뚱이에 여덟 개의 머리와 여덟 개의 꼬리를 지녔나이다. 또 그 몸뚱이에는 넝쿨과 전나무와 삼나무가 자라나 있고 그 길이는 여덟 개의 계곡에 여덟 개의 꼬리가 걸칠 정도로 길며[289] 그 배를 보면 항상 피로 물들어 있나이다. 여기서 말한 '赤加賀智'는 지금의 '꽈리(酸漿)'를 일컫는 말이다."

그래서 스사노오가 그 노부에게 말했다.

"그대의 딸을 내게 바칠 수 있겠는가?"

답하여 말했다.

"아뢰옵기 황공하오나 아직 당신의 존함을 알지 못하옵니다."

그리하여 답했다.

"나는 아마테라스天照大御神의 친동생[290]이다. 그래서 지금 하늘에서 내려온 것이니라."

이에 아시나즈치와 데나즈치가 말했다.

"그러셨다니 황공하옵니다. 바치겠나이다."

원문

故、所避追而、降出雲国之肥上河上、名鳥髪地。此時、箸、従其河流下。於是、須佐之男命、以為人有其河上而、尋覓上往者、老夫与老女、二人在而、童女置中而泣。爾、問賜之、汝等者、誰。故、其老夫答言、僕者、国神、大山上津見神之子焉。僕名謂足上名椎、妻名謂手上名椎、女名謂櫛名田比売。亦、問、汝哭由者、何。答白言、我之女者、自本在八稚女、是、高志之八俣遠呂知、此三字以音。毎年来喫。今、其可来時。故、泣。爾、問、其形、如何。答白、彼目、如赤加賀智而、身一有八頭・八尾。亦、其身生蘿及檜・椙、其長度磎八谷・峡八尾而、見其腹者、悉常血爛也。此謂赤加賀知者、今酸醬者也。爾、速須佐之男命、詔其老夫、是、汝之女者、奉於吾哉。答白、恐。亦、不覚御名。爾、答詔、吾者、天照大御神之伊呂勢者也。自伊下三字以音。故、今自天降坐也。爾、足名椎・手名椎神白、然坐者、恐。立奉。

주석

278 히카와강(肥河): 히카와강은 현재의 일본 시마네현(島根県)에 있는 히이강(斐伊川)을 가리킨다고 보는 것이 일반적이며 《일본서기》에는 '히노카와(簸之川)'로 나온다. 강을 의미하는 '河・川'은 일본 상대 독법(上代仮名遣い)으로 '카하(かは)'라고 읽으나 현대 일본어에서는 음이 변하여 '카와(かわ)'라고 발음한다. 원문에서 명칭 '히카와강(肥上河)' 사이에 보이는 '上'이라는 주기(注記)는 중국어의 사성 발음을 표시한 것이다. (☞주석 19 참조)

279 도리카미(鳥髪):《이즈모풍토기(出雲国風土記)》에 여러 차례 등장하는 도리카미산(鳥上山)으로 보는 견해가 유력하다.

280 젓가락: 인간이 사용하는 도구이므로 이것이 떠내려왔다는 것은 강 상류에 사람이 거주하고 있음을 암시한다. 이는 일본 문헌상 젓가락이 최초로 등장하는 장면이지만《일본서기》에는 이에 대한 기록이 보이지 않는다.

281 국신(国神): 아시나즈치가 스사노오에게 자신을 '국신(国神)'이라 소개하는 이 장면에서 국신이라는 용어가 처음 등장한다. 모토오리 노리나가(本居宣長)는 국신이 다카아마하라의 신들을 천신(天神)이라 부르는 것에 대응하는 개념으로 보았으며 천신에게 자신을 소개할 때만 사용된다는 점에서 겸양의 의미를 지닌 표현이라고 주장했다. 따라서 일본 신화에서 국신이란 천신과 대비되는 존재로 해당 지역에 오랫동안 자리 잡고 있던 토착 신으로 이해할 수 있다.

282 오야마쓰미(大山津見神): 이자나키와 이자나미가 신들을 낳는 과정에서 태어난 산신(山神)이다. (☞주석 98 참조)

283 아시나즈치(足名椎)·데나즈치(手名椎): 모토오리 노리나가는 '쓰다듬는다'의 뜻인 '나데루(撫でる)'와 관련지어 딸의 손발을 쓰다듬으며 귀여워한다는 의미의 '아시나데즈치·데나데즈치'가 축약된 것으로 해석했으며 이는 현재까지도 많은 지지를 받고 있다. 원문에서 두 신의 신명 속에 보이는 '上'이라는 주기는 중국어의 사성 발음을 표시한 것이다. (☞주석 19 참조)《일본서기》신대(상) 제8단 정문에서는 아시나즈치를 '脚摩乳', 데나즈치를 '手摩乳'로 표기하였으며 그 역할은《고사기(古事記)》와 유사하다.

284 구시나다히메(櫛名田比売): 구시나다히메의 신명은 머리빗을 의미하는 '구시(櫛)', 논을 의미하는 '이나다(稲田)'의 약자인 '나다(名田)', 그리고 여성을 뜻하는 '히메(比売)'로 해석하는 것이 일반적이다.《일본서기》신대(상) 제8단 정문에는 '구시이나다히메(奇稲田姫)', 첫 번째 일서에서는 '이나다히메(稲田媛)', 두 번째 일서에서는 '고마카미

후루쿠시이나다히메(児眞髮触奇稲田媛)', 세 번째 일서에서는 '구시이나다히메(奇稲田媛)'라는 신명으로 등장한다. 벼농사와 관련된 '이나다'가 반복적으로 등장하는 점을 보면 구시나다히메 전승은 벼농사를 주로 짓는 지역에서 형성된 이야기로 볼 수 있다.

285 여덟 명: 숫자 '八'은 다수의 의미로 볼 수도 있으나 여기에서는 실수(實數)로 해석했다.

286 고시(高志): 고시에 대한 지명 해석은 두 가지 학설로 나뉜다. 첫 번째는 《이즈모풍토기》에 등장하는 가무토군(神門郡) 고시고을(古志郷)의 명칭을 근거로 같은 이즈모국 내에 있는 '고시'로 보는 설이다. 두 번째는 이즈모국과 떨어진 호쿠리쿠지방(北陸地方)의 고시국(越國)으로 보는 설이다.

287 괴수 오로치(八俣遠呂知): '八俣'의 숫자 '八'은 다수를 나타내는 관용적 표현으로도 볼 수 있으나 본 문맥에서는 실수로 해석하여 '여덟 갈래로 갈라진 형태'로 이해하는 것이 적절하다. '遠呂知'는 '오로치(をろち)'라고 읽으라는 독법이 제시되어 있어 일본에서는 이 괴수를 '야마타노오로치(やまたのをろち)'라고 부른다. '오로치'는 거대한 뱀을 뜻하며 이는 《일본서기》 신대(상) 제8단의 '八岐大蛇(정문과 두 번째 일서)', '大蛇(세 번째와 네 번째 일서)'라는 표기에서도 확인할 수 있다. 이 괴수가 상징하는 바에 대해서는 학자마다 다양한 해석이 존재한다. 하나는 이 괴수를 벼농사를 망치는 재난인 홍수를 신화적으로 표현한 것이라고 보는 견해이다. 또 다른 견해는 산봉우리의 정령으로 해석하여 오로치를 신성한 대자연의 일부로 이해하기도 한다. 일부 학자들은 '오로치'의 '오'를 '꼬리'의 의미인 '오(尾)'로 보고 꼬리의 정령으로 해석하기도 한다. 이렇듯 다양한 해석이 존재하는 것은 이 괴수가 단순한 괴물이 아니라 자연과 인간의 조화로운 관계를 상징하는 복합적인 존재임을 시사한다.

288 꽈리(赤加賀智): 원문에 보이는 '赤加賀智'에 대한 설명은 해당 문단의 끝에 보이며 이 분주를 통해 이 어구는 '꽈리'를 뜻하는 말임을 알

수 있다. 《고사기》에서는 이 새빨간 꽈리를 괴수 오로치의 눈에 비유하고 있다. 한편《일본서기》에서는 이를 '赤酸醬'라 표기하며 야마타노오로치의 눈뿐 아니라 천손 일행을 선도하는 역할로 등장하는 사루타비코(猿田彦)의 눈을 묘사하는 데에도 사용한 표현이기도 하다.

꽈리

289 그 길이는 여덟 개의 계곡에 여덟 개의 꼬리가 걸칠 정도로 길며: 원문에는 '磎八谷峽八尾'라고 되어 있는데 이 표현은 괴수 오로치의 거대한 크기를 나타낸 것이다. 다수의 주석서에서 이를 '그 길이는 여덟 개의 계곡과 <u>여덟 개의 산</u>에 걸칠 정도로 길다.'와 같이 해석해 왔다. 그러나 원문에는 '산(山)'에 해당하는 표현이 존재하지 않으며 '八尾'라는 표현에 대한 풀이가 생략되어 길이만을 강조하는 묘사로 비춰질 수 있다. 이에 본서에서는 기존 해석과는 다르게 '그 길이는 여덟 개의 계곡에 오로치의 여덟 개의 꼬리가 각각 하나씩 걸쳐질 정도로 길다.'라는 의미로 해석했다. 이러한 해석은 괴수 오로치의 거대한 크기와 신체적 특성을 더욱 구체적으로 상상할 수 있도록 한다.

290 친동생: 원문에 보이는 '伊呂勢'는 음독하라는 독법에 따라 일본어로 '이로세(いろせ)'라고 읽는다. 여기서 '이로'는 동모(同母), '세'는 형제를 뜻하므로 '이로세'는 친형제의 의미이다. [미소기와 삼귀자] 신화에서는 이자나키가 미소기(禊)를 한 후 홀로 스사노오를 낳은 것으로 서술되었으나(☞108페이지 참조) 여기에서는 혈육 관계를 강조하는 의미에서 '친동생'으로 해석한다.

3. 괴수 오로치(八俣遠呂知) 퇴치

이에 스사노오는 곧바로 신성한 빗[291]으로 그 소녀의 모습을 바꾸어 미즈라美豆良[292]에 꽂아놓고 아시나즈치와 데나즈치에게 말했다.

"그대들은 여덟 번 쥐어짜 담근 술[293]을 빚고 또 담을 만들어 둘러쳐라. 그리고 그 담에 여덟 개의 문을 만들고 문마다 여덟 개의 받침대[294]를 깔아놓아라. 그 받침대마다 배 모양의 술통을 놓고 술통마다 여덟 번 쥐어짜 담근 술을 가득 담아놓고 기다리거라."

그래서 분부받은 대로 갖춰놓고 기다리자 말한 대로 괴수 오로치八俣遠呂智[295]가 찾아왔다. 그리고 곧바로 술통마다 자신의 머리를 처박고 술을 마시기 시작했다. 그러고는 술에 취하여 그 자리에 누워 잠이 들었다.

그래서 스사노오가 몸에 차고 있던 장검을 뽑아 오로치를 베어 토막을 내자 히카와강이 피로 변하여 흘렀다. 그러다 가운데 있는 꼬리를 자를 때 칼날이 깨졌다. 그래서 이상하다는 생각에 칼끝으로 찔러 갈라 보니 '쓰무하都牟羽'라는 대도大刀[296]가 있었다. 이 대도를 집어 들고서 기이한 것으로 생각하여 아마테라스天照大御神에게 바쳤다. 이것이 '구사나기草那芸'라 칭하는 대도[297]이다.

원문

爾、速須佐之男命、乃於湯津爪櫛取成其童女而、刺御美豆良、告其足名椎・手名椎神、汝等、釀八塩折之酒、亦、作廻垣、於其垣作八門、毎門結八佐受岐、此三字以音。毎其佐受岐置酒船而、毎船盛其八塩折酒而待。故、隨告而如此設備待之時、其八俣遠呂智、信如言来、乃毎船垂入己頭、飮其酒。於是、飮醉留伏寢。爾、速須佐之男命、拔其所御珮之十拳劒、切散其蛇者、肥河、変血而流。故、切其中尾時、御刀之刃毀。爾、思怪、以御刀之前刺割而見者、在都牟羽之大刀。故、取此大刀、思異物而、白上於天照大御神也。是者、草那芸之大刀也。那芸二字以音。

주석

291 신성한 빗: 원문에는 '湯津爪櫛'라고 표기되어 있다. '湯津'는 신성한 의미, '爪櫛'는 손톱모양의 빗을 의미한다. 이 표현은 이자나키가 요모쓰쿠니(黃泉国)를 방문했을 때도 보인다. (☞주석 156 참조)

292 미즈라(美豆良): 양쪽 귀 옆에 머리카락을 8자형으로 묶어 올린 일본 고대의 머리 형태이다. [요모쓰쿠니와 미소기] 신화에도 같은 표현이 보인다. (☞주석 218 참조)

293 여덟 번 쥐어짜 담근 술: 원문에 쓰인 '八塩折酒'에서 '八'은 다수를 의미하는 표현으로 해석할 수 있지만 이 장면에서는 실제 숫자로 보고 '여덟 번'으로 해석했다. '塩折'에 대하여 모토오리 노리나가는 '쥐어짜다'의 뜻을 갖는 '시보리(絞り)'와 통한다고 보았으며 이 견해는 현재까지도 많은 학자들의 지지를 받고 있다.

294 받침대: 원문에 '佐受岐'라고 표기하고 이를 음독하도록 한 분주에 따

라 일본어로 '사즈키(さずき)'라고 읽는다. 이는 판자로 만든 받침대를 뜻한다.

295 괴수 오로치(八俣遠呂智): 이 괴수가 처음 등장할 때는 '遠呂知'라 표기하였으나 이 장면에서는 '遠呂智'라 하였다. (☞주석 287 참조) 특별한 의미가 부여되었다기보다는 '知'와 '智'가 같은 발음이므로 당시 혼용한 것으로 보인다.

296 '쓰무하(都牟羽)'라는 대도(大刀):《고사기》에만 등장하는 칼이다. 필사본에 따라 '都牟刈'라는 표기도 보이는데 이 경우는 일본어로 '쓰무가리(つむがり)'라고 읽을 수 있다. 본서에서는 가장 오래된 고사본인 신푸쿠지본(真福寺本)의 표기에 따른다. 명칭의 의미에 대해 명확하게 밝혀진 바는 없지만 '쓰무(都牟)'가 '(싹을) 따다'의 뜻을 갖는 '쓰무(摘む)'와 통하므로 이를 수확할 때 사용하던 철제 농기구를 상징하는 것으로 해석하는 견해가 있다.

297 '구사나기(草那芸)'라 칭하는 대도: 구사나기 대도의 해석은 크게 두 학설로 나뉜다. 첫 번째로 풀을 베는 칼로 보는 견해다.《고사기》 중권(中卷) 제12대 천황 게이코(景行) 기사에서 야마토타케루(倭建命)는 이 칼로 풀을 옆으로 후려쳐 위기에서 벗어난다. 따라서 풀을 뜻하는 '구사(草)', 베는 동작을 뜻하는 '나구(薙ぐ)'의 합성어라는 해석이 가능하다. 두 번째는 뱀과 관련된 해석이다. '구사'를 강한 것에 붙이는 수식어 '구사(臭)', '나기'를 뱀의 고어로 보고 '사나운 뱀의 몸에서 나온 칼'로 해석한 것이다. 스사노오가 아마테라스에게 바친 이 칼은 [천손강림] 신화에서 곡옥, 거울과 함께 천손에게 하사한 삼종신기(三種神器) 중 하나로 등장한다. (☞주석 552 참조) 이 보물들은 오늘날까지도 천황 즉위식에 주요한 상징으로 사용된다. (☞320페이지 [깊이 읽기 (19) 정통성의 상징, 삼종신기] 참조)

4. 스사노오의 이즈모 정착과 계보

그리하여 스사노오는 궁을 만들 땅으로 이즈모국을 찾았다. 그리고 스가須賀[298]라는 땅에 도착하여 말했다.

"이 땅에 오니 내 마음이 상쾌해지는구나.[299]"

그러고는 그 땅에 궁을 짓고 살았다. 이러한 연유로 그 땅을 지금도 '스가'라고 일컫는 것이다.

이 대신大神[300]이 처음으로 스가 궁을 지었을 때 땅에서 구름이 피어올랐다. 이에 노래를 만들어 그 노래를 불렀다.

    겹구름 피는[301] 이즈모에 첩첩이 담을 두르네
    아내 살 곳에   첩첩 담을 두르네
    또 첩첩 담을 치네 【1】[302]

그리고 그 아시나즈치足名鉄神[303]를 불러 말했다.

"그대에게 내 궁의 수장을 맡기노라."

또 이나다미야누시스가노야쓰미미稻田宮主須賀之八耳神[304]라는 이름을 주었다.

그리하여 그 구시나다히메와 잠자리에 들어[305] 낳은 신의 이름은 야시마지누미八島士奴美神[306]라고 한다.

또 오야마쓰미의 딸, 가무오이치히메神大市比売[307]를 처로 맞이하여 낳은 아이는 오토시大年神308이며 다음은 우카노미타마宇迦之御魂神309이다. 두 신이다.

형인 야시마지누미가 오야마쓰미의 딸 이름은 고노하나치루히메木花知流比売310를 처로 맞아 낳은 아이는 후하노모지쿠누스누布波能母遅久奴須奴神311이다.

이 신이 오카미淤迦美神312의 딸, 히카와히메日河比売313를 처로 맞아 낳은 아이는 후카후치노미즈야레하나深淵之水夜礼花神314이다.

이 신이 아메노쓰도헤치네天之都度閇知泥神315를 처로 맞아 낳은 아이는 오미즈누淤美豆奴神316이다.

이 신이 후노즈노布怒豆怒神317의 딸, 후테미미布帝耳神를 처로 맞아 낳은 아이는 아메노후유키누天之冬衣神318이다.

이 신이 사시쿠니 대신刺国大神의 딸, 사시쿠니와카히메刺国若比売를 처로 맞아 낳은 아이는 오쿠니누시大国主神319이다. 또 다른 이름은 오아나무지大穴牟遅神320라고 하고, 또 다른 이름은 아시하라시코오葦原色許男神321라고 하고, 또 다른 이름은 야치호코八千矛神322라고 하고, 또 다른 이름은 우쓰시쿠니타마宇都志国玉神323라고 한다. 모두 다섯 개의 이름이 있다.

원문

故是以、其速須佐之男命、宮可造作之地求出雲国。爾、到坐須賀此二字以音。下劾此。地而、詔之、吾、来此地、我御心、須賀須賀斯而、其地作宮坐。故、其地者、於今云須賀也。茲大神、初作須賀宮之時、自其地雲立騰。爾、作御歌。其歌曰、

夜久毛多都　伊豆毛夜幣賀岐
都麻碁微爾　夜幣賀岐都久流
曾能夜幣賀岐袁

4. 스사노오의 이즈모 정착과 계보

於是、喚其足名椎神、告言、汝者、任我宮之首。且、負名号稲田宮主須賀之八耳神。故、其櫛名田比売以、久美度邇起而、所生神名、謂八島士奴美神。自士下三字以音。下效此。又、娶大山津見神之女、名神大市比売、生子、大年神。次、宇迦之御魂神。二柱。宇迦二字以音。兄八島士奴美神、娶大山津見神之女、名木花知流此二字以音。比売、生子、布波能母遅久奴須奴神。此神、娶淤迦美神之女、名日河比売、生子、深淵之水夜礼花神。夜礼二字以音。此神、娶天之都度閇知泥上神、自都下五字以音。生子、淤美豆奴神。此神名以音。此神、娶布怒豆怒神此神名以音。之女、名布帝耳上神、布帝二字以音。生子、天之冬衣神。此神、娶刺国大上神之女、名刺国若比売、生子、大国主神。亦名、謂大穴牟遅神、牟遅二字以音。亦名、謂葦原色許男神、色許二字以音。亦名、謂八千矛神、亦名、謂宇都志国玉神、宇都志三字以音。并有五名。

> **주석**

298 스가(須賀):《이즈모풍토기》에 오하라군(大原郡)에 같은 지명이 보인다. 이에 따라 스가는 현재의 일본 시마네현(島根県) 운난시(雲南市) 다이토초(大東町) 지역으로 보는 것이 일반적이다.

299 상쾌해지는구나: 스사노오가 말한 이 대사 원문은 '須賀須賀斯而'이다. '須賀'는 '이 두 자는 음독한다. 이하 이에 따른다.(須賀此二字以音。下效此)'라는 분주가 제시되어 있으므로 일본어로 '스가스가시이(すがすがしい)'라고 읽을 수 있으며 이 어구는 '산뜻하다, 상쾌하다'라는 의미가 있다. 이 표현은 스사노오가 이즈모국에서 궁전을 지을 땅으로 선택했다는 점에서 '스가' 지역의 지명 유래 설화에 기인한 것으로 이해할 수 있다.

300 대신(大神): 스사노오가 이즈모국에 궁을 지은 장면에서 처음으로 스사노오에게 '대신(大神)'이라는 칭호가 사용된 점이 주목된다. 이는 그가 궁의 주인으로 자리 잡으며 다른 신들과의 차이를 강조하기 위한 격상의 표현으로 해석할 수 있다. (☞주석 172 참조)

301 겹구름 피는: 노랫말에 쓰인 '야쿠모타쓰(八雲立つ)'는 이즈모 앞에 통상적으로 붙는 마쿠라코토바(枕詞)로 보는 것이 일반적이다. 마쿠라코토바란 특정 단어나 문구 앞에 정형화된 방식으로 쓰이는 수식어구이며 일본 고대 가요에서 운율적 효과를 높이기 위해 사용되었다.

302 이 노래는 《고사기》 내에 수록된 112수 가요 중 첫 번째로 등장하는 가요로 흔히 스가 궁의 신축과 신혼을 축복하는 의미로 해석한다.

303 아시나즈치(足名鈇神): 아시나즈치(足名椎)는 스사노오에게 궁의 수장으로 임명되면서 '足名鈇神'로 신격화되었다. 이 과정에서 신명의 '椎'도 '鈇'로 바뀌었는데 《루이주묘기쇼(類聚名義抄)》에 따르면 '鈇'는 당시 '도끼'를 의미하는 말이었다. 이러한 신명 변화에 주목하여 아시나즈치가 본래 철제 기술이 뛰어난 지역의 수장이었을 가능성이 있다는 해석도 제기된다.

304 이나다미야누시스가노야쓰미미(稲田宮主須賀之八耳神): 이 신명의 구성을 보면 이나다히메와 직접적으로 관련이 깊다는 것을 알 수 있다. 이는 이나다 지역의 정령이 외부에서 온 고귀한 신과 결혼하면서 신격이 향상된 것으로 보이며 고귀한 데릴사위를 맞은 처가의 위상을 엿볼 수 있다. 한편 《일본서기》 신대(상) 제8단 두 번째 일서에서는 남성의 이름을 '아시나즈테나즈(脚摩手摩)'로 아내의 이름을 '이나다미야누시스나노야쓰미미(稲田宮主簀狹之八箇耳)'로 기록하고 있다. 이러한 점에서 미루어볼 때 이즈모 지역에서는 여성이 수장으로 활동했을 가능성이 제기된다.

305 잠자리에 들어: 원문에 보이는 '久美度邇起而'라는 표현은 잠자리를 의미하는 '구미도니(久美度邇)'를 '일으켜서(起而)'라는 구조이므로 침소를 함께 했다는 의미로 해석할 수 있다. 이 어구는 [이자나키와 이자나미] 신화에도 등장한다. (☞주석 45 참조)

306 야시마지누미(八島士奴美神): 많은 섬을 통치한 신령의 의미로 해석하는 것이 일반적이며《고사기》계보상 스사노오의 맏아들이다.

307 가무오이치히메(神大市比売): '가무(神)'는 신성성을 나타내는 미칭(美稱)으로 볼 수 있다. '오이치(大市)'는 지명으로 보는 설과 물물교환이 이루어지는 시장으로 보는 설이 병존한다.

308 오토시(大年神): '오(大)'는 미칭, '토시(年)'는 벼의 수확 기간을 의미하여 벼농사의 신으로 해석하는 것이 일반적이다. 스사노오의 서자(庶子) 중 한 명으로 전승 내용은 존재하지 않고 계보만 기록되어 있다. 한편 오토시의 계보는 신화 전개상 스사노오의 계보 이후에 서술되는 것이 자연스러우나 [오쿠니누시의 나라 통합] 신화 말미에 삽입되어 있어 문맥의 흐름과 잘 맞지 않는다. (☞233페이지 참조)

309 우카노미타마(宇迦之御魂神): '우카(宇迦)'는 음식을 뜻하는 '우케(宇気)'의 또 다른 표현으로 음식을 관장하는 신령으로 해석하는 설이 지배적이다.

310 고노하나치루히메(木花知流比売): '木花'는 나무에서 피는 꽃, '知流'는 음독하라는 독법에 따라 '치루(ちる)'로 발음되며 이는 '떨어지다, 흩어지다'의 의미를 지닌 '치루(散る)'와 통하여 꽃이 질 운명을 상징하는 신명으로 해석할 수 있다. 일각에선 이 꽃을 벚꽃으로 보는 견해가 있으나 단정할 만한 근거는 부족하다. 이 신명은 천손 히코호노니니기(日子番能邇々芸命)와 혼인하는 고노하나노사쿠야비메(木花之佐久夜毘売)와 친연성이 있음을 알 수 있으며 두 신은 모두 오야마쓰미(大山津見神)의 딸이라는 공통점을 갖고 있다. (☞주석 593 참조)

311 후하노모지쿠누스누(布波能母遅久奴須奴神): '후하(布波)'는 지명으로, '모지(母遅)'는 '오아나무지(大穴牟遅神)'의 '무지(牟遅)'와 같은 어원으로 보고 귀중함을 의미한다고 해석한다. (☞주석 320 참조) '쿠누(久奴)'는 나라의 주인을 뜻한다고 보아 이 신명의 의미를 '귀중한 나라의 주인 신'으로 풀이하는 설이 있다. 이 신은 계보상 스사노오의 3세손(손자)에 해당한다.

312 오카미(淤迦美神): 화신 살해 장면에서 등장하는 구라오카미(闇淤加

美神)와 마찬가지로 '오카미'는 물을 의미하는 신명으로 해석할 수 있다.(☞주석 136 참조) 그의 딸 히카와히메(日河比売) 신명 안에 강을 뜻하는 '카와(河)'가 쓰인 것을 고려하면 오키미도 물과 관계가 깊은 신격으로 볼 수 있다.

313 히카와히메(日河比売): 통상 물과 관련 깊은 강의 신으로 해석한다.

314 후카후치노미즈야레하나(深淵之水夜礼花神): 이 신명은 깊은 물과 관련된 성격을 지닌 신이라는 해석이 가능하며 계보상 스사노오의 4세손에 해당한다.

315 아메노쓰도헤치네(天之都度閇知泥神): 신명의 '天' 중에서 다카아마하라와 연관이 없는 신은 '아메(あめ)'라고 읽는다.(☞주석 3 참조) '쓰도헤(都度閇)'는 '모이다'라는 뜻의 '쓰도헤(集へ)'와 통하며 '치(知)'는 길, '네(泥)'는 친근한 칭호로 보고 이를 신성한 수로를 상징하는 신명으로 이해할 수 있다.

316 오미즈누(淤美豆奴神): 이 신명은 본래 '큰 물의 주인'이라는 뜻의 오미즈누시(大水主)에서 발음이 변한 것으로 해석하는 견해가 일반적이다. 이 신은 큰 강이나 호수 등을 관장하는 성격을 가지며 계보상 스사노오의 5세손이다. 또한《이즈모풍토기》에는 오미즈누(意美豆努命)와 야쓰카미즈오미쓰노(八束水臣津野命)라는 신명으로 등장하며 일명 '구니비키(国引き)' 신화의 주인공으로 주변 땅들을 끌어와 하나의 지역을 형성한 신으로 알려져 있다.

317 후노즈노(布怒豆怒神): 이 신을 비롯하여 후테미미(布帝耳神), 사시쿠니 대신(刺国大神), 사시쿠니와카히메(刺国若比売)의 신명은 현재까지 명확한 의미가 밝혀지지 않았다.

318 아메노후유키누(天之冬衣神): 신명에 쓰인 '冬'를 '후유(ふゆ)'라고 발음하면 '증가하다'라는 의미를 지닌 '후유(増ゆ)'와 통하므로 이를 근거로 의류의 풍요로움을 상징하는 신명으로 해석하는 견해가 있다. 계보상 스사노오의 6세손에 해당한다.《일본서기》신대(상) 제8단 네 번째 일서에 아마노후키네(天之葺根神)라는 신명이 보이며 스사노오의 5세손이라고 기록되어 있다는 점에서 차이가 있다. 또한《일본

서기》에서는 괴수 오로치의 꼬리에서 나온 구사나기 검(草薙劍)을 다카아마하라(高天原)에 바치는 역할을 한다.

319 오쿠니누시(大国主神): 신명에 쓰인 한자에는 한 나라의 주인, 즉 지상 세계의 통치자라는 의미가 담겨 있다. 계보상 스사노오의 7세손에 해당한다.《일본서기》신대(상) 제8단 정문에는 스사노오와 구시이나다히메(奇稲田姫)의 아들로 등장하며 첫 번째 일서와 두 번째 일서에는 스사노오의 6세손이라 기록된 점에서《고사기》와의 차이를 확인할 수 있다. (☞182페이지 〔깊이 읽기 (13) 지상 세계의 통치자, 오쿠니누시 서사의 명암〕참조)

320 오아나무지(大穴牟遲神): '오(大)'는 미칭, '무지(牟遲)'는 귀중함을 의미한다고 보는 것이 일반적이다. '아나(穴)'에 대해서는 땅으로 해석하는 설, 동굴에 사는 신으로 해석하는 설, 화산의 분화구를 신격화한 설 등 다양한 해석이 존재한다.《일본서기》신대(상) 제8단 정문에는 '大己貴神'이라 표기하고 '오호아나무치(於褒婀娜武智)'라고 읽으라는 독법이 제시되어 있다. 이는 일본 상대 독법이며 현대어에서는 '오아나무치(おおあなむち)' 혹은 '오나무치(おおなむち)'라고 발음한다. 형제들에게 괴롭힘을 당하는 이야기에서 이 이름으로 등장하여 그가 숱한 시련을 견뎌 내어 오쿠니누시로 성장하기 전까지의 이름임을 알 수 있다. (☞주석 329 참조)

321 아시하라시코오(葦原色許男神): 이 신명은 추후에 스사노오가 오쿠니누시를 부르는 이름이다. 지상 세계인 아시하라나카쓰쿠니(葦原中国)의 용맹한 남신라는 뜻을 가진다. (☞주석 357 참조)

322 야치호코(八千矛神): 이 신명은 무수히 많은 창을 가진 신이라는 뜻을 담고 있다. 창이 무력을 상징한다는 점에서 무력을 겸비한 강력한 지배자의 성격을 나타낸 신명으로 해석하는 것이 일반적이다. (☞주석 376 참조)

323 우쓰시쿠니타마(宇都志国玉神): '우쓰시(宇都志)'를 '나타나다'의 뜻인 '우쓰시(顕し)'로 해석하여 현세(現世)를 주관하는 신격으로 본다. 즉, 신들의 세상(神世)이 아닌 인간 세상을 담당하는 신으로 해석할 수 있다. (☞주석 371 참조)

스사노오(須佐之男命) 계보

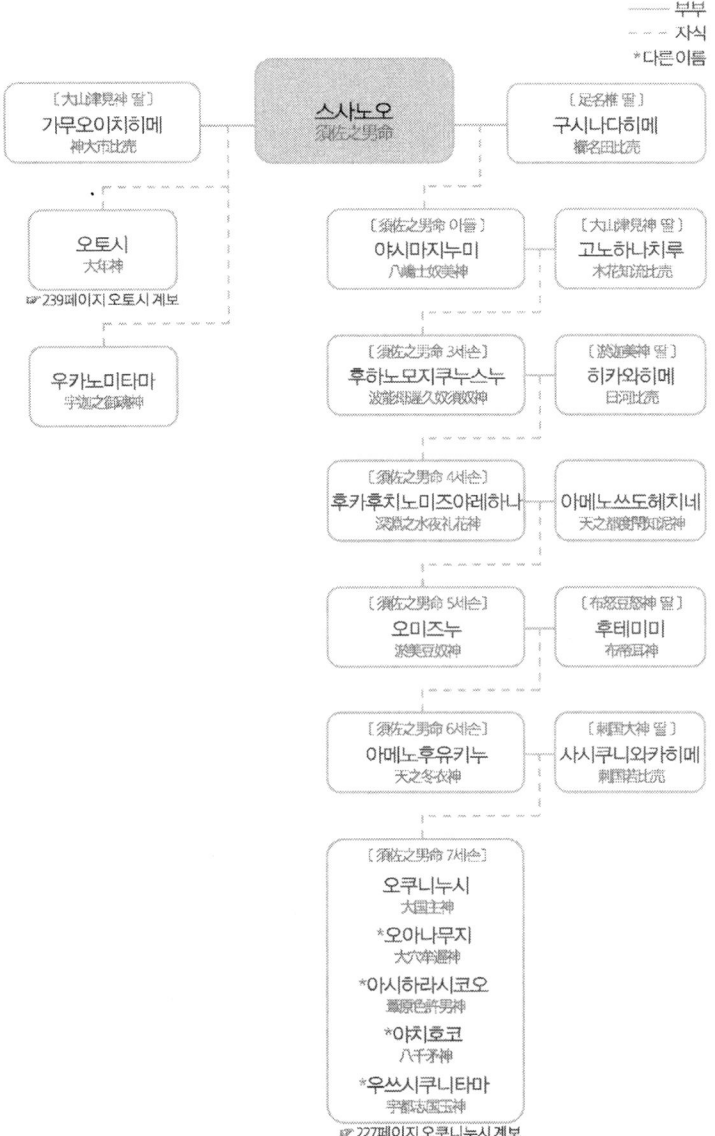

4. 스사노오의 이즈모 정착과 계보

깊이 읽기 (12)

《고사기(古事記)》부터《호빵맨》까지, 일본의 팥 문화

농경의 시작과 발달은 사회의 형성과 권력의 발생과도 연관된다. 인류는 원시 채집생활을 통해 야생식물 중 식용이 가능한 것을 구하다가, 신석기로 들어서면서 농경을 시작해 작물을 생산하기 시작한다. 청동기 초기에 이르러서는 재배면적과 작물 가짓수도 점차 늘어가고, 사회는 계층이 구분되고 국가가 발생하게 되는 것이다. 이렇게 해서 재배된 작물은《시경(詩經)》에 '백곡(百穀)'이라는 용어가 등장할 정도로 확대되었다. 그중에서도 핵심 작물인 '오곡(五穀)'은 그 사회를 유지하는 근간이 되는 것으로, 생명 유지뿐 아니라 문화의 기저에 뿌리 깊이 자리하고 있다고 해도 과언이 아니다.

오곡이라는 개념은 한·중·일 여러 문헌에서 흔히 등장하며, 그 용어가 처음 사용된 것은 중국의《주례(周禮)》로 알려져 있다. 이후 중국 고대 문헌에 등장한 오곡의 예를 정리해 보면 기장(黍), 피(稷), 콩(菽), 보리(麥), 벼(稻)로 보는 견해와 기장(黍), 피(稷), 콩(菽), 보리(麥), 삼(麻)으로 보는 견해 등으로 나뉜다. 한반도에도 역시 이러한 관념이 전해졌다.

일본의 경우 [오곡의 기원] 신화에서 오곡의 종류를 확인할 수 있다. 《고사기(古事記)》에는 스사노오가 음식의 신 오게쓰히메(大気都比売神)를 죽이자, 그 사체에서 누에와 곡식이 생겨났다고 전한다. 그렇게 생겨난 것이 누에(蚕), 벼(稲), 조(粟), 팥(小豆), 보리(麦), 콩(大豆)이다.《일본서기(日本書紀)》신대(상) 제5단 열한 번째 일서에서는 쓰쿠요미(月夜見尊)가 음식신 우케모치(保食神)를 베어 죽인다. 그 사체에서 나온 것이 조(粟), 누에고치(繭), 피(稗), 벼(稲), 보리(麦), 콩

(大豆), 팥(小豆)이다. 중국 문헌에 나타난 오곡의 종류와 흡사한 부분도 있지만, '팥'이 포함되었다는 점이 특징적이다. 조몬시대(繩文時代) 유적에서도 '팥'이 발굴되는 등 '팥'은 일본 고대부터 재배된 토종 작물이다.

우리가 동짓날에 팥죽을 먹듯이, 붉은색이 잡귀를 쫓는다는 믿음은 고대로부터 동아시아의 공통된 정서이다. 거기에 더해 일본에서는 축하의 자리에도 팥을 자주 이용한다. 팥으로 지은 찰밥을 '세키한(赤飯)'이라고 하는데, 신사에서 신에게 바치는 음식으로 활용되기도 하고, 현재까지도 마쓰리(祭り)나 출산 등의 축하할 일이 있을 때 '세키한'을 먹는 풍습이 남아 있다.

또 일본에서는 '앙금'의 형태로 팥을 다양한 음식에도 활용해 왔다. 근대 초기에는 서양 문물이 급격하게 전해지면서 일본 음식 문화에도 큰 변화가 일어나는데, 서양에서 들여온 빵에 일본의 팥앙금을 넣은 단팥빵 '앙빵(あんパン)'이 대표적인 예이다. 일본의 단팥빵은 1874년 기무라야(木村屋)의 창업자 기무라 에자부로(木村英三郎)가 처음 고안했다고 알려져 있다. 이 단팥빵을 1875년 4월 4일에 벚꽃놀이에 나선 메이지천황(明治天皇)에게 헌상한 후, 궁내청에 납품하게 되었다. 이러한 연유로 4월 4일은 '앙빵의 날'로 제정되기도 했다.

처음 세상에 나온 지 150여 년이 지난 지금도 일본의 단팥빵 사랑은 여전하다. 한국에는 '호빵맨'으로 번역된 애니메이션 작품의 원제목은 《앙빵맨(アンパンマン)》 다시 말해 '단팥빵맨'이다. 1973년 그림책으로 시작한 《호빵맨》은 애니메이션으로도 제작되어 지금까지도 꾸준히 사랑받고 있다. 일본에서 팥의 기원과 애용되어 온 역사를 살펴볼 때 《호빵맨》의 인기는 결코 우연이 아닐 것이다.

글: 박신영

깊이 읽기 (13)

지상 세계의 통치자, 오쿠니누시(大国主神) 서사의 명암

오쿠니누시(大国主神)는 일본 신화에서 지상 세계를 상징하는 아시하라나카쓰쿠니(葦原中国)를 다스리는 중요한 신이다. 이 신은 고대 문헌인 《고사기(古事記)》와 《일본서기(日本書紀)》에 모두 등장하지만 두 문헌에서의 기록은 여러 면에서 다르다.

먼저 두 문헌은 오쿠니누시의 계보적 위치를 다르게 기술하고 있다. 《고사기》에서는 스사노오(須佐之男命)의 계보에서 야시마지누미(八島士奴美神, 아들) - 후하노모지쿠누스누(布波能母遅久奴須奴神, 3세손) - 후카후치노미즈야레하나(深淵之水夜礼花神, 4세손) - 오미즈누(淤美豆奴神, 5세손) - 아메노후유키누(天之冬衣神, 6세손) - 오쿠니누시(大国主神, 7세손)로 이어진다고 기록하고 있다. 이를 통해 오쿠니누시는 스사노오의 7세손임을 알 수 있다. 《일본서기》에서는 그의 계보를 명확히 통일하지 않고 어떤 곳에서는 스사노오의 아들로, 또 어떤 곳에서는 스사노오의 아들의 5세손으로, 또 다른 곳에서는 스사노오의 아들의 6세손 등으로 각기 다르게 기록되어 있다. 이처럼 일관되지 않은 것은 《일본서기》가 편찬될 당시 여러 전승을 통합하면서 혼란이 야기됐을 가능성을 보여준다.

서사의 전개에서도 두 문헌 간 차이가 뚜렷하다. 《고사기》는 오쿠니누시가 어린 시절부터 여러 가지 시련을 극복하고 지상의 통치자로 성장하는 과정을 상세히 묘사한다. 그는 전승마다 다양한 이름으로 등장하는데 최종적으로 지상 세계를 다스리는 역할을 부여받으며 오쿠니누시라는 이름이 된다. 이를 통해 《고사기》 편찬자들이 오쿠니누시를 지상 세계의 위대한 통치자로 그리고자 했음을 알 수 있다. 반면 《일본서기》에서는 이러한 성장 이야기를 생략하고 오쿠니누시를 지상 세계의 지배자로 설정한 뒤 곧바로 천손(天孫)에게 자리를 내주는 역할로 그려낸다.

  이러한 계보적·서사적 차이 이면에는 실제 역사적 맥락이 깔려있다는 학설이 존재한다. [아시하라나카쓰쿠니 정복] 신화에서 그가 지상의 통치권을 천손에게 내주고 신전(神殿)의 신으로 남게 되는 이야기는 실제 역사에서 중앙정부인 야마토(大和) 정권이 이즈모(出雲) 지역을 통합하는 정치적 사건을 상징적으로 표현한 것이라는 해석이다. 오쿠니누시를 중심으로 하는 이즈모 지역 세력이 야마토 중앙정부에 편입되는 과정을 신화적 언어로 묘사한 셈이다.

  특히 《고사기》가 오쿠니누시의 성장 이야기를 자세히 서술한 점은 편찬자들이 이 지역의 신화를 존중하고 오쿠니누시의 존재를 부각하고자 했던 의도가 엿보인다. 유사한 전승 내용임에도 불구하고 문헌마다 차이가 있는 것은 당시의 정치적 상황과 각 편찬자의 관점이 반영된 결과라고 볼 수 있다. 이렇게 다양한 해석이 가능한 점이 신화를 읽는 묘미일 것이다.

글: 조유미

6장 오쿠니누시(大国主神)의 나라 통합

1. 이나바(稻羽)의 벌거숭이 토끼

이 오쿠니누시大国主神에게는 많은 형제 신들324이 있었다. 모든 나라가325 오쿠니누시에게 넘겨진326 까닭은 이러하다.

많은 형제 신들은 각각 이나바稻羽327에 사는 야카미히메八上比売328와 결혼하고 싶은 마음에 함께 이나바로 향했다. 이때 형제들은 오아나무지大穴牟遲神329에게 봇짐을 짊어지게 하고 종자從者330로서 데리고 갔다. 그러던 중 게타気多곶331에 이르렀을 때 가죽이 벗겨진 벌거숭이 토끼가 엎드려 있었다. 이에 많은 형제 신들은 그 토끼에게 말했다.

> "네가 할 일은 이 소금기가 있는 바닷물에 들어가 목욕을 하고, 바람이 부는 곳에서 바람을 맞으며 높은 산꼭대기에 엎드려 있는 것이다."

그래서 그 토끼는 형제들이 가르쳐 준 대로 엎드려 있었다. 그랬더니 그 소금기가 점점 마르면서 몸의 가죽이 바람결에 모두 찢기고 말았다. 이에 고통스럽게 울며 누워있는데 마지막에 온 오아나무지가 토끼를 보고 물었다.

> "어째서 너는 엎드려 울고 있느냐?"

이에 토끼가 답하였다.

> "저는 오키섬淤岐島332에 있다가 이 땅으로 건너 오려고 했으나 건널 방법이 없었나이다. 그래서 바다의 와니和邇333를 속여

'나와 네가 경쟁하여 종족의 많고 적음을 세어보자. 따라서 너는 종족을 있는 대로 데려와서 이 섬에서 게타곶 앞까지 모두 열을 지어 나란히 엎드려 있어라. 내가 그 위를 밟고 달리며 헤아려 보겠다. 그리하면 내 종족과 너의 종족 중 어느 쪽이 많은지 알 것이다.'라고 말했습니다.

이에 속은 와니가 열을 지어 엎드려 있을 때 제가 그 위를 밟고 헤아리며 건너와 막 땅에 발을 내딛으려고 하는 순간에 '너는 나에게 속은 것이다.'라고 말했더니, 말이 끝나자마자 맨 끝에 엎드려 있던 와니가 저를 잡아 제 털가죽[334]을 모두 벗겨 버렸나이다.

그래서 슬피 울고 있었는데 먼저 지나간 많은 (형제)신들이 바닷물로 목욕을 하고 바람을 맞으며 엎드려 있으라고 가르쳐 준 것입니다. 그리하여 가르쳐 준 대로 하니 제 몸은 온통 상처투성이가 되고 말았나이다."

이에 오아나무지는 그 토끼에게 말했다.

"지금 바로 하구[335]로 가서 그 물로 네 몸을 씻은 다음 즉시 그 하구의 부들[336]을 따서 바닥에 깔고 그 위에서 뒹굴면 네 몸은 원래대로 돌아가 반드시 나을 것이다."

이에 가르쳐 준 대로 하였더니 금새 원래대로 돌아갔다. 이것이 이나바의 벌거숭이 토끼[337]이다. 지금은 토끼신[338]이라 한다. 그리고 이 토끼는 오아나무지에게 아뢰었다.

"저 많은 (다른 형제) 신들은 야카미히메를 절대 얻지 못할 것입니다. 하지만 짐을 지고 가는 당신은 그녀를 얻게 될 것입니다."

이후 야카미히메는 많은 (다른 형제) 신들에게 답하여 말했다.

"나는 당신들의 말을 듣지 않겠나이다. 오아나무지에게 시집 갈 것입니다."

원문

故、此大國主神之兄弟、八十神坐。然、皆、國者避於大國主神。所以避者、其八十神、各有欲婚稻羽之八上比売之心、共行稻羽時、於大穴牟遲神負袋、為從者率往。於是、到気多之前時、裸菟、伏也。爾、八十神、謂其菟云、汝將為者、浴此海塩、当風吹而、伏高山尾上。故、其菟、從八十神之教而、伏。爾、其塩隨乾、其身皮、悉風見吹析。故、痛苦泣伏者、最後之来大穴牟遲神、見其菟言、何由汝泣伏。菟答言、僕、在淤岐島、雖欲度此地、無度因。故、欺海和邇此二字以音。下劾此。言、吾与汝、競、欲計族之多少。故、汝者、隨其族在、悉率来、自此島至于気多前、皆列伏度。爾、吾、蹈其上、走乍讀度。於是、知与吾族孰多。如此言者、見欺而列伏之時、吾、蹈其上、讀度来、今將下地時、吾云、汝者、我見欺、言竟、即伏最端和邇、捕我、悉剝我衣服。因此泣患者、先行八十神之命以、誨告、浴海塩、当風伏。故、為如教者、我身、悉傷。於是大穴牟遲神、教告其菟、今急往此水門、以水洗汝身、即取其水門之

1. 이나바(稻羽)의 벌거숭이 토끼 189

> 蒲黄、敷散而輾転其上者、汝身、如本膚必差。故、為如教、其
> 身、如本也。此、稲羽之素菟者也。於今者謂菟神也。故、其
> 菟、白大穴牟遅神、此八十神者、必不得八上比売。雖負袋、
> 汝命、獲之。於是、八上比売、答八十神言、吾者、不聞汝等之
> 言。将嫁大穴牟遅神。

주석

324 많은 형제 신들: 원문에는 '八十神'이라고 쓰여있지만 이 수는 실수를 의미하는 것이 아니라 '다수'를 의미하는 상징수로서 집합체의 형태로 보는 것이 타당하다.

325 모든 나라: 원문에는 '皆、国者'로 표기되어 있는데 여기에서 '皆'는 '많다'라는 상징적인 표현으로 '모든 나라'가 아니라 '많은 신이 있는 나라'라는 의미가 자연스럽다. 즉 많은 형제가 속한 공동체를 의미하며 이에 따라 공동체에 속한 형제들을 가리키는 표현으로 해석하였다.

326 넘겨진: 원문에는 '避'로 표기되어 있다. 이 '避'에 대한 해석은 두 가지로 나뉜다. 먼저 '避'는 자신의 몸에서 멀리하거나 가까이하지 않는 동작을 나타낸다. 이 경우에는 나라를 자신의 몸에서 멀리한다는 의미로 오아나무지에게 넘기거나 위임하는 것으로 해석할 수 있다. 다음은 형제들에 의한 왕따로 보아 오쿠니누시가 사회에서 하위 계급, 즉 노비와 같이 취급되는 것으로 해석하는 견해이다. 이는 오쿠니누시의 이름이 오아나무지로 변하는 것이 짐을 짊어지게 하는 위치로 떨어뜨린 결과로 이해하는 경우이다. (☞주석 119 참조)

327 이나바(稲羽):《일본서기(日本書紀)》와《하리마풍토기(播磨国風土記)》에는 '因幡'으로도 표기된다. 현재 돗토리현(鳥取県)의 동부지방에 '이나바'라는 지명의 기원이다.

328 야카미히메(八上比売): 지명인 '야카미(八上)'에서 유래한 신명으로 《일본서기》에는 등장하지 않는다. '八上'의 현재 지명은 돗토리현 야즈군(八頭郡)으로 추정한다.

329 오아나무지(大穴牟遅神): 오쿠니누시(大国主神)의 다른 이름 중 첫 번째로 등장하는 이름이다.《일본서기》에는 신대(상) 제8단 정문에서 스사노오와 구시이나다히메(奇稲田姫) 사이에서 태어난 자식이 '오아나무치(大己貴神), 오쿠니누시의 다른 이름이다.'라고 기술되어 있을 뿐, 그의 여러 별명이나 주신(主神)으로 성장하기까지의 유년시절에 관한 기사는 없다. (☞주석 320 참조)

330 종자(從者): '짐꾼'으로 해석할 수 있는데 이와 유사한 기록은《일본서기》제21대 천황 유랴쿠(雄略) 14년 4월 기사에도 전해진다. 이 기사에 따르면 천황 유랴쿠가 네노오미(根使主)의 후손에게 내린 처벌로 짐꾼(負囊者)으로 격하시켰다고 한다. 이렇듯 짐꾼이란 고대 일본에서 천한 신분이었음을 알 수 있다.

331 게타(気多)곶: 현재 돗토리현 게타카군(気高郡)에 해당하는 곳으로 곶의 현재 지명은 정확하게 알 수 없지만 돗토리시(鳥取市) 시라우사기(白兎) 해안에 '게타곶'이라는 전설 속 지명이 전해 내려 오고 있다.

332 오키섬(淤岐島): 시마네현(島根県) 오키군(隠岐郡)에 있는 섬을 말한다.

333 와니(和邇): 원문에 '和邇', 이 두 글자는 음독하라는 독법이 있으므로 '와니'로 읽어야 하며 '악어' 또는 '상어'로 해석한다. 이에 대해 모토오리 노리나가(本居宣長)는《와묘루이주쇼(和名類聚抄)》에서 '鰐'을 '와니(和邇)'로 발음하며 '거북과 비슷한 네 발을 가진 생물로 입이 길어 약 3척에 이르고 매우 날카로운 이빨을 가졌다.'는 설명을 근거로 '와니'를 악어로 보았다. 다른 견해로는 '와니'를 상어로 해석하는 경우인데《일본서기》신대(하) 제10단 일서 네 번째에서 해신이 타는 말을 '야히로와니(八尋鰐)'라 하고 이 와니가 '등에 지느러미를 세웠다.(堅其鰭背)'는 표현을 근거로 '와니'를 상어로 보기도 한다. 또한 오키섬

은 현재 시마네현, 즉 동해 바다에 떠 있는 섬으로 악어가 서식하는 열대 바다로 보기 어렵다는 설도 와니가 '상어'라는 해석에 힘을 싣는다. 지금도 이즈모(出雲)지방에서는 상어(さめ)를 '와니(わに)'라고 부르는데 이는 이즈모 지방뿐 아니라 일반적으로 상어의 고어를 '와니'라고 하는 데서 기인한다. 〔☞240페이지〔깊이 읽기 (14) 와니, '상어'인가? '악어'인가?〕참조〕

334 털가죽: 원문에는 '衣服'으로 표기되어 있는데 이는 토끼의 가죽을 인간의 '의복'에 비유해 의인화한 표현으로 볼 수 있다.

335 하구: 한자 원문 표기는 '水門'이다. 여기에서는 강물이 바다로 흘러가는 '하구'를 지칭하는 동시에 물이 담수(淡水)라는 것을 암시한다.

336 부들: 원문 표기는 '蒲黃'이다. 꽃가루가 황색이기 때문에 '蒲黃'으로 표기한 것으로 보인다. 한방에서 외용(外用) 수렴성 지혈제로 내용(內用)으로는 이뇨약으로 사용된다. 부들 이삭 속에 황색 화분(花粉)에 지혈 효과가 있다고 알려져 있다. 부들은 한국, 중국, 일본 등 북반구 온대지방에 분포되어 있는 다년초로 햇빛이 잘 드는 강가나 연못에 군생하고 진흙 속에 줄기를 길게 뻗으며 번식한다.

337 벌거숭이 토끼: 한자 원문 표기는 '素菟'이다. 이 표기에서 흰색을 의미하는 '白'이라는 한자를 사용하지 않고 '素'를 사용한 것은 토끼의 털을 인간의 옷에 비유하였기 때문으로 '素'는 섬유의 흰색 또는 그 정도를 나타내는 경우가 많아 '흰 토끼'라고 해석하기도 한다. 그러나 문맥상 '裸菟'라는 한자의 의미를 고려하여 가죽이 벗겨진 상태의 토끼의 몸을 의미하므로 본서에서는 '벌거숭이' 토끼로 해석하였다.

338 토끼신: 원문 표기는 '兎神'이다. 토끼가 무녀(巫女)와 신 사이에서 사자 역할을 하며 신처럼 섬김을 받아 '토끼신'이라고 불린다. 돗토리현의 야즈초하쿠모토(八頭町福本)에 있는 하쿠도 신사(白兎神社)가 대표적이다.

2. 형제들의 핍박

그래서 많은 형제 신들은 화가 나 오아나무지를 죽이기로 공모하고 하하키국伯岐国[339]의 데마산手間山[340] 기슭에 이르러 말했다.

> "이 산에 붉은 멧돼지[341]가 있다. 따라서 우리들이[342] 함께 쫓아 내려 보낼 것이니 네가 밑에서 기다렸다가 잡도록 하거라.[343] 만일 기다려 잡지 못하면 반드시 너를 죽일 것이다."

이렇게 말하고 멧돼지처럼 생긴 큰 바위를 불에 구운 다음 굴려 떨어뜨렸다. 그러자 (오아나무지가) 이를 쫓아가서 잡자 곧바로 그 바위로 인해 타 죽고 말았다.[344] 그러자 어머니[345]가 슬프게 울며 하늘에 올라가 가무무스히神産巣日命[346]에게 아뢰자 기사카이히메蟹貝比売[347]와 우무카이히메蛤貝比売[348]를 보내 되살리도록 했다. 이에 기사카이히메는 (조개껍질의 가루를) 긁어내어 모았고[349] 우무카이히메는 기다렸다가 그것을 받아 모유를 바르자 늠름하고 수려한 사내가 되어 걸어 나왔다.

그러자 많은 형제 신들이 이를 보고 다시 속이고자 산에 데리고 들어가 큰 나무를 잘라 넘어뜨린 다음 쐐기를 그 나무에 박아 놓고 그 사이로 들어가게 하였다. 그런 다음 쐐기를 뽑아 죽였다.[350] 그러자 또다시 어머니가 울면서 찾아 헤매던 중 이를 발견하고 즉시 그 나무를 잘라 나무 사이에 껴 있는 오아나무지를 꺼내 살렸다.[351] 그리고 나서 자식인 오아나무지에게 말했다.

> "여기에 있으면 결국 형제 신들이 너를 없앨 것이다."

그리고 곧바로 기노쿠니木國³⁵²의 오야비코大屋毘古神³⁵³가 있는 곳으로 도망치도록 하였다. 그러자 다시 형제 신들이 쫓아와서 화살이 꽂힌 활을 겨누며 오아나무지를 넘기라고 요구할 때 나무 갈래³⁵⁴ 사이로 빠져 도망치게 하며 말했다.

"스사노오가 계시는 네노카타스쿠니根堅州國³⁵⁵로 가거라. 그리고 반드시 그 대신大神께 여쭈어라."

원문

故爾、八十神、忿欲殺大穴牟遲神、共議而、至伯伎國之手間山本云、赤猪、在此山。故、和礼此二字以音。共追下者、汝、待取。若不待取者、必將殺汝、云而、以火燒似猪大石而、轉落。爾、追下、取時、卽於其石所燒著而死。爾、其御祖命、哭患而、參上于天請神產巢日之命時、乃遣𧏛貝比賣与蛤貝比賣、令作活。爾、𧏛貝比賣岐佐宜此三字以音。集而、蛤貝比賣待承而、塗母乳汁者、成麗壯夫訓壯夫云袁等古。而、出遊行。於是、八十神見、且、欺率入山而、切伏大樹、茹矢打立其木、令入其中、卽打離其氷目矢而、拷殺也。爾、亦其御祖命、哭乍求者、得見、卽析其木而取出活、告其子言、汝者、有此間者、遂爲八十神所滅、乃違遣於木國之大屋毘古神之御所。爾、八十神覓追臻而、矢刺乞時、自木俣漏逃而云、可參向須佐能男命所坐之根堅州國。必其大神、議也。

주석

339 하하키국(伯伎国): 이전에 이자나미의 장례를 치룬 장면에서 등장한 곳이다. 지금의 돗토리현 중부에서 서부로 보는 견해가 일반적이다.
(☞주석 128 참조)

340 데마산(手間山): 현재의 돗토리현 사이바쿠군(西伯郡) 아이미초(会見町) 텐만(天万)에 해당한다는 설이 유력하다.

341 붉은 멧돼지: 원문 표기인 '赤猪'는 붉은색을 띠는 털을 가진 멧돼지를 의미하지만 여기에서는 문맥상 '돌을 불에 달군다.'에 비유하여 '붉은(赤)'색으로 표현한 것으로 보인다.

342 우리들: 원문 한자 표기인 '和礼' 발음을 '아레(あれ)'로 읽으면 단수를 뜻하고 '와레(われ)'로 읽으면 복수를 의미한다. 여기에서는 '와레(われ)'라고 읽어야 한다는 독법이 있으므로 '우리들'로 해석할 수 있다.

343 산에서 동물을 위에서 아래로 몰아 내려가게 한 후 밑에서 기다리다 잡는 것은 고대의 사냥방식이다. 농업뿐 아니라 사냥도 생활의 일부였던 흔적을 엿볼 수 있다.

344 죽고 말았다: 원문에 '死'로 표기되어 있는데 여기에서 '死'는 '가무사리(神避)'와 비교되는 표현이다. (☞주석 119 참조) '神避'는 일본 신화나 민간전승에서 찾아볼 수 있는 개념으로 '신이 떠나거나 이동'하는 것을 의미한다. 구체적으로는 신들이 특정 장소나 사람들로부터 자신의 존재를 철수하거나 그들의 보호나 영향력을 거두는 것을 말한다. 기본적으로 신은 죽지 않기 때문에 형상이 없어져도 '타마(魂)'는 항상 존재한다는 관념이 반영된 것으로 신화에서 이러한 표현은 중요한 전환점이나 변화의 시기를 나타내는 경우가 많다. 대표적으로는 [이자나키와 이자나미] 신화에서 이자나미가 화신을 낳은 후, 사후 세계인 요모쓰쿠니로 가는 과정에서 '神避'라는 표기가 사용되었다. 이에 비해 여기에서 오아나무지에게 적용된 '死'의 개념은 통상적인 인간의 '죽음' 개념에 가깝다고 볼 수 있다. 오아나무지의 죽음은 그의 형상이 완전히 소멸되었음을 암시하면서 동시에 존재의 전환, 변화, 또는 새

로운 형태로의 진화를 시사한다고 할 수 있다.

345 어머니: 원문에는 '御祖命'로 표기되어 있다. 여기에서 '御祖'는 부모나 조상신을 높여 부르는 말로 해석되며 《고사기(古事記)》에서는 주로 어머니를 지칭할 때 사용되고 있다. 따라서 계보상으로 보아 오아나무지의 어머니인 사시쿠니와카히메(刺国若比売)를 칭한다고 볼 수 있다.

346 가무무스히(神産巣日之命): 가무무스히는 천지가 처음 생겨났을 때 다카아마하라(高天原)에 나타난 조화삼신(造化三神) 중 세 번째 나타난 신이다. (☞주석 6 참조)

347 기사카이히메(䗪貝比売) : '기사카이(䗪貝)'는 새고막(赤貝)의 고어이다. 《이즈모풍토기(出雲国風土記)》 시마네군(島根郡) 가가향(加賀郷) 기사에 '기사카히히메(支佐加比比売命)'라는 신명이 보이나 《고사기》에서 언급되는 화상을 치료하는 민간요법의 효험을 가진 신이라는 성격은 보이지 않는다.

348 우무카이히메(蛤貝比売): '우무카이(蛤貝)'는 대합조개의 고대 명칭으로 《이즈모풍토기》 시마네군 호키향(法吉郷) 기사에 '우무카히히메(宇武賀比比売命)'라는 신명으로 등장하며 가무무스히의 자식으로 기술되어 있어 《고사기》의 신격과 유사하다.

349 긁어내어 모았고: 이 문맥에서 '긁어 모으다(集)'라는 표현에는 두 가지 해석이 가능하다. 첫 번째는 '赤貝'의 껍질을 긁어내어 그 가루를 모아 '蛤貝'에서 나온 모유와 비슷한 점성을 가진 뽀얀 액체와 섞어 이를 화상 치료제로 사용했다는 해석이다. 그리고 두 번째는 오아나무지의 신체가 돌에 달라붙어 있어 그의 몸을 긁어내었더니 몸이 조각나고 흩어져서 이 조각들을 모았다고 보는 해석이다.

350 이 장면은 목재 가공기술이 살인 기술로 활용된 것을 보여준다. 구체적으로는 쐐기로 나무를 갈라놓고 그 쐐기를 제거함으로써 나무가 다시 닫히게 만든다. 그 과정에서 오아나무지가 나무 사이에 끼여 사망하게 되는데 이러한 방식의 목재 가공이 당시 사회의 일반적인 지식

이었다는 점을 반영하고 있다고 볼 수 있다.

351 두 번 살해되어도 소생하는 부활의 힘이 강한 신격으로 묘사되고 있다.

352 기노쿠니(木国): 지금의 와카야마현(和山県)에 위치한 기이(紀伊)반도 근처의 기이국(紀伊国)으로도 알려져 있으며 '木国'이라는 명칭에서 수목과 깊은 연관성 있다고 보기도 한다. 또한 이 전승은 이즈모(出雲国)과 기이국 사이에 교류가 있었다는 근거로 보는 견해도 있으나 타계로 묘사되는 네노카타스쿠니(根堅州国)와 요모쓰쿠니(黄泉国)의 입구로 설정된 요모쓰히라사카(黄泉津比良坂)가 옛 이즈모인 시마네현에 위치해 있으므로 기이국까지 연결하는 것은 논리적으로 어색하다는 견해도 있다.

353 오야비코(大屋毘古): 《일본서기》에는 스사노오의 자손계보에 이타케루(五十猛神) 신이 등장한다. 기이국과 직접적인 연관이 있고 식림(植林)·목공과 깊이 관련된 신이므로 같은 신으로 보는 견해가 설득력을 얻고 있다. 비록 이 신은 오아나무지와는 다른 후손 계보이지만 스사노오를 공통의 조상으로 두고 있다는 점에서 연관성이 있다.

354 나무 갈래: 원문 표기는 '木俣'이다. 이는 줄기 중간부터 두 갈래로 갈라진 나무나 밑동 사이를 의미하며 일본의 여러 지역에서 신성한 대상으로 여겨진다. 이러한 나무들은 수령신앙의 한 형태로, 두 갈래 사이에는 신들이 머무르거나 이동하는 경로로 숭배된다.

355 네노카타스쿠니(根堅州国): [미소기와 삼귀자] 신화에서 스사노오가 간 곳이다. (☞주석 215, 242페이지 [깊이 읽기 (15) 복합적 공간, 네노카타스쿠니] 참조)

3. 네노카타스쿠니(根堅州国)에서의 시련

그리하여 명에 따라 스사노오가 있는 곳에 이르자 그의 딸인 스세리비메須勢理毘売[356]가 나와서 보고 서로 눈이 맞아 혼인하였다. (그리고) 돌아 들어가 아버지에게 아뢰었다.

"아주 훌륭한 신이 오셨나이다."

그러자 대신이 나와 보고 말했다.

"이 자는 아시하라시코오葦原色許男命[357]라는 신이다."

즉시 안으로 불러들여 뱀이 있는 방에서 자게 했다.[358] 그러자 아내인 스세리비메는 뱀 히레比礼[359]를 남편에게 주며 말했다.

"그 뱀이 물려고 하면 히레를 세 번 들어 흔들어주세요."

그래서 가르쳐 준 대로 했더니 뱀이 스스로 온순해져 평안하게 자고 나올 수 있었다. 또 다음날 밤은 지네[360]와 벌집이 있는 방으로 들어갔다. 그러자 다시 지네와 벌 히레를 주고 전과 같은 방식을 알려 주었다. 그래서 무사히 나올 수 있었다.
또한 명적鳴鏑[361]을 벌판에 쏘아놓고 그 화살을 주워오라고 하였다. 이에 (아시하라시코오가) 들판에 들어가자마자 (스사노오는) 불을 질러 그 들판 주위를 모두 태웠다. 그로 인해 거기에서 빠져나올 출구를 찾지 못하고 있자 쥐가 다가와 말했다.

"안은 텅텅³⁶²밖은 좁좁³⁶³"

그 말을 듣고 그곳을 밟자 아래로 뚝 떨어져 숨어 있는 동안에 불길이 지나갔다. 그러자 그 쥐가 명적을 물고 나와 (아시하라시코오에게) 바쳤다. 화살의 날개를 그 쥐새끼들이 모두 갉아 먹어버렸다.

한편 아내인 스세리비메가 울면서 장례 도구를 가지고 오자 아버지 대신은 (아시하라시코오가) 이미 죽었다고 생각하여 들판에 나가 서 있었다. 이때 (아시하라시코오가) 화살을 들고나와 바치자 다시 집에 데리고 들어갔다.

그리고 매우 넓은 방³⁶⁴으로 불러들여 그 머리에 있는 이風를 잡게 했다. 그래서 (대신의) 머리를 보니 지네가 많이 있었다. 이때 아내가 푸조나무³⁶⁵열매와 붉은 흙³⁶⁶을 캐와 남편에게 주었다. 이어 그 나무 열매를 씹어 잘게 으깬 다음 붉은 흙과 섞어 침을 내뱉자 대신은 지네를 씹어 으깨어 내뱉는 줄 알고 마음속으로 기특하다고 생각하며 잠이 들었다.³⁶⁷

그리하여 이 신의 머리카락을 잡아 방의 서까래마다 묶어놓고 커다란 바위³⁶⁸를 가져와 방문을 막은 다음 아내인 스세리비메를 등에 업고 곧바로 대신의 큰 칼과 활과 화살, 그리고 신성한 거문고³⁶⁹를 들고 도망쳐 나올 때, 그 거문고가 나무에 스치자 땅이 흔들릴 정도로 크게 울렸다. 그러자 자고 있던 대신이 그 소리를 듣고 놀라 방을 (머리가 묶인 채로) 끌어당겨 넘어뜨렸다. 그러나 대신이 서까래에 묶인 머리카락을 푸는 사이 멀리 도망쳤다. 그래서 요모쓰히라사카黃泉比良坂까지 쫓아가 아득히 멀리 바라보며 오아나무지를 향해 말했다.

"네가 가지고 있는 신성한 칼·활·화살로 너희 다른 이복형제들을 언덕의 기슭으로 몰아내고 강여울로 쫓아낸 다음, 자네[370]는 오쿠니누시^{大国主神}가 되고, 또 우쓰시쿠니타마^{宇都志国玉神}가 되어[371] 나의 딸 스세리비메를 본처로 삼아 우카노^{宇迦能} 산 기슭의 암석 위에 아주 굵고 큰 기둥을 세우고 다카아마하라^{高天原}를 향해 치기[372]를 높이 세우고 살아라. 이놈아!"

그리하여 큰 칼과 활로 많은 형제 신들을 몰아내고 언덕 기슭마다 쫓아가 굴복시켰으며 강여울마다 쫓아가 물리치며 나라를 만들기 시작했다. 그리고 야카미히메와는 먼저 약속한 대로 부부의 연을 맺었다. 그러나 데려온 야카미히메는 본처인 스세리비메를 두려워하여 자신이 낳은 자식을 나무 갈래 사이에 끼워 두고 돌아가 버렸다. 그래서 그 자식의 이름은 기마타^{木俣神}[373]라고 하고 다른 이름으로 미이^{御井神}[374]라 부르기도 한다.[375]

원문

故、随詔命而、参到須佐之男命之御所者、其女須勢理毘売出見、為目合而、相婚。還入、白其父言、甚麗神、来、爾、其大神、出見而告、此者、謂之葦原色許男命、即喚入而、令寝其蛇室。於是、其妻須勢理毘売命、以蛇比礼^{二字以音}、授其夫云、其蛇将咋、以此比礼三挙打撥。故、如教者、蛇、自静。故、平寝出之。亦、来日夜者、入呉公与蜂室、亦、授呉公蜂之比礼、教、如先。故、平出之。亦、鳴鏑射入大野之中、令採其矢。故、入其野時、即以火廻焼其野。於是、不知所出之間、鼠、来云、内者富良々々^{此四字以音}、外者須々夫々、^{此四字以音}、如此言。故、蹈其処者、落隠入之間、火者焼過。爾、其鼠、咋持其鳴鏑出来而、奉也。其矢羽者、其鼠子等、皆喫也。於是、其妻須世理毘売者、持喪具而哭来、其父大神者、思已死訖、出立其野。爾、持其矢以奉之時、率入家而、喚入八田間大室而、令取其頭之虱。故爾、見其頭者、呉公、多在。於是、其妻、取年久木実与赤土、授其夫。故、咋破其木実含赤土、唾出者、其大神、以為咋破呉公唾出而、於心思愛而、寝。爾、握其神之髪、其室毎椽結著而、五百引石取塞其室戸、負其妻須世理毘売、即取持其大神之生大刀与生弓矢、及其天詔琴而、逃出之時、其天詔琴、払樹而、地、動鳴。故、其所寝大神、聞驚而、引仆其室。然解結椽髪之間、遠逃。故爾、追至黄泉比良坂、遥望、呼謂大穴年遅神曰、其、汝所持之生大刀、生弓矢以而、汝庶兄弟者追伏坂之御尾、亦、追撥河之瀬而、意礼二字以音、為大国主神、亦、為宇都志国玉神而、其我之女須世理毘売為嫡妻而、於宇迦能山三字以音、之山本、於底津石根宮柱布刀斯理、此四字以音。於高天原氷椽多迦斯理此四字以音。而居。是奴也。故、持其大刀、弓、追避其八十神之時、毎坂御尾追伏、毎河瀬追撥而、始作国也。故、其八上比売者、如先期美刀阿多波志都。此七字以音。故、其八上比売者、雖率来、畏其嫡妻須世理毘売而、其所生子者、刺挟木俣而返。故、名其子云木俣神、亦名、謂御井神也。

> 주석

356 스세리비메(須勢理毘売): 신명 중 '스세리(須勢理)'라는 의미는 힘차게 앞으로 나아가는 이미지가 있다는 점에서 바다, 강, 물을 다스리는 물의 신으로 상징화되기도 한다. 《이즈모풍토기》 가미카도군(神門郡) 나메자코(滑狭郷) 기사에 등장하는 와카스세리히메(和加須世理比売命)와 동일한 신으로 보는 견해도 있다.

357 아시하라시코오(葦原色許男命): 오쿠니누시의 두 번째 별칭으로 등장하는 아시하라시코오는 지상 세계를 암시하는 아시하라나카쓰쿠니(葦原中国)에 있는 야성적이고 용맹한 남자의 이미지로 강한 남신임을 의미한다. 이 신명은 이후 [스세리비메의 질투] 신화와 [스쿠나비코나의 도움] 신화에도 등장한다. 《일본서기》 신대(상) 제8단 여섯 번째 일서에는 '葦原醜男'로 표기되어 있다. (☞주석 321 참조)

358 스사노오가 아시하라시코오를 뱀과 지네, 벌집이 있는 방에 가둔 사건은 단순한 시련 극복 이야기로 해석될 수도 있지만 그 이상의 의미를 지니고 있다. 이 사건은 성인이 되기 위한 통과의례로 보거나 공동체의 족장 자격을 얻기 위한 정화 의례로 보는 두 가지 설이 있다.

359 히레(比礼): 고대 일본 여성들이 정장 착용 시 목에 두르던 긴 천으로 영건(領巾)을 의미하는 것으로 보인다. 이 천은 단순한 장식적 기능을 넘어서 신성한 힘을 지닌 것으로 인식되었다. 히레를 흔들면 악한 기운이 함께 털어진다는 주력(呪力)이 있다고 믿었으며 이러한 믿음은 히레가 '보호'와 '의례'의 상징으로 사용되었음을 시사한다.

360 지네: 원문 한자 표기는 '呉公'으로 '蜈蚣'의 약자이다. '지네'를 의미한다. 그 외에도 '蜈蝍·蜈蚣·蝍蛆'라는 다른 표기가 있다. 한자 표기를 보면 '오(呉)나라의 귀족'이라는 의미가 있지만 원래는 중국 오나라에 사는 벌레라는 의미를 가진 '충오충공(虫呉虫公)'에서 유래하여 그 말이 '오공(呉公)'으로 줄어든 것으로 보인다.

361 명적(鳴鏑): 소리 나는 화살이라는 의미로 화살촉에 구멍을 뚫어 날아갈 때 소리가 나도록 설계된 화살이다. 이 화살은 주로 소리를 내는 것

이 주목적이며 살상 능력은 갖추지 않았다. 실제로 가마쿠라(鎌倉) 막부가 수립되는 결정적 계기를 제공한 겐페이 합전(源平合戦)에서는 전투 신호나 경고음으로 활용되었다는 사례가 있다. 또한 13세기 중반 몽골의 두 차례 일본 침공(元寇)에서도 몽골군이 이 화살을 사용한 적이 있다고 알려져 있다.

362 텅텅: 원문 표기는 '富良々々'이며 음독하라는 독법 제시에 따라 '호라호라'라고 읽는다. '호라(富良)'는 구멍(洞)이라는 의미가 있는데 '호루(掘)'와도 어원이 같다는 설이 있다. 이 표현을 반복함으로써 안이 텅 비어있다는 것을 강조하고 있는 것으로 보인다.

363 좁좁: 이 표현에 대해 신푸쿠지본(真福寺本)을 비롯한 고사본에는 '須々夫々'라고 표기되어 있는데 주석서에서는 이를 '스부스부'라고 읽는다. 여기에서 '스부(須夫)'는 '좁아지다', '줄어들다'는 의미로 스보무(縮む), 스보루(すぼる)와 어원을 동일하게 보기도 한다. 이 또한 표현의 반복으로 불길이 좁혀지고 있다는 것을 암시하고 있다.

364 매우 넓은 방: 원문 표기는 '八田間大室'이다. 여기에서 '八'은 상징수로 방이 매우 크고 넓다는 것을 비유적으로 표현한 것이다.

365 푸조나무: 원문 표기인 '牟久'는 느릅나무과에 속하는 낙엽교목인 푸조나무(椋)를 말한다. 푸조나무의 열매는 달걀모양의 구형 핵과로 자줏빛이 도는 검은색을 띠며 9~10월에 성숙하고 맛이 달다. 이 색상이 지네의 색과 비슷하다고 하여 지네를 푸조나무 열매의 색깔에 비유하여 해석하는 경우가 많다. 나아가 이는 푸조 열매와 붉은 흙으로 지네를 퇴치하는 고대의 방법 중 하나로 앞서 설명한 뱀, 벌, 지네를 퇴치하는 히레와 유사한 의미로 보는 설이 있다.

366 붉은 흙: 붉은 흙 또한 푸조나무 열매의 즙색과 유사하다는 점에서 지네 색과 비슷하다고 해석할 수 있다.

367 이 장면은 스사노오가 겪는 일련의 고난을 통해 성인으로 거듭나며 정체성을 확립하는 과정으로 해석될 수 있다. 그러나 이와는 반대로 딸을 낯선 남성에게 빼앗겨 질투와 상실감을 느끼는 아버지로서의 스사

노오를 묘사한 것으로도 볼 수 있다. 또한 이 장면에서 보이는 스사노오의 머리에서 '이'를 찾으려는 시도가 실제로는 '이'가 아닌 '지네'가 있었다고 표현한 것은 스사노오의 거대함과 강한 성격을 강조하기 위한 수사적 표현으로 해석할 수도 있다.

368 커다란 바위: 원문 표기는 '五百引石'이다. 이는 오백 명이나 되는 많은 사람이 끌어야 될 정도로 큰 바위라는 의미로 스사노오가 나오지 못하도록 방의 입구를 막기 위해 사용된 바위이다. 이와 유사한 표현으로 앞서 기술한 이자나키가 요모쓰쿠니(黄泉国)를 방문하고 돌아오는 전승에서는 요모쓰히라사카(黄泉比良坂)의 입구를 '엄청나게 거대한 바위'인 천인석(千引石)으로 막았다는 기사가 있다. (☞ 96페이지 참조) 이는 요모쓰쿠니와 아시하라나카쓰쿠니(葦原中国)를 잇는 구멍을 막기 위한 바위로 이자나미가 쫓아 오지 못하도록 했던 기사와 유사한 패턴을 보이는 것이 특징적이다. 다만 여기서는 '오백인석'이라고 표기하여 그 크기가 '천인석'의 절반임을 암시하는 한편 이 바위가 두 세계 사이의 통로를 막는 역할을 함으로써 각각의 이야기 흐름에서 중대한 전환점을 제공하고 있다.

369 신성한 거문고: 원문 표기는 '天詔琴'이다. 아마테라스계 신화에는 검(剣)·거울(鏡)·곡옥(勾玉)이 삼종신기(三種神器)로 등장하지만 이즈모 신화의 삼종신기는 칼(刀)·활(弓)·거문고(琴)였던 것으로 보인다. 이는 이즈모와 야마토 문화가 다르다는 것을 의미한다.

370 자네: 원문 표기인 '意礼'는 음독하라는 독법이 제시되어 있어 '오레(おれ)'라고 읽는다. 이는 일반적으로 1인칭 대명사로 사용되지만, 가마쿠라(鎌倉) 이전의 고대 문헌에서는 2인칭 대명사로도 사용되었으며《일본서기》에서는 '儞'로 표기하고 있다.《고사기》와《일본서기》에서는 '오레(おれ)'가 상대방에게 명령을 내리거나 하대하는 맥락에서 사용되었다. 특히 이는 성별과 관계없이 윗사람이 아랫사람에게 사용한 표현이라는 점에서 여기서도 '자네'라는 2인칭으로 해석하는 것이 자연스럽다.

371 오아나무지가 오쿠니누시로 신명이 바뀌는 장면이다. 스사노오가 오쿠니누시에게 정권을 이양한다는 의미를 가진다. 《고사기》에서는 오쿠니누시가 스사노오의 7세손으로 등장하고 《일본서기》에서는 그가 스사노오의 자식 또는 5세손으로 기록되어 있는데 스사노오의 딸 스세리비메의 남편이기도 하므로 데릴사위가 되는 셈이다. 이 기사 이후 스사노오는 더 이상 등장하지 않는다.

372 치기: 원문에 보이는 '氷椽'이라는 표기는 '히기(ひぎ)'라고 읽을 수 있으나 현대 일본에서는 '치기(千木, ちぎ)'라고 부르므로 본서에서도 이에 따라 '치기'로 표기하였다. 일본 전통 건축에서 지붕의 가장 높은 부분에 X자 형태로 장식한 목재 구조물을 가리킨다. 특히 신사의 지붕에서 흔히 볼 수 있는데 이는 건축적 기능을 넘어서 종교적이고 상징적인 의미를 지닌다. 형태가 높이 솟아올라 하늘을 향해 있어 천상세계와의 매개체 및 신에 대한 경외감을 상징적으로 표현한다.

이즈모타이샤 본전 지붕의 치기

373 기마타(木俣神): 신명에 '나무 갈래'라는 의미를 담고 있는 신이다. (용어 주석 354 참조)

374 미이(御井): 기마타(木俣) 신의 다른 이름으로 나무의 가랑이(股木)가 우물이나 연못가에 많이 뻗어 있다는 것에서 유래되었다는 설이 있다. 따라서 이 신은 수목·우물과 밀접한 관계가 있는 신으로 《이즈모풍토기》에도 많은 사례가 등장한다.

375 이 단락은 문맥상 야카미히메가 방치된 것에 대한 관심을 드러내며 이야기를 마무리하기 위해 삽입된 것으로 보인다. 또한 기마타 신에 대한 민간신앙을 반영하려는 의도가 있었을 가능성도 생각해 볼 수 있는데 이는 앞서 언급한 기노쿠니(木国) 전승에서 오아나무지가 시련을 피해 대피하는 장면과 유사한 예이다. 또한 여기에서 기마타(木俣)를

뿌리 밑동이 갈라진 것으로 해석한다면 이곳이 영적인 힘을 갖는 이유는 그 형상이 여성의 사타구니와 닮았기 때문이라고 볼 수 있다. 그렇다면 이 아이는 나무의 가랑이에서 태어난 자식으로 야카미히메와는 관련이 없다고 해석할 수 있다.

4. 누나카와히메(沼河比売)와의 만남

이 야치호코八千矛神[376]가 고시국高志国[377]의 누나카와히메沼河比売[378]와 혼인하기 위해 그 누나카와히메의 집에 도착하여 노래 부르길,

야치호코노	카미노미코토여![379]
온 나라[380]에서	아내 얻기 어려워
멀리 저 멀리	고시라는 지역에
현명한 처자	있다고 들으시고
어여쁜 처자	있다고 들으시고
거듭 구혼을	하러 가시어
구애하며	돌아다니시네
장검의 끈도	미처 풀지 못하고
의복도 역시	벗지 못하신 채로
여인이 잠든	방의 미닫이문만
거듭 흔들며	이 몸이 서 계실 때
힘껏 제치며	이 몸이 서 계실 때
청산에서는	누에[381]라는 새 울고
들판에서는	꿩들이 울어 대고
마당에서는	닭들이 울어 대네
지긋지긋이	울어대는 녀석들
이 녀석들을	때려 죽이고 싶네
이 말 전해 주오	천상의 전령이여[382]
이 마음	드러내 읊으니 부디… 【2】

이에 누나카와히메가 문을 열지 않은 채 안에서 노래하길,

야치호코노　　　카미노미코토여!
저는 연약한　　　여인네 몸이라
저의 마음은　　　강가의 둥지 속 새[383]
지금은 비록　　　저의 새라 하여도
이제 곧　　　　　당신의 새가 될지니
목숨만은　　　　살려 주시옵소서[384]
이 말 전해 주오　천상의 전령이여
이 마음　　　　　드러내 읊으니　부디…

푸르른 산에　　　해 넘어간 후에
칠흙과 같은　　　밤 찾아오나니
아침 햇살　　　　미소 담아 오시어
눈부시도록　　　새하얀 팔을 뻗어
보슬 눈처럼　　　싱그러운 가슴을
꼬옥 안아　　　　어루만져주소서
옥 같은 손　　　　팔 삼으시어
다리 쭉 펴고　　　편히 주무소서
사랑에　　　　　　애타지 마소서
야치호코노　　　카미노미코토여!
이 마음　　　　　드러내 읊으니　부디…　【3】

그래서 그날 밤은 합치지 않고 다음 날 밤에 합쳤다.

此、八千矛神、将婚高志国之沼河比売幸行之時、到其沼河比売之家、歌曰、

夜知富許能　　迦微能美許登波
夜斯麻久爾　　都麻麻岐迦泥弖
登富登富斯　　故志能久邇邇
佐加志売遠　　阿理登岐迦志弖
久波志売遠　　阿理登伎許志弖
佐用婆比邇　　阿理多多斯
用婆比邇　　　阿理加用婆勢
多知賀遠母　　伊麻陀登加受弖
淤須比遠母　　伊麻陀登加泥婆
遠登売能　　　那須夜伊多斗遠
淤曽夫良比　　和何多多勢礼婆
比許豆良比　　和何多多勢礼婆
阿遠夜麻邇　　奴延波那伎奴
佐怒都登理　　岐芸斯波登与牟
爾波都登理　　迦祁波那久
宇礼多久母　　那久那留登理加
許能登理母　　宇知夜米許世泥
伊斯多布夜　　阿麻波勢豆加比
許登能　　　　加多理其登母　　許遠婆

爾、其沼河比売、未開戸、自内歌曰、
夜知富許能　迦微能美許等
奴延久佐能　売遍志阿礼婆
和何許許呂　宇良須能登理叙
伊麻許曽婆　和杼理遍阿良米
能知波　　　那杼理爾阿良牟遠
伊能知波　　那志勢多麻比曽
伊斯多布夜　阿麻波世豆迦比
許登能　　　加多理碁登母　許遠婆

阿遠夜麻遍　比賀迦久良婆
奴婆多麻能　用波伊伝那牟
阿佐比能　　恵美佐迦延岐弖
多久豆怒能　斯路岐多陀牟岐
阿和由岐能　和加夜流牟泥遠
曽陀多岐　　多多岐麻那賀理
麻多麻伝　　多麻伝佐斯麻岐
毛毛那賀爾　伊波那佐牟遠
阿夜爾　　　那古斐岐許志
夜知富許能　迦微能美許登
許登能　　　迦多理碁登母　許遠婆
故、其夜者不合而、明日夜為御合也。

주석

376 야치호코(八千矛神): 이 신명은 오쿠니누시의 네 번째 별칭으로 이 장면에서 처음 등장한다. 야치호코라는 신명은 '矛'의 한자 표기에서도 알 수 있듯이 무력을 상징하는 신으로 묘사되어 있다. 또한 먼 고시국의 누나카와히메와의 정략결혼을 통해 당시 일본 전역을 통합했음을 시사한다. (☞주석 322 참조)

377 고시국(高志国):《일본서기》에는 '越国'으로 표기되어 있으며 현재의 니가타현(新潟県) 일대와 도야마현(富山県), 이시카와현(石川県) 일부 지역에 해당한다.

378 누나카와히메(沼河比売):《이즈모풍토기》시마네군 미호 마을(美保郷)에 관한 기사에도 오아나모치(大穴持神)와 누나카와히메(奴奈宜波比売命)와의 혼인 전승이 기술되어 있다. 신명 표기는 다르지만 동일신으로 볼 수 있다.

379 음수율을 맞추기 위해 원문을 그대로 발음하여 표기하였다. 야치호코노 카미노미코토(夜知富許能 迦微能美許登)에서 처럼《고사기》에 등장하는 신명을 읽을 때 스사노오노미코토(須佐男之命)나 오쿠니누시노카미(大国主神)에서와 같이 '노'에 해당하는 한자 표기인 '之', '乃', '能' 등이 없어도 '○○노미코토' 또는 '○○노카미'로 읽는 근거를 여기에서 찾을 수 있다.

380 온 나라: 원문 표기는 '야시마쿠니(夜斯麻久爾)'이다. 이는 '八島国'를 의미하는데 앞서 등장했던 오야시마쿠니(大八島国)와 마찬가지로 고대 일본 전체를 일컫는 신화적 표현이다. 여기에서 '八'은 상징수로 많다는 것을 의미하므로 '많은 섬이 있는 나라' 즉 고대 일본 전체라고 해석하는 것이 자연스럽다.

381 누에: 원문 표기는 '奴延'이며 일본어로 '누에(ぬえ)'라고 발음한다.《와묘루이주쇼(和名類聚抄)》에는 '鵺'로 표기되어 있으며 지금의 호랑지빠귀 새를 의미한다. 밤부터 새벽까지 우는 특징을 가진 이 새의 울음소리는 일반 새와는 달리 낮고 느려 불길하다고 여기기도 한다.

또한 '누에'를 상상 속 괴조(怪鳥)로 보는 견해도 있다.

382 이 장면에서 얇은 미닫이문 너머에 있는 누나카와히메에게 할 말을 전령에게 전해달라고 하는 것은 과장되고 해학적인 표현이다.

383 강가의 둥지 속 새: 누나카와히메의 마음을 '강가의 둥지 속 새'에 비유한 것은 언제든 물살에 휩쓸릴 수 있는 둥지처럼 위태롭고 연약한 누나카와히메의 심정을 표현하고 있다. 이 비유는 누나카와히메 역시 야치호코에게 마음이 있다는 것을 암시한다.

384 이 장면에 대한 해석은 누나카와히메가 '지금은 야치호코의 뜻대로 되지 않을지 모르나 머지않아 그의 뜻대로 될 것이니 목숨만은 살려달라'고 야치호코를 달래는 장면으로 해석하는 견해가 있다. 반면 여기서 말하는 '목숨'을 앞 장에 등장한 야치호코의 노래 속 '지긋지긋이 울어대는 녀석들'로 표현한 새들의 목숨으로 보고, 야치호코에게 그 새들의 목숨을 살려달라고 탄원하는 장면으로 해석해야 한다는 견해도 있다.

5. 스세리비메(須勢理毘売)의 질투

또 그 신의 본처[385]인 스세리비메가 심하게 질투하였다. 그래서 그 남편 신이 당혹해 하며 이즈모出雲에서 야마토국倭国으로 떠나기 위해 몸단장을 하고 출발하려고 할 때 한 손은 말 안장에 걸치고 한쪽 발은 등자에 올리고 부른 노래는

흑단과 같은	새까만 의복으로
용모 단정히	차려입고서
물새들처럼	가슴팍을 보며[386]
날갯짓해도	어울리지 않았네
썰물처럼	옷 벗어 버리고
물총새 같은	푸르른 의복으로
용모 단정히	차려입고서
물새들처럼	가슴팍을 보며
날갯짓해도	이도 아니었네
썰물처럼	옷 벗어 버리고
산기슭 밭에	꼭두서니[387] 뿌려 키워
그 즙으로 물들인	꼭 맞는 옷으로
용모 단정히	차려입고서
물새들처럼	가슴팍을 보며
날갯짓하니	딱 어울리네
사랑하는	내 부인이시여
새떼들처럼	무리지어 떠나도
마지못하여	무리에 끌려가도

울지 않노라	당신이 말해도
산기슭의	한 줄기 억새[388]처럼
고개 떨구고	울어버릴 것이오
아침 보슬비	안개처럼 퍼지네
사랑스러운	내 부인이시여
이 마음	드러내 읊으니 부디… 【4】

이에 그 아내가 큰 술잔을 들고 옆에 다가가 잔을 올리며 노래하길

야치호코노	카미노미코토	내 오쿠니누시[389]여!
당신께선	사내이시기에	
가는 곳곳	섬들 해안가마다	
방방곡곡	곳하나 빼놓지 않고	
사랑스러운	아내도 두었겠죠	
저는 말이죠	여인이기에	
당신 밖에	사내 없고	
당신 말고	남편은 없소	
비단 장막이	드리운 아래에서	
비단 이불의	부드러움 속에서	
새하얀 침구	사각거림 속에서	
보슬 눈처럼	싱그러운 가슴을[390]	
눈부시도록	새하얀 팔을 뻗어	
꼬옥 안아	어루만져주소서	
옥 같은 손	팔 삼으시어	
다리 쭉 펴고	편히 주무소서	
술잔 가득	채워 건배하세[391] 【5】	

이렇게 노래하고 바로 술잔을 교환하며 맹세[392]하고 서로의 목에 손을 두르며[393] 지금까지 진좌해 있다. 이것을 신어神語[394]라고 한다.

원문

又、其神之嫡后須勢理毘売命、甚為嫉妬。故、其日子遅神、和備弖、三字以音。自出雲将上坐倭国而、束装立時、片御手者繋御馬之鞍、片御足踏入其御鐙而、歌曰、

奴婆多麻能	久路岐美祁斯遠
麻都夫佐爾	登理与曽比
淤岐都登理	牟那美流登岐
波多多芸母	許礼婆布佐波受
幣都那美	曽邇奴岐宇弓
蘇邇杼理能	阿遠岐美祁斯遠
麻都夫佐邇	登理与曽比
淤岐都登理	牟那美流登岐
波多多芸母	許母布佐波受
幣都那美	曽邇奴棄宇弓
夜麻賀多爾	麻岐斯阿多泥都岐
曽米紀賀斯流邇	斯米許呂母遠
麻都夫佐邇	登理与曽比
淤岐都登理	牟那美流登岐
波多多芸母	許斯与呂志
伊刀古夜能	伊毛能美許等
牟良登理能	和賀牟礼伊那婆
比気登理能	和賀比気伊那婆

那迦士登波	那波伊布登母
夜麻登能	比登母登須須岐
宇那加夫斯	那賀那加佐麻久
阿佐阿米能	疑理遍多多年敷
和加久佐能	都麻能美許登
許登能	加多理碁登母　許遠婆

爾、其后、取大御酒杯、立依指挙而、歌曰、

夜知富許能	加微能美許登夜　阿賀淤富久遍奴斯
那許曽波	遠遍伊麻世婆
宇知微流	斯麻能佐岐邪岐
加岐微流	伊蘇能佐岐淤知受
和加久佐能	都麻母多勢良米
阿波母与	売遍斯阿礼婆
那遠岐弖	遠波那志
那遠岐弖	都麻波那斯
阿夜加岐能	布波夜賀斯多爾
牟斯夫須麻	爾古夜賀斯多爾
多久夫須麻	佐夜具賀斯多爾
阿和由岐能	和加夜流牟泥遠
多久豆怒能	斯路岐多陀牟岐
曽陀多岐	多多岐麻那賀理
麻多麻伝	多麻伝佐斯麻岐
毛毛那賀遍	伊遠斯那世
登与美岐	多弖麻都良世

如此歌、即為宇伎由比四字以音。而、宇那賀気理弖、六字以音。至今鎮坐也。此謂之神語也。

385 본처: 원문의 한자표기가 '적후(嫡后)'로 되어 있는 것으로 보아 '적처(嫡妻)'에서 '왕후'로 승격된 것을 암시한다.

386 물새들처럼 가슴팍을 보며: 이 문장에서 물새를 '오리(鴨)' 또는 '가마우지(鵜)'로 보는 설이 있다. 그리고 '가슴팍을 본다'는 표현은 새들이 종종 커다란 바위 위에 앉아 목을 숙이고 부리로 가슴 주변을 정리하는 모습에 빗대어 비유적으로 표현한 것으로 볼 수 있다.

387 꼭두서니: 원문 표기는 '茜'이다. 꼭두서니는 여러해살이 덩굴식물로 예로부터 뿌리에서 붉은색 염료를 얻는 식물로 널리 알려져 있다. 꼭두서니의 뿌리는 잇꽃과 함께 가장 중요한 빨간색 염료의 원료로 사용되었지만 광물성 합성염료가 개발된 이후로는 거의 사용되지 않는다. 붉은 뿌리에서 추출한 염료는 주로 옷감을 염색할 때 활용되었으며 특히 일본에서도 전통의복인 기모노나 유카타를 염색하는데 자주 쓰였다. 따라서 세 번째 의복은 빨간색임을 암시한다. 이 밖에도 이 노래에 등장하는 식물을 여뀌(蓼藍)로 해석하는 경우도 있다.

꼭두서니 잎

꼭두서니 뿌리

388 억새: 남겨진 스세리비메의 고독한 모습을 한 줄기의 억새에 비유한 것으로 보인다.

389 이 장면에서 야치호코는 오쿠니누시(大国主神)로 격상된다. '大'는 미칭, '国主'는 나라의 주인이라는 뜻이다. 여기에서 '主'는 지배자·주군·주인으로 해석되어 수장을 의미한다.

390 이 문장부터 이후 네 문장은 앞부분의 누나카와히메가 노래한 내용과

동일하다. 다른 점이 있다면 가슴과 팔에 대한 서사 순서만 바꾸어 놓았을 뿐이다.

391 이 장면은 스세리비메가 야치호코를 품어 주면서 다시 부부로서 축배를 드는 것으로 해석할 수 있다.

392 술잔을 교환하며 맹세: 원문 표기인 '宇伎由比'는 음독하라는 독법 제시에 따라 '우키유히'라고 읽으며 '우키(宇伎)'는 술잔을 의미하고 '유히(由比)'는 일본어로 '結う(잇는다・결속한다)'의 의미가 있다. 일본 가고시마현(鹿児島県) 최남단에 위치한 요론섬(与論島)에서는 부락의 젊은 남녀가 모여 술을 마시며 친목과 결속을 다지는 '요론켄포(与論献奉)'라는 오랜 전통이 있는데 이를 '우키유히아소비(宇伎由比遊び)'라고도 한다. 이러한 배경을 바탕으로 야치호코와 스세리비메가 화해하고 다시 부부로서의 결속을 다지는 장면은 '우키유히' 개념과 연결지어 해석할 수 있다.

393 서로의 목에 손을 두르며: 원문 표기인 '宇那賀気理弖'는 음독하라는 독법 제시에 따라 '우나가케리테'라고 읽으며 '우나'는 '목덜미'를 의미한다. 또한 '가케리'는 '걸다'의 의미를 갖는 '가케루(かける)'로 볼 수 있으며 '테'는 '~에'라는 의미가 있다. 이에 본서에서는 '서로의 목에 손을 두르는 것'으로 해석하였다. 하지만 '서로의 목덜미를 맞대는 장면'이라고 해석해야 한다는 견해도 있다.

394 신어(神語): 신어(神語)는 신들의 신성한 언어로 인간의 언어와는 달리 신화적 전승, 종교적 의례, 주술적 기능을 포함하며 신탁(神託), 주문(呪文), 축문(祝詞) 등으로 나타난다. 신어를 천어(天語)와 대비하여 설명하는 견해도 있는데 천어는 하늘에서 내려온 신성한 언어라는 의미로 특정한 장소에서 '신의 뜻을 전달하는 공식적인 언어'로 사용된 것으로 보고 있다. 한편 신어는 신탁뿐 아니라 신들의 행위를 노래로 빌리는 형식으로 신과 인간의 관계 속에서 보다 의례적이고 연극적인 요소를 포함하는 특징이 있다는 견해도 있다. 또한 신어의 특징 중 하나는 특정한 반복 결구(結句)를 포함한다는 점인데 야치호코 노래

마지막에 반복되는 '이 마음 드러내 읊으니 부디….(許登能 加多理碁登母 許遠婆)'가 그 예에 해당한다. 이러한 반복적인 문구는 신탁이나 축문의 형식과 매우 유사하며 신을 부르거나 신성함을 강조하고 기원의 효과를 높이는 역할을 한다.

6. 오쿠니누시(大国主神) 계보

그리고 이 오쿠니누시가 무나카타胸形에 있는 오키쓰미야奧津宮[395]의 신인 타키리비메多紀理毘売命[396]를 처로 맞이하여 낳은 아이는 아지스키타카히코네阿遲鉏高日子根神[397]이며, 다음으로 누이인 다카히메高比売命, 또 다른 이름은 시타데루히메下光比売命이다. 이 아지스키타카히코네는 지금 가모 대신迦毛大御神[398]이라 한다.

오쿠니누시가 또 가무야타테히메神屋楯比売命를 처로 맞이하여 낳은 아이는 고토시로누시事代主神[399]이다.

또 야시마무지노八島牟遅能神[400]의 딸 도토리鳥取神[401]를 처로 맞이하여 낳은 아이는 도리나루미鳥鳴海神[402]이다.

이 신이 히나테리누카타비치오이코치니日名照額田毘道男伊許知邇神를 처로 맞아 낳은 아이는 구니오시토미国忍富神[403]이다. 이 신이 아시나다카葦那陀迦神[404], 또 다른 이름은 야가와에히메八河江比売[405]를 처로 맞아 낳은 아이는 하야미카노타케사하야지누미速甕之多気佐波夜遅奴美神[406]이다.

이 신이 아메노미카누시天之甕主神[407]의 딸 사키타마히메前玉比売를 처로 맞아 낳은 아이는 미카누시히코甕主日子神[408]이다.

이 신이 오카미淤加美神[409]의 딸 히나라시비메比那良志毘売[410]를 처로 맞아 낳은 아이는 타히리키시마루미多比理岐志麻流美神[411]이다.

이 신이 히히라기노소노하나마즈미比々羅木之其花麻豆美神[412]의 딸 이쿠타마사키타마히메活玉前玉比売神[413]를 처로 맞아 낳은 아이는 미로나미美呂浪神[414]이다.

이 신이 시키야마누시敷山主神[415]의 딸 아오누우마누오시히메青沼馬沼押比売[416]를 처로 맞아 낳은 아이는 누노오시토미토리나루미布忍富鳥鳴海神[417]이다.

이 신이 와카쓰쿠시메若尽女神[418]를 처로 맞아 낳은 아이는 아메히하라오시나도미天日腹大科度美神[419]이다.

이 신이 아메사기리天狹霧神의 딸 도쓰마치네遠津待根神를 처로 맞아 낳은 아이는 도쓰야마사키타라시遠津山岬多良斯神[420]이다.

이상의 야시마지누미八島士奴美神에서 도쓰야마사키타라시遠津山岬帶神까지를 모두 17세신[421]이라고 한다.

원문

故、此大国主神、娶坐胸形奥津宮神、多紀理毘売命、生子、阿遲二字以音、鉏高日子根神、次、妹高比売命。亦名、下光比売命。此之阿遲鉏高日子根神者、今謂迦毛大御神者也。大国主神、亦、娶神屋楯比売命、生子、事代主神。亦、娶八島牟遲能神自牟下三字以音、之女、鳥取神、生子、鳥鳴海神。訓鳴云那留。此神、娶日名照額田毘道男伊許知邇神、田下毘、又自伊下、至邇皆以音、生子、国忍富神。此神、娶葦那陀迦神、自那下三字以音。亦名八河江比売、生子、速甕之多気佐波夜遲奴美神。自多下八字以音。此神、娶天之甕主神之女、前玉比売、生子、甕主日子神。此神、娶淤加美神之女、比那良志毘売、此神名以音、生子、多比理岐志麻流美神。此神名以音。此神、娶比比羅木之其花麻豆美神、木上三字、花下三字以音、之女、活玉前玉比売神、生子、美呂浪神。美呂二字以音。此神、娶敷山主神之女、青沼馬沼押比売、生子、布忍富鳥鳴海神。此神、娶若尽女神、生子、天日腹大科度美神。度美二字以音。此神、娶天狹霧神之女、遠津待根神、生子、遠津山岬多良斯神。右件、自八島士奴美神以下、遠津山岬帶神以前、称十七世神。

> 주석

395 **오키쓰미야(奧津宮)**: 오키쓰미야는 현해탄에 위치한 오키섬(沖ノ島)을 가리킨다. (☞주석 242, 154페이지 〔깊이 읽기 (10) 신이 깃든 오키섬 그리고 무나카타〕 참조)

396 **타키리비메(多紀理毘売命)**: 아마테라스가 스사노오와 우케이를 거행할 때 스사노오가 차고 있던 장검을 매개로 생겨난 세 여신 중 첫 번째로 생겨난 여신이다. (☞주석 103 참조)

397 **아지스키타카히코네(阿遲鉏高日子根神)**: 이 신은 농기구를 의미하는 '스키(鉏)'가 포함된 신명으로 인해 농경신으로 해석되기도 하고 빈소를 부수는 행동과 누이 다카히메의 노래에서 뱀으로 묘사된다는 점을 들어 뇌신(雷神)으로 보는 견해도 있다. 《이즈모풍토기》에서는 아지스키타카히코네(阿遲須枳高日子命), 《일본서기》에서는 아지스키타카히코네(味耜高彦根)로 등장한다. 《일본서기》에서도 이 신이 아마와카히코와 절친한 벗이었으며 용모가 매우 닮았다고 기록하고 있지만 시타데루히메가 그의 누이라는 언급은 없다. 이 신은 가쓰라기(葛木) 지역의 호족인 가모씨(鴨氏)의 수호신으로 현재 일본 나라현(奈良県) 고세시(御所市)에 있는 다카카모 신사(高鴨神社)에서 제신으로 모시고 있다.

398 **지금 가모 대신(迦毛大御神)**: 《고사기》에는 가모 대신(迦毛大御神)이 모셔진 것에 대한 구체적인 설명은 없다. 이에 대해 오쿠니누시(大国主神)가 천신의 자손이 야마토에 들어오기 전에 자신의 자손을 보낸 것처럼 보이지 않도록 하기 위해 '지금(今)'이라는 시제표현을 삽입하여 신화적 시간과 분리된 기록 방식을 취한 것이라는 견해가 있다. 또한 '대신(大御神)'이라는 칭호는 《고사기》에서 '아마테라스 대신(天照大御神)'과 '이자나키 대신(伊耶那岐大御神)' 외에 '가모 대신'에게만 사용되는데 이는 가모씨의 강력한 세력을 반영했거나, 오쿠니누시와 타키리비메의 장남으로서 계보상 중요한 존재였기 때문이라는 설이 있다. 또한 아마와카히코(天若日子)의 장례에서 빈소를 부수

어 부활을 막았다는 점에서 처벌을 완수한 신으로 평가받아 '대신'으로 칭했다는 해석도 있다. (☞주석 228 참조)

399 고토시로누시(事代主神): [아시하라나카쓰쿠니 정복] 신화에서 오쿠니누시의 자식 중 한 명으로 등장한다. (☞주석 502, 505 참조)《일본서기》에서도 '事代主神'라는 신명으로 등장하며 신의 전언을 전달하는 역할을 맡은 중요한 신이다.

400 야시마무지노(八島牟遲能神): 이 장면에만 등장한다. '야시마(八島)'는 많은 섬을 의미하고 '무지(牟遲)'는 귀인을 의미하는 신이므로 많은 섬으로 이루어진 나라의 귀인을 의미하는 신으로 해석할 수 있다.

401 도토리(鳥取神): 이 장면에만 등장하며 신명으로 보면 새를 잡는 신이라는 설이 있다. 또한 문헌에 따라 신명의 한자 표기가 '鳥取神' 또는 '鳥耳神'의 두 가지가 있는데 본서에서는 신푸쿠지본의 표기인 '鳥取神'에 따른다.

402 도리나루미(鳥鳴海神): 이 신명에 관해서는 다양한 설이 존재한다. 첫째 '새들이 건너는 울려 퍼지는 바다를 다스리는 신'이라는 해석이 있으며, 둘째 '새가 영혼(靈魂)을 바다 위의 타계(他界)로 운반하여 이로 인해 바다가 운다는 의미를 가진 신'이라고 해석하는 견해도 있다. 이에 대해 모토오리 노리나가는 '도리(鳥)'는 모신(母神)인 도토리(鳥取神)에서 앞글자를 딴 것이며 '나루미(鳴海)'는 지명으로 '鳴'에 훈주 '나루(なる)'를 넣은 것은 일본어 '울다'를 의미하는 '나쿠(なく)'로 잘못 읽는 것을 방지하기 위함이라고 해석하였다.

403 구니오시토미(国忍富神): 이 장면에만 등장하며 국토를 풍요롭게 한다는 의미가 있는 신이다.

404 아시나다카(葦那陀迦神): 이 장면에만 등장한다. 키가 큰 갈대라는 의미가 있는 신으로 이 갈대들이 무성하게 자라는 것을 상징적으로 표현함으로써 국토의 번영을 나타내는 신명이라는 설이 있다.

405 야가와에히메(八河江比売): 아시나다카의 다른 신명으로 많은 강을 다스리는 여신이라는 의미이다. 따라서 갈대가 무성한 곳은 강을 끼

고 있다는 것을 상징적으로 보여준다.

406 하야미카노타케사하야지누미(速甕之多気佐波夜遅奴美神): 이 장면에만 등장한다. '하야(速)'는 미침이며 '미카(甕)'는 물이나 술을 담는 큰 항아리를 의미하므로 항아리를 신격화한 신명이라는 견해가 있다.

407 아메노미카누시(天之甕主神): 이 장면에만 등장한다. 신성한 항아리를 관장하는 신이라는 의미이다.

408 미카누시히코(甕主日子神): 항아리를 관장하는 남신이다.

409 오카미(淤加美神): 물과 관련이 있는 신이라는 설이 있다.

410 히나라시비메(比那良志毘売): 영적으로 물을 평정하는 능력이 있는 의미를 가진 신명이다.

411 타히리키시마루미(多比理岐志麻流美神): 신명에 대한 명확한 성격이 드러나지 않은 신이다.

412 히히라기노소노하나마즈미(比々羅木之其花麻豆美神) : '히히라기'는 호랑가시나무를 의미하는 것으로 악한 기운을 물리치는 주력이 있다고 하여 신사에서 거행하는 의식에 사용되기도 한다. 이로 인해 호랑가시나무 꽃의 정령신이라는 설이 있다.

호랑가시나무

413 이쿠타마사키타마히메(活玉前玉比売神): 이 장면에만 등장하는 신으로 활력과 행복을 주는 혼을 가진 신명이라는 의미이다.

414 미로나미(美呂浪神): 신명만으로는 명확한 성격이 드러나지 않은 신이다.

415 시키야마누시(敷山主神): 나무가 무성한 산의 주인이라는 의미가 있는 신이다.

416 아오누우마누오시히메(青沼馬沼押比売): 푸르고 좋은 늪(습지)을 관장하는 위력을 가진 신이라는 설이 있다.

417 누노오시토미토리나루미(布忍富鳥鳴海神): 천(布)의 신성성을 나

타내는 신이며 새가 영혼을 해상 타계로 운반하여 이로 인해 바다가 운다는 의미를 동시에 가진 신이라는 설이 있다.

418 와카쓰쿠시메(若尽女神): 한자 표기로 보아 젊음을 발산하는 성격의 여신으로 이 신명은 여러 고사본에 '尽'과 '昼'가 혼재되어 기록되어 있는 것이 특이하다. 모토오리 노리나가는 엔카본(延佳本)에 따라 이 신명을 '와카히루메(若昼女)'로 보았다. 하지만 본서에서는 신푸쿠지본의 표기에 따라 '와카쓰쿠시메(若尽女神)'로 하였다.

419 아메노히하라오시나도미(天日腹大科度美神): 하늘의 신성한 들판에서 부는 위대한 바람의 신이라는 의미를 가진 신이다.

420 도쓰야마사키타라시(遠津山岬多良斯神): 바로 다음에 등장하는 '遠津山岬帶神'와 동일한 신으로 멀리 보이는 산자락이 충만하다는 의미를 가진 신명이다.

421 17세신(世神): '○○세신(世神)'은 '○○대신(代神)'과 구분되는 개념이다. 먼저 '○○세신'은 신들의 세대를 의미하며 한 세대가 지나면 다음 세대로 이어지는 연속적인 흐름을 나타낸다. 신들의 계보나 계통을 설명할 때 주로 사용된다. 반면 '○○대신'은 특정한 수의 신들을 지칭하는 용어로 중요한 역할을 맡은 신들을 특정 기준에 따라 분류할 때 사용된다. 이들은 각기 다른 세대에 속하지만 그들의 역할과 중요성 때문에 하나의 그룹으로 언급된다. 따라서 이 개념에 비추어 본문의 '17세신'의 계보를 정리하면, ① 야시마지누미(八島士奴美神)(☞주석 306 참조)-② 후나모지쿠누스누(布波能母遲久奴須奴神)-③ 후카후치노미즈요레하나(深淵之水夜礼花神)-④ 오미즈누(淤美豆奴神)-⑤ 아메노후유키누(天之冬衣神)-⑥ 오쿠니누시(大国主神)-⑦ 도리나루미(鳥鳴海神)-⑧ 구니오시토미(国忍富神)-⑨ 하야미카노타케사하야지누미(速甕之多気佐波夜遅奴美神)-⑩ 미카누시히코(甕主日子神)-⑪ 타히리키시마루미(多比理岐志麻流美神)-⑫ 미로나미(美呂浪神)-⑬ 누노오시토미토리나루미(布忍富鳥鳴海神)-⑭ 아메히하라오시나도미(天日腹大科度美神)-⑮ 도쓰야

마사키타라시(遠津山岬多良斯神)까지 총 15신으로 17세신과는 그 수가 일치하지 않는다. 다만 ⑦ 도리나루미(鳥鳴海神)의 이복형제인 아지스키타카히코네(阿遲鉏高日子根神)와 고토시로누시(事代主神)를 더하여 17세신이라는 설이 있지만 '○○세신'의 개념에 적용해 볼 때 친자관계가 아닌 신을 숫자에 넣는 것은 타당하지 않다는 견해도 있다.

오쿠니누시(大国主神) 계보

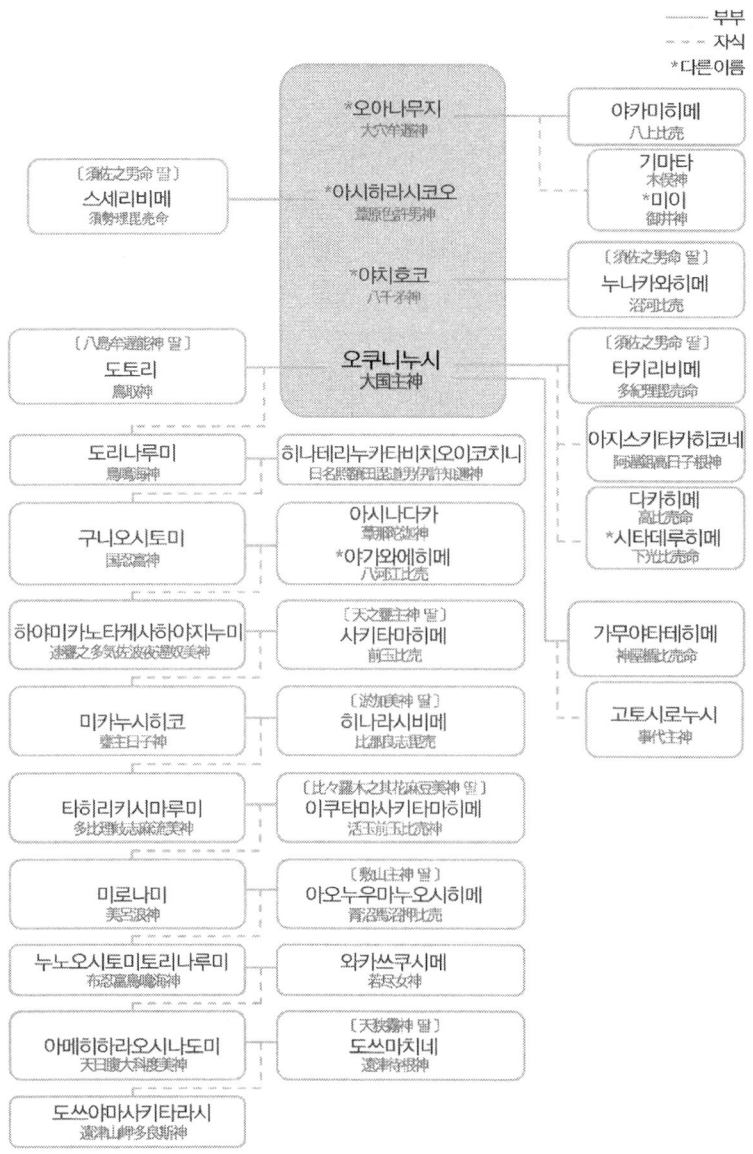

6. 오쿠니누시 계보

7. 스쿠나비코나(少名毘古那神)의 도움

그리하여 오쿠니누시가 이즈모出雲의 미오御大곶[422]에 있을 때 파도 끝에서 신성한 박주가리 배[423]를 타고 거위[424]가죽을 통째로 벗겨 만든 옷을 입고 다가오는 신이 있었다. 이에 그 이름을 물었지만 답이 없었다. 다시 따르는 여러 신에게 물어보아도 모두 모른다고 했다. 그래서 타니구쿠多邇具久[425]가 말했다.

"이것은 쿠에비코久延毘古[426]가 필시 알고 있을 것입니다."

이에 곧바로 쿠에비코를 불러 물었더니 (다음과 같이) 답하였다.

"이 자는 가무무스히神産巣日神의 자식 스쿠나비코나少名毘古那神[427]입니다."

그래서 가무무스히神産巣日御祖命에게 아뢰자 (다음과 같이) 답하였다.

"이 자는 분명 내 자식이다. 자식 중에서 나의 손가락 사이에서 흘러나온 자식이다. 그래서 (스쿠나비코나에게) 너는 아시하라시코오와 형제가 되어 그 나라를 만들어 단단히 하라"

이에 오아나무지와 스쿠나비코나 두 신은 함께 나라를 만들어 단단히 했다. 그리고 나중에 그 스쿠나비코나는 도코요쿠니常世国[428]로 건너갔다. 그리고 그 스쿠나비코나의 정체를 가르쳐 준 쿠에비코는 지금 야마다노소호도山田之曽富騰라 불린다. 이 신은 다리로 걸을 수는 없지만 모든 천하의 일을 알고 있는 신이다. 그래서 오쿠니누시가 고심하며 고하였다.

> "나 혼자 어찌 이 나라를 잘 만들어 낼 수 있으리까. 어느 신이 나와 함께 이 나라를 잘 만들 수 있으리까"

그러자 이때 바다를 비추며 다가오는 신이 있었다. 이 신은 말했다.

> "능히 나를 잘 받들면 내가 함께 완성시키겠노라. 만일 그렇게 하지 않으면 나라는 완성하기 어려울 것이다"

이에 오쿠니누시는 말했다.

> "그렇다면 어떻게 해서 모시면 좋을까요?"
> 그러자 (그 신이) 답하였다.

> "나를 야마토倭의 푸른 산과 숲으로 둘러싸인 동쪽에 있는 산429 위에 정중히 모시거라"

이 신이 미모로산御諸山430 위에 계시는 신이다.

원문

故、大国主神、坐出雲之御大之御前時、自波穂、乗天之羅摩船而、内剝鵝皮剝、為衣服、有帰来神。爾、雖問其名、不答。且、雖問所従之諸神、皆、白不知。爾、多邇具久白言、自多下四字以音。此者、久延毘古、必知之、即召久延毘古問時、答白、此者、神產巢日神之御子、少名毘古那神。自毘下三字以音。故爾、白上於神產巢日御祖命者、答告、此者、実我子也。於子之中、自我手俣久岐斯子也。自久下三字以音。故、与汝葦原色許男命為兄弟而、作堅其国。故自爾、大穴牟遅与少名毘古那二柱神、相並作堅此国。然後者、其少名毘古那神者、度于常世国也。故、顕白其少名毘古那神所謂久延毘古者、於今者山田之曽富騰者也。此神者、足雖不行、尽知天下之事神也。於是、大国主神愁而告、吾独何能得作此国。孰神与吾能相作此国耶。是時、有光海依来之神。其神言、能治我前者、吾、能共与相作成。若不然者、国、難成。爾、大国主神曰、然者、治奉之状、奈何。答言、吾者、伊都岐奉于倭之青垣東山上。此者、坐御諸山上神也。

주석

422 미오(御大)곶: 현재 시마네현(島根県) 야쓰카군(八束郡) 미호세키초(美保関町)로 추정되는 곳이다.

423 신성한 박주가리 배: 원문에는 '天之羅摩船'이라고 표기되어 있다. 여기에서 '蘿藦'는 일본어로 '라마'라고 읽는다. 이 '라마'는 다년생 덩굴식물인 박주가리의 옛 일본어로 열매가 가늘고 길어 이를 쪼개면 배 모양이 된다.

박주가리 열매

424 거위: 원문 표기는 '鵝'이다. '鵝'에 대한 해석은 '나방', '거위', '기러기'로 나뉜다. 먼저 모토오리 노리나가는 '鵝'를 '나방'을 의미하는 '히무시(蛾, ひむし)'의 오기(誤記)로 보았다. 반면 '鵝'는 '기러기(雁, かり)'를 가축화한 것이라고 보는 견해도 있는데 이는 이어지는 '가죽을 벗겨(皮剝)'라는 표현을 근거로 하였다. 마지막으로 신푸쿠지본에는 '거위'를 의미하는 '鵞'로 표기되어 있다. 따라서 본서에는 신푸쿠지본의 표기와 '가죽을 통째로 벗겨'라는 표현에 맞게 '거위'로 해석하였다.

425 타니구쿠(多邇具久): 타니구쿠(たにぐく)의 어원을 '타니구쿠리(谷潛り)'로 설명하는 견해가 있다. '구쿠(ぐく)'는 두꺼비가 우는 소리를 나타낸 의성어라는 설도 있다. 구마모토현(熊本県) 북부에서는 두꺼비를 '탄가쿠(たんがく)', 와카야마현(和歌山県) 구마노(熊野)에서는 '탄고쿠(たんごく)'라 부르는데 모두 타니구쿠(たにぐく)가 와전된 말이다. 두꺼비는 지상 어디서든 서식하는 파충류이므로 '국토 구석구석까지 다 아는 존재', '지상을 기어 다니는 지배자'라 여겼다. 시마네현 마쓰에시(松江市) 미호세키초(美保関町)에 있는 미호 신사(美保神社)의 외부에 쿠구야타니 신사(久具谷神社)가 있는데 구니쓰아라미타마(津荒魂神)와 함께 타니구쿠(多邇具久)를 모시고 있다.

426 쿠에비코(久延毘古): 다음 기사에 쿠에비코를 '소호도'라고 설명하고 있기 때문에 허수아비를 신격화 것이라 할 수 있다. '쿠에(くえ)'의 어원은 '무너진다'는 의미의 고어 '쿠유(くゆ)'에서 온 말로 보는 견해가 유력하며 비바람을 맞아 몸통이 부서진 허수아비의 모습을 상징한 이름으로 볼 수 있다. 뒤에 다리가 없어 걸을 수 없다는 의미로 보면 보행불능자를 나타낸다. 허수아비는 짐승의 침입을 막는 역할을 하지만 또 한편으로는 논밭의 소유권을 의미하고 타인의 침범을 막는 논밭을 관장하는 신의 대용이라는 의미도 있다. 또한 두꺼비와 함께 천하의 모든 것을 다 안다고 하는 표현은 불구자가 비범한 능력을 갖는다는 의미가 있다. 스쿠나비코나의 정체를 안다는 점으로 미루어 보아 스쿠나비코나를 돕는 영적 존재의 신이거나 도코요쿠니(常世国)와 관계있는 신으로 보는 견해도 있다.

427 스쿠나비코나(少名毘古那神): 오아나무지와 나란히 민간에도 널리 알려져 숭배받고 있는 신이다. 《고사기》에서는 가무무스히의 자식으로 등장하지만 《일본서기》 신대(상) 제8단 여섯 번째 일서에는 다카미무스히(高御産巣日)의 자식으로 등장하여 차이가 난다. 그러나 《고사기》와 《일본서기》 모두 손가락 사이에서 생겨난 것으로 묘사되며 체구는 매우 작지만 오아나무지와 함께 나라를 단단히 정비할 정도의 위대한 신으로 묘사되는 것이 특징적이다. 또한 《이즈모풍토기》에는 볍씨를 뿌리는 장면이, 《하리마풍토기》에는 벼 이삭을 쌓아 산을 만드는 장면이 묘사되어 있어 이 신을 곡령(穀靈)신으로 보는 설도 있다.

428 도코요쿠니(常世国): 도코요쿠니는 다양한 해석이 가능한 개념이다. 다만 이 장면에서는 스쿠나비코나가 '건너갔다'라는 표현에 주목하여 도코요쿠니가 바다 건너편에 있는 세계를 칭하는 개념으로 해석하는 견해가 다수 존재한다. ☞354페이지 [깊이 읽기 (22) 도코요쿠니에 담긴 세 이미지] 참조)

429 동쪽에 있는 산: 나라현 사쿠라이시(桜井市)에 있는 미와산(三輪山)으로 추정한다. 산 전체를 신체(神体)로 숭배한다.

430 미모로산(御諸山): 신이 내려와 머무는 곳이라는 의미가 있고 미와산의 옛 지명으로 보인다.

8. 오토시(大年神) 계보

그리고 이 오토시大年神431가 가무이쿠스비神活須毘神의 딸 이노히메伊怒比売432를 처로 맞아 낳은 아이는 오쿠니미타마大国御魂神433이며 다음으로 가라韓神434, 다음으로 소호리曾富理神435, 다음으로 시라히白日神436, 다음으로 히지리聖神437이다. 다섯 신이다.

또 가구요히메香用比売438를 처로 맞아 낳은 아이는 오가구야마토오미大香山戸臣神439이며 다음으로 미토시御年神440이다. 두 신이다.

또한 아마치카루미즈히메天知迦流美豆比売441를 처로 맞아 낳은 아이는 오키쓰히코奥津日子神이며 다음으로 오키쓰히메奥津比売命442 또 다른 이름은 오헤히메大戸比売神이다. 이 신은 사람들이 숭배하는 아궁이 신이다.

다음으로 오야마쿠이大山咋神이며 또 다른 이름은 야마스에노오누시山末之大主神이며, 이 신은 지카쓰아후미국近淡海国443의 히에산日枝山444에 진좌해 있고 또한 가즈노葛野의 마쓰오松尾445에도 진좌해 있는데 명적을 사용하는 신이다.

다음으로 니와쓰히庭津日神이며, 다음으로 아스하阿須波神이며, 다음으로 하히키波比岐神이며, 다음으로 가구야마토오미香山戸臣神446이며, 다음으로 하야마토羽山戸神447이며, 다음으로 니와타카쓰히庭高津日神448이며, 다음으로 오쓰치大土神449 또 다른 이름은 쓰치노미오야土之御祖神이다. 아홉 신이다.450

이상의 오토시의 자식은 오쿠니미타마부터 오쓰치까지 합쳐 열 여섯 신이다.

(그리고) 하야마토가 오케쓰히메大気都比売를 처로 삼아 낳은 아이는 와카야마쿠이若山咋神, 다음으로 와카토시若年神, 다음으로 누이妹인 와카사나메若沙那売神이다. 다음으로 미즈마키弥豆麻岐神이고, 다음으로 나쓰타카쓰히夏高津日神 또 다른 이름은 나쓰노메夏之売神 이다. 다음으로 아키

비메秋毘売神, 다음으로 쿠쿠도시久々年神이며, 다음으로 쿠쿠키와카무로쓰나네久々紀若室葛根神이다.
 이상 하야마의 자식부터 와카무로쓰나네까지 합쳐 여덟 신[451]이다.

> **원문**
>
> 故、其大年神、娶神活須毘神之女、伊怒比売、生子、大国御魂神。次、韓神。次、曾富理神。次、白日神。次、聖神。五神。又、娶香用比売、此神名以音。生子、大香山戸臣神。次、御年神。二柱。又、娶天知迦流美豆比売、訓天如天。亦自知下六字以音。生子、奥津日子神。次、奥津比売命、亦名、大戸比売神。此者、諸人以拝竈神者也。次、大山上咋神、亦名、山末之大主神。此神者、坐近淡海国之日枝山、亦、坐葛野之松尾、用鳴鏑神者也。次、庭津日神。次、阿須波神。此神名以音。次、波比岐神。此神名以音。次、香山戸臣神。次、羽山戸神。次、庭高津日神。次、大土神、亦名、土之御祖神。九神。上件、大年神之子、自大国御魂神以下、大土神以前、幷十六神。羽山戸神、娶大気都比売下四字以音。神、生子、若山咋神。次、若年神。次、妹若沙那売神。自沙下三字以音。次、弥豆麻岐神。自弥下四字以音。次、夏高津日神、亦名、夏之売神。次、秋毘売神。次、久々年神。久々二字以音。次、久々紀若室葛根神。久々紀三字以音。上件羽山之子以下、若室葛根以前、幷八神。

주석

431 오토시(大年神): 곡물의 신으로 보는 견해가 유력하다. 그런데 이 시점에서 갑자기 오토시의 계보가 등장하는 것은 부자연스럽다. 왜냐하면 이 신은 스사노오의 자손이므로 스사노오 관련 전승에서 다루지 않고 오토시와 연관성이 없는 오쿠니누시 이야기 뒤에 이 기사가 실려 있어 이야기의 서사적 흐름을 역행하고 있기 때문이다. 따라서 이 전승은 후세에 삽입되었다는 견해가 설득력을 얻고 있다.

432 이노히메(伊怒比売): 이즈모국의 지명인 이노향(伊農郷), 이누향(伊努郷)과 관련이 있다고 보는 견해가 있으나 이도 명확하지는 않다.

433 오쿠니미타마(大国御魂神): '구니타마(国魂)'는 국토의 정령을 의미하며 《이즈모풍토기》에는 오쿠니타마(大国魂) 신이 하늘에서 내려와 식사했다는 기사가 있다.

434 가라(韓神): 고대 한국과 관련이 있는 신으로 곧이어 등장하는 '소호리', '시라히', '히지리' 등과 함께 이 신들이 포함된 계보가 나중에 삽입된 것이라는 견해가 있다.

435 소호리(曽富理神): '소호리(曽富理)'는 고대 한국어로 왕도(王都)를 의미하는 표현과 통하므로 이 신 역시 고대 한국과 관련이 깊은 신이라는 설이 있다.

436 시라히(白日神): 밝은 태양이라는 의미가 있는 신이다.

437 히지리(聖神): 농사에 중요한 날씨를 알려주는 달력의 신이다.

438 가구요히메(香用比売): '香用比売'의 일본어 발음에는 '카가요히메(かがよふめ)', '카구요히메(かぐよひめ)', '카요히메(かよひめ)' 등 여러 설이 존재한다. 원문에는 신명 표기에 대해 음독하라는 독법이 제시되어 있지만 이때 '香' 자를 어떻게 음독할 것인가에 대해 다양한 설이 있다. 예를 들어《일본서기》제4권 제8대 천황 고겐(孝元) 기사에 등장하는 '이카가시코메노미코토(伊香色謎命)' 등에서 유추하여 '香'을 '카가(かが)'로 읽는 설이 있는가 하면《만엽집》의 '카구야마(香山, かぐやま)' 같은 예에서 '카구(かぐ)'로 읽는다는 설도 있다. 또한 굳이

이 신명을 음독하라는 독법을 제시했다는 점에서 통상적인 '카가'나 '카구'가 아니라고 보고 《만엽집》에 보이는 음가나(音仮名)의 예에 따라 '카(か)'라고만 읽어야 한다는 견해도 있다.

439 오가구야마토오미(大香山戸臣神): 이 신명의 의미에 대해서는 먼저 '香'의 읽기에 대해 '카구(かぐ) 혹은 '카가(かが)'로 보는 설이 있으며 이 경우 '빛나다'는 의미로 해석하는 견해가 있다. 또한 '토(戸)'는 접미어, '오미(臣)'는 '오미(大霊)', 즉 '큰 영'을 뜻하는 표현에서 유래하여 이후 존칭으로 변화한 것으로 보는 설이 있다. 그 외에도 이 신을 '가구야마'과 관련된 신으로 보고 '위대한 가구야마 기슭에 있는 신령'이라는 의미로 해석하는 설, '미광(微光)을 발하는 위대한 산(가구야마)의 고귀한 신령'이라는 해석도 있다. 한편 유사한 이름을 가진 '가구야마토오미(香山戸臣神)'가 같은 계보 안에서 오토시와 아마치카루미즈히메 사이에서 태어난 자식 신으로 언급되지만 이들과 '오가구야마토오미' 사이의 구체적인 관계는 밝혀져 있지 않다.

440 미토시(御年神): 신명 속 '토시(年)'가 벼를 의미하여 곡물의 신으로 보기도 한다.

441 아마치카루미즈히메(天知迦流美豆比売): 이 신명 중 '天'은 원문의 '訓天如天'의 독법에 따라 '아마'로 읽는다. 또한 이 신명의 독법에 대해서는 '知' 이후의 읽기 방식에 따라 해석이 크게 두 가지로 나뉜다. 그 이유는 신명에 붙은 '知부터 이후 여섯 자는 음독한다.'라는 분주 때문이다. 이를 어떻게 받아들이느냐에 따라 신명의 전체 읽기와 해석이 달라진다. 먼저 첫 번째 해석은 '知' 다음 글자부터 음독하는 경우로 이때 '知'는 훈독으로 '시루(しる)'라 읽고 그 뒤에 오는 여섯 글자(迦流美豆比売)를 음독하여 '아마시루카루미즈히메(あましるかるみずひめ)'로 읽는다. 여기서 '시루(しる)'는 '지배하다'는 의미와 통하므로 '하늘을 다스리는 밝은 생명력을 가진 여신'이라고 해석할 수 있다. 두 번째 해석은 '知'부터 바로 음독하는 방식으로 '知'를 포함한 여섯 글자를 모두 음독하여 '아마치카루미즈히메(あまちかるみずひめ)'로 읽

는 경우이다. 이 경우 신명 속 '치카루(知迦流)'는 '다가오다 · 접근하다', '미즈(美豆)'는 '물' 또는 '생기가 있다'로 해석하여 '하늘에서 다가오는 생명의 물을 상징하는 여신'으로 보는 견해가 있다.

442 오키쓰히코(奧津日子神) · 오키쓰히메(奧津比売命): 이 신명의 의미에 대해서도 여러 설이 존재한다. '奧'는 집 안 깊은 곳을 뜻하며 아궁이의 위치를 가리킨다는 해석이 있다. 반면 이를 먼바다를 의미하는 '오키(沖)'와도 발음이 통하므로 물과 생명력을 상징한다는 해석도 있다. 이 밖에도 '奧'를, 불씨를 뜻하는 '오키(燠)'로 보고 '불'과 '가마'의 신이라고 해석하기도 한다. 또한 오키쓰히메(奧津比売命)는 여신으로 오키쓰히코의 짝신으로 보기도 한다.

443 지카쓰아후미국(近淡海国): 오미국(近江国)을 말하는 것으로 현재의 시가현(滋賀県) 지역에 해당한다.

444 히에산(日枝山): 현재의 '比叡山'을 말하는 것으로 일본 시가현과 교토부의 경계에 위치하며 일본 불교의 주요 사찰인 엔랴쿠지(延暦寺)가 있는 곳으로 유명하다. 엔랴쿠지는 일본 천태종의 총본산이다.

445 가즈노(葛野)의 마쓰오(松尾): 지금의 교토시(京都市) 니시쿄구(西京区)에 있는 마쓰오타이샤(松尾大社)를 말한다.

446 가구야마토오미(香山戸臣神): 앞의 오가구야마토오미(大香山戸臣神)와 연관 지어 보는 견해가 있으나 구체적인 관계는 분명하지 않다.

447 하야마토(羽山戸神): 산기슭 신이다.

448 니와타카쓰히(庭高津日神): 가옥 앞을 높은 곳에서 밝게 비춰주는 태양의 신이라는 의미가 있다.

449 오쓰치(大土神): 대지의 신으로 다른 이름인 쓰치노미오야(土之御祖神)에는 대지의 모신(母神) 또는 토양의 모신이라는 의미가 담긴 신이다.

450 아홉 신: 본문에는 오토시와 아마치카루미즈히메 사이에서 태어난 자식을 오쿠쓰히코부터 오쓰치까지 아홉 신으로 기술하고 있지만 실제로 세어 보면 열 명의 신이다. 따라서 세 명의 모신에서 태어난 자식을

모두 합하면 이노히메(5), 가구요히메(2), 아마치카루미즈히메(10)로 총 열일곱 신이 된다. 그러므로 오쿠니미타마부터 오쓰치까지 합쳐 열여섯 신이 된다는 본문의 내용과는 그 수가 일치하지 않는 모순이 생긴다. 이에 대해 단순 오기라는 설과 한 전승 안에서 신을 세는 단위를 '神'과 '柱'로 각각 표기했다는 점에서 서로 다른 성격의 내용을 연결한 것이라는 설이 있다. (☞233페이지 참조)

451 **여덟 신**: 하야마토의 자식으로 태어난 여덟 신은 경작에서 수확까지 이어지는 한 해 농사를 상징하는 신들로 보는 견해가 있다. 처음에 등장하는 와카야마쿠이(若山咋神)에서 와카사나메(若沙那売神)까지 이어지는 흐름은 농사의 시작을 나타내는 단계로 해석하기도 한다. 이때 와카야마쿠이는 '산에서 내려오는 논의 신', 와카토시는 '모내기 전의 어린 벼(모)', 여동생인 '와카사나메'는 모내기하는 처녀 혹은 무녀(巫女)로 해석한다. 또한 일곱 번째에 등장하는 '쿠쿠토시(久々年神)'는 줄기가 자라난 벼를 상징한다고 하여 어린 벼(모)를 상징하는 와카토시와 함께 각각 '모내기'와 '수확'을 상징하는 신으로 보는 설도 있다.

오토시(大年神) 계보

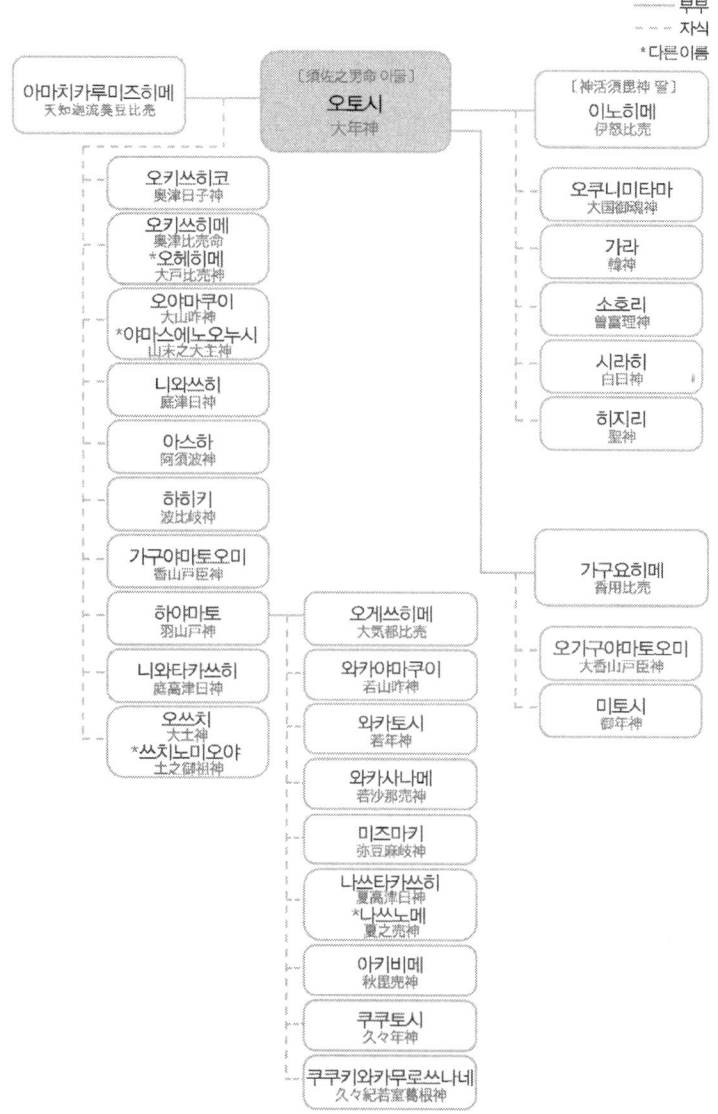

8. 오토시(大年神) 계보

깊이 읽기 (14)

와니, '상어'인가? '악어'인가?

일본 고전 속에는 종종 '와니'라는 생물이 등장하는데《고사기(古事記)》에서는 '和邇',《일본서기(日本書紀)》에서는 '鰐'으로 표기되어 있다. 이 와니는 시대를 거치며 형태와 의미가 변하여 사회적·문화적 맥락을 반영하는 상징으로 자리 잡아 왔다. 17세기부터 현대에 이르기까지 '와니'는 신화적 괴물에서 친근한 캐릭터로 변화하는 흥미로운 과정을 보여준다.

먼저 17세기 초부터 19세기 중기에는 '와니'가 괴력의 상징으로 그려졌다. 에도(江戸) 시대 후기의 문헌인《긴피라케쇼몬도(公平化粧問答)》에서는 뿔이 달린 강인한 괴물로 묘사되었다. 당시 '와니'는 고래나 물고기의 몸에 호랑이 머리를 가진 신화 속 상상의 동물인 샤치호코(鯱)와 함께 등장하며, 사람들에게 두려움과 경외를 동시에 불러일으키는 존재였다.

19세기 후기부터 20세기 초기 이후가 되면 '와니'의 이미지는 점차 단순화되고 대중에게 친숙한 모습으로 변화한다. 1904년, 소학교 부교재의 삽화에서는 '와니'가 교육적 목적으로 등장하며 온화한 모습으로 재해석되었다. 이는 어린이를 위한 교재에서 '와니'를 덜 위협적인 형태로 그린 사례라 할 수 있겠다.

20세기 중기 이후부터는 '와니'가 현대적이고 친근한 이미지로 자리 잡는다. 특히 1935년 이후 '와니'는 상어와 혼용되어 묘사되기 시작했고 1945년 이후에는 상어와 유사한 모습이 대세가 되었다. 이 시기 '와니'는 더이상 공포의 대상이 아니라 이야기 속에서 친숙한 존재로 묘사되기 시작하였다. 따라서 일본에서 '와니'에 대한 이미지 변화는 단순한 형상적 변화를 넘어 시대적 요구와 문화적 재해석 과정이 반영된 상징적 전환의 사례로 볼 수 있다.

글: 김미선

【17세기 초~19세기 중기】

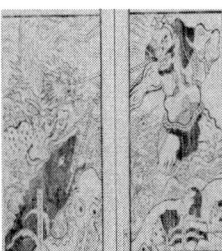  

【19세기 후기~20세기 초】

【20세기 중기 이후】

출처: 《긴피라죠루리 정본집(金平浄瑠璃正本集)》(角川書店, 1966), 《소학관 어린이 그림책(小学館の幼年絵本) 오쿠니누시노미코토(おおくにぬしのみこと)》(小学館, 1960)

깊이 읽기 (15)

복합적 공간, 네노카타스쿠니(根堅州国)

일본 신화에서 네노카타스쿠니(根堅州国)는 다카아마하라(高天原)와 아시하라나카쓰쿠니(葦原中国) 외에 존재하는 독특한 공간적 위치를 차지한다. 특히 주목할 만한 점은 다카아마하라를 천상계, 아시하라나카쓰쿠니를 지상계로 명확하게 구분 짓는 것과 달리, 네노카타스쿠니는 '지하(地下)', '지저(地底)', '해중(海中)' 등 다양한 공간적 해석이 가능하다는 점이다.

이러한 다층적 해석은 문헌들의 표기에서도 확인할 수 있다. 《일본서기(日本書紀)》에서는 네노카타스쿠니를 '네노쿠니(根国)'로 표기하며 이때 '根(ね)'는 식물의 뿌리를 의미하는 일본어로 지하 세계를 상징하는 표현으로 해석한다. 한편 《고사기(古事記)》 일부 주석서에서는 '堅州国'을 '片隅国'으로 풀이한다. 여기에서 '片隅'는 '한쪽 구석'을 의미하므로 이를 지하의 외진 공간, 구석에 존재하는 가상의 공간으로 해석하기도 한다.

또한 네노카타스쿠니는 이 세계의 입구로 언급되는 요모쓰히라사카(黄泉比良坂)가 요모쓰쿠니(黄泉国)의 입구와 같다는 점에서 종종 요모쓰쿠니와 비교되기도 한다. 그러나 요모쓰히라사카는 현계(現界)와 타계(他界)를 구분 짓는 경계이자 공간 전환의 분기점으로 기능한다는 점에서 입구가 같다고 하여 네노카타스쿠니를 동일한 공간으로 해석하기는 어렵다.

이러한 구분은 [스사노오의 난동] 신화에서도 확인할 수 있다. 천상계에서의 악행으로 인해 두 차례의 추방을 겪은 스사노오는 마지막으로 네노카타스쿠니에 이르게 되며, 그곳에서 이전의 난폭하고 파괴적인 모습을 벗고 지하 세계를 다스리며 자손을 훌륭히 키워내는 조신(祖神)으로 변모하게 된다.

이러한 공간적 성격은 오쿠니누시(大国主神)의 서사에서도 이어진다. 오쿠니누시는 조신인 스사노오로부터 네노카타스쿠니에서 시련과 훈련을 거치며 아시하라나카쓰쿠니(葦原中国)의 지배자로 성장해 간다. 그는 이 전환의 공간에서 재생과 성장을 위한 힘을 부여받는 경험을 하게 된다.

따라서 네노카타스쿠니는 단순한 지하 세계나 사후 세계의 개념을 넘어 '신격의 재구성', '생명력의 근원', '재생'을 상징하는 복합적 공간으로 이해해야 할 것이다.

글: 김미선

네노카타스쿠니에서 도망치는 오쿠니누시(大国主神)

깊이 읽기 (16)

'国'의 두 얼굴, 신화적 성역인가, 정치적 영토인가?

고사기의 '国'의 개념은 다양한 의미로 변화해 왔다. 오늘날의 '국가' 개념과는 달리 신들이 창조하거나 다스리는 신성한 공간으로 등장하며 이후 국토 형성과 통치 질서의 확립을 거쳐 행정 구역의 개념으로 발전했다.

이를 이해하기 위해 ① 신화 속 가상공간으로서의 '国', ② 이자나키(伊耶那岐命)와 이자나미(伊耶那美命)의 [여러 섬 낳기] 신화에 등장하는 '国', ③ 오쿠니누시(大国主神)가 평정한 '国' 이라는 세 가지 측면에서 살펴보자.

먼저 신화 속 가상공간으로서의 '국(国)' 개념에는 요모쓰쿠니(黄泉国)와 네노카타스쿠니(根堅洲国)와 같은 예가 있다. 요모쓰쿠니는 죽은 자들이 가는 저승으로 이자나미가 머무는 장소이며, 네노카타스쿠니는 스사노오가 추방된 공간이자 오쿠니누시가 거듭된 시련을 통해 지배자로 성장해 가는 전환적 신화 공간으로 묘사된다. 그러나 이들 공간은 현실의 지리적 장소가 아니라 신화적 상징성과 관념이 투영된 초월적 '국(国)'으로 이해되어야 한다.

두 번째 이자나키와 이자나미가 낳은 '国'이다. 두 신은 창으로 일본 최초의 섬 '오노고로(淤能碁呂)'를 만든 후 '오야시마쿠니(大八洲国)'을 낳았다. 이는 일본열도의 기원을 설명하는 신화로 여기서 '国'은 단순한 지리적 공간이 아니라 신들이 직접 창조하고 질서를 부여한 공간이다.

세 번째 오쿠니누시가 평정한 '国'이다. 아시하라나카쓰쿠니(葦原中国)는 초기에는 여러 신이 나누어 다스리는 혼돈의 상태였으나 오쿠니누시가 이를 통합하여 지배 질서를 확립하였다. 그러나 결국 그는 천신들에게 이 '国'을 양도하며 단순한 영토가 아닌 신성한 '통치 권력의 대상'으로 변모한다. 이는 이후 일본 천황제의 정당성을 뒷받침하는 핵심 개념이 되는데 이후 천손강림(天孫降臨) 신화와 연결되면서 천황의 지배 정당성이 확립되었으며 율령체제에 이르러 '国'은 신화적 개념에서 벗어나 행정 구역의 의미로 정착하게 된다.

이후 행정 구역으로서의 '国'은 지역을 구분하는 기초단위로 기능했으며 '구니노미야쓰코(国造)'가 관리하였다. 당시 일본 전역에는 66개의 '国'이 설치되었고 중앙집권적 통치 속에서도 각 지역은 독자적인 문화를 발전시켜 나갔다. 이러한 '国'들은 주로 산맥이나 자연지형을 경계로 하여 구획되었으며 각 지역의 특성을 반영한 '국풍(国風)' 또는 '토풍(土風)'이라는 독자적인 문화적 단위로 기능하였다.

이처럼 《고사기(古事記)》에 나타나는 '국(国)'의 개념은 단순한 영토의 의미를 넘어 신화적 상징성과 통치 질서를 내포한 다층적 개념을 내포하며 시대의 흐름에 따라 변화해 왔다. 이러한 변천은 '国'이라는 개념이 일본 고대 사회의 지배 이데올로기, 지리 인식, 그리고 문화적 다양성의 형성에 이르기까지 폭넓은 영향을 미쳤음을 보여준다.

글: 김미선

7장
아시하라나카쓰쿠니(葦原中国) 정복

1. 첫 번째 파견 – 아마호히(天菩比神)

아마테라스天照大御神의 명이 있었다.

"풍요롭고 유구한 축복받은 나라452는 내 자식 마사카쓰아카쓰카치하야히 아마오시호미미正勝吾勝勝速日天忍穂耳命453가 다스릴 나라이니라."

이 말씀454에 따라 (아마오시호미미가) 내려갔다. 그리하여 아마오시호미미天忍穂耳命는 신성한 다리에 서서455 말했다.

"풍요롭고 유구한 축복받은 나라는 몹시 시끄러운 것456 같다.457"

이렇게 말하고는 다시 되돌아 올라가 아마테라스에게 청하였다. 이에 다카미무스히高御産巣日神가 아마테라스의 명으로 많은 신458들을 아마야스강天安河의 강변에 모두 모이게 했다. 그리고 오모이카네思金神459에게 좋은 꾀를 생각해 내도록 하며 말했다.

"이 아시하라나카쓰쿠니葦原中国는 '내 자식이 다스릴 나라'라는 말씀이 내려진 나라다. 그런 까닭에 이 나라에 많이 있는 거칠고 난폭한 국신国神460들을, 어떤 신을 보내야 정복461할 수 있겠느냐."

오모이카네와 많은 신들은 상의 끝에 말했다.

"아마호히天菩比神462를 보내는 것이 좋겠습니다."

그래서 아마호히를 보냈으나 오쿠니누시大国主神 편에 붙어 삼 년이 다 되도록 복명하지 않았다.

원문

天照大御神之命以、豊葦原之千秋長五百秋之水穂国者、我御子、正勝吾勝々速日天忍穂耳命之所知国、言因賜而、天降也。於是、天忍穂耳命、於天浮橋多々志此三字以音。而、詔之、豊葦原之千秋長五百秋之水穂国者、伊多久佐夜芸弖此七字以音。有那理、此二字以音。下效此。告而、更還上、請于天照大神。爾、高御産巣日神、天照大御神之命以、於天安河之河原、神集八百万神集而、思金神令思而、詔、此葦原中国者、我御子之所知国、言依所賜之国也。故、以為於此国道速振荒振国神等之多在、是、使何神而将言趣。爾、思金神及八百万神、議白之、天菩比神、是可遣。故、遣天菩比神者、乃媚附大国主神、至于三年不復奏。

주석

452 풍요롭고 유구한 축복받은 나라: 원문에는 '豊葦原之千秋長五百秋之水穂国'라고 표기하고 있다. 여기에서 '豊葦原'는 풍성한 갈대밭을 의미하는 표현인데《삼국지(三國志)》〈위서(魏書)〉동이전(東夷傳) 왜인조(일명 '위지왜인전(魏志倭人伝)')에 등장하는 말로국(末盧國)을 표현할 때 '초목이 무성하여 앞에 가는 사람이 보이지 않는다.(草木

茂盛, 行不見前人)'는 표현과 상통하는 이미지이다. 왜국(倭國)을 방문한 사신이 바다에서 상륙했을 때 일면(一面)의 갈대 평원이 강한 인상을 준 것으로 보인다. 이는 천손족이 일본열도에 갔을 때 풀이 무성한 인상이 그들의 기억에 남아 그것이 국명으로 승화된 표현일 것이다. 또한 '千秋長五百秋之水穗国'에서 '秋'는 곡물이 영그는 계절을 상징하므로 벼농사가 번성하여 매년 가을이 되면 드넓은 논에 풍성하게 익은 벼가 늘어져 있는 풍경을 형상화한 표현이라고 할 수 있다. 따라서 이 어구는 이러한 두 가지 영상이 반영된 것이며 아시하라나카쓰쿠니(葦原中国)에 대한 미칭(美稱)으로 볼 수 있다.

453 마사카쓰아카쓰카치하야히 아마오시호미미(正勝吾勝々速日天忍穗耳命): 이 신은 이후에 아마오시호미미(天忍穗耳命)라는 약칭으로 등장하기도 한다. 아마테라스(天照大御神)가 스사노오(須佐之男命)와의 우케이(誓約)를 통해 생긴 아마테라스의 첫 번째 자식이다. (☞주석 237 참조) [우케이] 신화에서는 마사카쓰아카쓰카치하야히 아마노오시호미미(正勝吾勝々速日天之忍穗耳命)라고 표기했으나 [아시하라나카쓰쿠니 정복] 신화 이후부터는 '之'가 생략된 신명으로 등장한다.

454 말씀: 원문에는 '言因賜'라고 표기되어 있으며 이는 '말씀이 있었다', '말씀이 내려지다' 등의 의미이다. 바로 아래에 나오는 '言依所賜'와도 동일한 의미를 가진다. [이자나키와 이자나미] 신화에서 천신이 이자나키(伊耶那岐命)・이자나미(伊耶那美命)에게 신성한 창을 주며 나라를 만들라고 명할 때 '言依賜'라는 표현이 사용되었다. (☞주석 31 참조)

455 서서: 원문에는 '多々志'라고 되어 있으며 '이 세 자는 음독한다.(此三字以音)'라는 독법이 제시되어 있으므로 이를 일본어로 '타타시(たたし)'라 읽는다. 이는 '서다'라는 뜻의 일본어 '타쓰(立つ)'에 존경의 의미를 갖는 접미사 '시(し)'가 붙은 형태로 볼 수 있다. 원문을 그대로 직역하면 '아마오시호미미는 신성한 다리에 서셔서'와 같이 높임말의 형태가 된다. 다만 본서에서는 대화문과 노랫말에 쓰인 경어만 반

영하고 본문에 등장하는 서술은 평서체로 해석한다. [이자나키와 이자나미] 신화에서도 이 표현이 보이는데 이자나키와 이자나미가 신성한 다리(天浮橋)에 서서(立) 바닷물을 휘휘 저으며 섬을 탄생시키는 장면에서 '立'을 '타타시(多々志)'로 훈독하라고 표기했다. (☞주석 34 참조)

456 몹시 시끄러운 것: 원문에 '伊多久佐夜芸弖'라고 표기되어 있으며 이를 음독하라는 분주가 보이므로 일본어로 '이타쿠사야기테(いたくさやぎて)'라고 읽는다. 여기에 쓰인 '이타쿠'는 극심한 정도를 나타내는 부사로 보고 '사야기테'는 동사 '사야구(さやぐ)'의 연용형으로 해석하는 것이 일반적이다. '사야구는《만엽집(万葉集)》에서 '(나뭇잎이 바람에 흔들려) 시끄러운 소리가 난다'는 의미로 쓰인 사례가 있어 이를 참고하여 '시끄럽다'라는 의미로 해석할 수 있다.

457 같다: 원문에 '那理'라고 표기하고 이를 음독한다는 분주가 보이므로 일본어로 '나리(なり)'라고 읽는다. 이는 '~인 것 같다'는 추정의 의미를 나타내는 조동사이다.

458 많은 신(八百万神): 원문에는 '八百万神'으로 표기되어 있는데 '팔백만(八百万)'은 실수(実数)를 의미하는 것이 아니라 그 수가 무수히 많음을 나타내는 은유적 표현이다.

459 오모이카네(思金神): 다카미무스히(高御産巣日神)의 자식으로 [아마이와야] 신화에서 아마테라스를 동굴에서 나오게 한 계책을 고안한 신이다. (☞주석 255 참조)

460 국신(国神): 다카아마하라(高天原)의 천신과 대응하는 개념으로 아시하라나카쓰쿠니에 있는 토착신으로 보는 것이 일반적이다. (☞주석 281 참조)

461 정복: 원문에 쓰인 '言趣'라는 표현은 '말로써 이쪽으로 향하게 한다'는 의미로 해석해 '귀순(歸順)시키다'로 풀이하는 견해가 일반적이다. 그러나 이후 전개에서 무력이 개입되는 만큼 평화로운 회유책이라기보다는 '평정, 정복, 침탈'의 의미에 가깝다고 볼 수 있다.

462 아마호히(天菩比神): 아마테라스가 스사노오와 우케이(誓約)를 할 때 생겨난 두 번째 자식이다. [우케이] 신화에서는 '天之菩卑能命', '天菩比命' 등으로 표기되어 있다. (☞주석 238 참조)

2. 두 번째 파견 – 아마와카히코(天若日子)

이러한 까닭에 다카미무스히와 아마테라스는 다시 여러 신들에게 물었다.

"아시하라나카쓰쿠니로 보낸 아마호히가 복명하지 않은 지도 오래되었구나. 이번에는 누구를 보내면 좋겠는가?"

이에 오모이카네가 답하였다.

"아마쓰쿠니타마天津国玉神463의 자식인 아마와카히코天若日子464를 보내는 것이 좋겠습니다."

이에 따라 신성한 활465과 신성한 화살466을 아마와카히코에게 들려 보냈다.

아마와카히코는 그 나라에 내려가자마자 오쿠니누시의 딸 시타데루히메下照比売467와 혼인하였고 역시나 그 나라를 얻고자 마음먹고 팔년이 되도록 복명하지 않았다.

그래서 아마테라스와 다카미무스히는 다시 여러 신들에게 물었다.

"아마와카히코가 복명하지 않은 지도 오래되었구나. 또 어떤 신을 보내어 아마와카히코가 오랫동안 머무르고 있는 이유를 물을 것인가?"

여러 신들과 오모이카네가 대답했다.

"나키메鳴女라는 이름의 꿩을 보내는 것이 좋겠습니다."

이때 분부를 내렸다.

"너는 아마와카히코에게 가서 '너를 아시하라나카쓰쿠니에 보낸 것은 그 나라에 있는 거칠고 난폭한 신들이 온순해지도록 평정하라는 의미였느니라. 어찌하여 팔 년이 될 때까지 복명하지 않는 것이냐?'라고 물어보거라."

그리하여 나키메는 하늘에서 내려가 아마와카히코의 거처에 도착하여 문에 있는 신성한 단풍나무[468] 위에서 천신天神의 명을 빠트림 없이 그대로 전했다. 이에 아마사구메天佐具売[469]는 이 새가 한 말을 듣고 아마와카히코에게 말했다.

"이 새는 울음소리가 매우 불길하니 사살하는 것이 맞습니다."

그리하여 아마와카히코는 천신에게서 받았던 신성한 활과 화살[470]로 그 꿩을 사살해 버렸다.
그러자 그 화살은 꿩의 가슴을 관통하여 거슬러 올라가 아마야스강 강변에 있던 아마테라스와 다카기高木神[471]가 있는 곳까지 날아갔다. 이 다카기는 다카미무스히의 별명別名이다. 그리하여 다카기가 그 화살을 주워보니 깃에 피가 묻어 있었다.
이에 다카기가 고하였다.

"이 화살은 아마와카히코에게 하사한 화살이옵나이다."

곧바로 여러 신들에게 보여주며 분부하였다.

"만일 아마와카히코가 명을 거역한 것이 아니라 악신悪神한테 쏜 화살이 여기에 도달한 것이라면 아마와카히코에게 맞지 않을 것이니라. 만일 사심邪心이 있었다면 아마와카히코는 이 화살에 화를 입을 것이니라.[472]"

그리고는 화살을 집어 아래로 다시 되돌려 보내자 침상에서 자고 있던 아마와카히코의 가슴에 명중하여 죽고 말았다.[473] 이것이 '되돌아온 화살(還矢)'의 기원이다.[474] 또한 그 꿩은 결국 돌아오지 못했다. 그래서 오늘날 속담에 '돌아오지 않는 꿩 사신'[475]라는 말의 기원이 된 것이다.

그리하여 아마와카히코의 아내인 시타데루히메의 울음소리가 바람과 함께 하늘까지 도달했다. 이에 하늘에 있는 아마와카히코의 부친인 아마쓰쿠니타마와 그 처자식[476]이 이를 듣고 슬피 울면서 내려왔다. 그러고는 이내 곧 그곳에 빈소를 만들고[477] 기러기를 키사리모치岐佐理持[478]로 삼고 해오라기를 청소부[479]로, 물총새를 조리인[480]으로, 참새를 방아꾼[481]으로, 꿩을 호곡꾼[482]으로 삼았다. 이와 같이 각각 역할을 정해주고 팔일 밤낮[483]으로 시끌벅쩍 장례를 치루었다.[484]

이때 아지시키타카히코네阿遅志貴高日子根神[485]가 아마와카히코의 문상차 빈소에 찾아왔을 때 하늘에서 내려온 아마와카히코의 부친과 또 그 처가 모두 통곡하며 말했다.

"내 자식이 죽지 않고 살아 있었구나.[486]"

"내 낭군님이 죽지 않고 살아 계셨구나.[487]"

이렇게 말하며 그의 손발에 매달려 구슬피 울었다. 이렇게 착각한 이유는 두 신의 용모가 매우 닮았기 때문이다. 그래서 이처럼 착각한 것이다. 그러자 아지시키타카히코네가 몹시 화를 내며 말했다.

"나는 아주 친한 벗이었기 때문에 조문하러 온 것이다. 어찌 나를 더럽게 죽은 자와 비하느냐?"

이렇게 말하면서 차고 있던 장검을 뽑아 빈소를 베어 엎어버리고 발로 차 멀리 날려버렸다. 이것이 미노국美濃国의 아이미강藍見河[488] 위에 있는 모야마산喪山[489]이다. 그가 차고 있다가 빈소를 베어버린 장검의 이름을 오하카리大量라 하며 또 다른 이름은 가무도 검神度劍[490]이라 한다.

그리하여 아지시키타카히코네가 화를 내며 날려 버렸을 때 그의 친여동생인 다카히메高比売命[491]는 그의 이름을 드러내고자 생각하여 노래를 불렀다.

> 하늘에 있는　　아름다운 직녀가
> 목에 건다는　　주옥구슬 목걸이
> 그 목걸이에　　뚫린 구멍처럼
> 골짜기　　　　두 개에 걸치신
> 아지시키타카히코네 신이시여　【6】[492]

이 노래는 히나부리夷振[493]이다.

원문

是以、高御産巣日神・天照大御神、亦、問諸神等、所遣葦原中
国之天菩比神、久不復奏。亦、使何神之、吉。爾、思金神答
白、可遣天津国玉神之子、天若日子。故爾、以天之麻迦古弓自
麻下三字以音。・天之波々矢此二字以音。矢賜天若日子而、遣。於是、
天若日子、降到其国、即娶大国主神之女、下照比売、亦、慮
獲其国、至于八年不復奏。故爾、天照大御神・高御産巣日神、
亦、問諸神等、天若日子、久不復奏。又、遣曷神以問天若日
子之淹留所由。於是、諸神及思金神、答白、可遣雉、名鳴女
時、詔之、汝、行、問天若日子状者、汝所以使葦原中国者、言
趣和其国之荒振神等之者也。何至于八年不復奏。故爾、鳴
女、自天降到、居天若日子之門湯津楓上而、言委曲、如天神
之詔命。爾、天佐具売、此三字以音。聞此鳥言而、語天若日子
言、此鳥者、其鳴音甚悪。故、可射殺、云進、即天若日子、持
天神所賜天之波士弓・天之加久矢、射殺其雉。爾、其矢、自雉
胸通而、逆射上、逮坐天安河之河原天照大御神・高木神之御
所。是高木神者、高御産巣日神之別名。故、高木神、取其矢
見者、血、著其矢羽。於是、高木神告之、此矢者、所賜天若日
子之矢、即示諸神等詔者、或天若日子、不誤命、為射悪神之
矢之至者、不中天若日子。或有邪心者、天若日子、於此矢麻
賀礼、此三字以音。云而、取其矢、自其矢穴衝返下者、中天若日
子寝朝牀之高胸坂以、死。此還矢之本也。亦、其雉、不還。故、
於今、諺曰雉之頓使本、是也。故、天若日子之妻、下照比売
之哭声、与風響到天。於是、在天、天若日子之父天津国玉神
及其妻子聞而、降来、哭悲、乃於其処作喪屋而、河鴈為岐佐

理持、自岐下三字以音。鷺為掃持、翠鳥為御食人、雀為碓女、雉為哭女、如此行定而、日八日夜八夜以、遊也。此時、阿遲志貴高日子根神自阿下四字以音。到而、弔天若日子之喪時、自天降到、天若日子之父、亦、其妻、皆哭云、我子者、不死有祁理。此二字以音。下効此。我君者、不死坐祁理、云、取懸手足而哭悲也。其過所以者、此二柱神之容姿、甚能相似。故是以、過也。於是、阿遲志貴高日子根神、大怒曰、我者、有愛友故、弔来耳。何吾比穢死人、云而、拔所御珮之十掬劍、切伏其喪屋、以足蹶離遣。此者、在美濃国藍見河之河上喪山之者也。其、持所切大刀名、謂大量、亦名、謂神度劍。度字以音。故、阿治志貴高日子根神者、忿而飛去之時、其伊呂妹高比売命、思顕其御名。故、歌曰、

　　阿米那流夜　淤登多那婆多能

　　宇那賀世流　多麻能美須麻流

　　美須麻流邇　阿那陀麻波夜

　　美多邇　布多和多良須

　　阿治志貴多迦比古泥能　迦微曽

也。此歌者、夷振也。

주석

463 아마쓰쿠니타마(天津国玉神): 일반적으로 오쿠니누시(大国主神)의 다른 이름 중 하나인 우쓰시쿠니타마(宇都志国玉神)와 대칭되는 이름으로 해석하여 이 신을 다카아마하라의 신령으로 본다. 그의 신격을 아마테라스나 아마노미나카누시(天之御中主神)(☞주석 5 참조)와

동급으로 보는 견해도 있다.

464 아마와카히코(天若日子): 신명에 '다카아마하라의 젊은 남자'라는 의미가 담겨 있으며《일본서기(日本書紀)》신대(하) 제9단에서는 '天稚彦(정문과 첫 번째・여섯 번째 일서)'으로 표기되어 있다. 아마와카히코에게는 '神'나 '命'와 같은 존칭이 붙지 않는데 이는 이후 전개에서 아마와카히코가 천상 세계에서 부여받은 임무를 저버리고 오쿠니누시의 사위가 되어 스스로 아시하라나카쓰쿠니의 지배자가 되려 한 반역자이기 때문이라는 견해도 있다. 또한 하늘을 향해 활을 쏘기도 하는데 이는 천신 입장에서 대역죄에 해당한다고 볼 수 있다. 이러한 일련의 행위로 인해《고사기》에서 아마와카히코를 신의 범주에서 배제한 것으로 보인다.

465 신성한 활: 원문에서는 이 활의 명칭을 '天之麻迦古弓'라고 표기하며 '麻부터 세 자는 음독한다.(自麻下三字以音)'는 독법이 제시되어 있어 일본어로 '마카코(まかこ)'라고 읽는다.《일본서기》의 '天鹿児弓'라는 표기를 근거로 사슴을 잡는 활로 해석하는 견해가 있다. 반면 '빛나다'라는 뜻을 가진 '가가야쿠(輝く)'와 관련지어 '빛나는 활'로 보는 견해도 있다.

466 신성한 화살: 원문에는 '天之波々矢'라고 표기되어 있으며 '波々'는 음독하라는 독법에 따라 일본어로 '하하(はは)'라고 읽는다.《일본서기》의 '天羽羽矢'라는 표기가 보이므로 '깃이 큰 화살'로 보는 견해도 있으나 명확한 의미는 밝혀지지 않았다.

467 시타데루히메(下照比売): 오쿠니누시의 계보에서 다카히메(高比売命)의 또 다른 이름이 시타데루히메(下光比売命)였다. 계보상 이후 등장하는 아지시키타카히코네(阿遅志貴高日子根神)의 친동생이다.
(☞220페이지 참조)

468 신성한 단풍나무: 원문 속의 '湯津楓'이라는 표현에서 '湯津'는 신성함을 뜻하는 표현이다.(☞주석 130 참조) 한편 '楓'에 대해서는 의견이 나뉜다. 기존의 일본 주석서에서는 이를 '가쓰라(かつら)'라고 읽으며 계

수나무로 해석한다. 그러나 《고사기》 내에서 '카쓰라(香木)'의 용례가 별도로 보이기 때문에 (☞주석 620 참조) 이 장면의 '楓'은 한자 표기대로 단풍나무로 보는 것이 자연스럽다. 이는 단풍나무를 신목으로 보는 발상과 연결되며 한국의 단오문화제에서도 신목으로 단풍나무를 설정하는 점에서 유사성이 있다.

469 아마사구메(天佐具売): 신명에 쓰인 '佐具売'는 음독하라는 독법이 제시되어 있으므로 '사구메(さぐめ)'라고 읽는다. '찾다'라는 뜻의 일본어 '사구루(探る)'에 기인한 말로 보고 무언가를 잘 찾아내는 영능한 여자로 해석하는 것이 일반적이다. 《일본서기》 신대(하) 제9단 정문과 첫 번째 일서에서는 '天探女'로 표기한다. 이 신도 아마와카히코와 마찬가지로 '神'이나 '命' 등의 존칭이 보이지 않는다. (☞주석 464 참조) 한편 일본 옛 전승에 등장하는 악녀 아마노자쿠(天邪鬼)의 기원이 이 신이라는 견해도 있다.

470 신성한 활과 화살: 앞서 천신이 아마와카히코에게 하사한 무기는 앞서 천신이 아마와카히코에게 하사한 무기는 '天之麻迦古弓・天之波々矢'였다. (☞주석 465, 466 참조) 하지만 이 장면에서 명칭이 돌연 '天之波士弓・天之加久矢'로 변경되어 있다. 이에 대해서는 앞 장면과 다른 원전을 참고한 결과라고 보는 견해도 있으며 천신에게서 받았다는 기술이 보이는 점에서 동일한 무기로 해석하는 견해도 있다. 명칭에 대한 독법은 별도의 언급이 없어서 《일본서기》의 독법을 참고할 수 있다. 《일본서기》 신대(하) 제9단 네 번째 일서에서는 '天梔弓'로 표기하고 '梔'는 '하지(波茸)'로 읽으라는 독법이 표기되어 있다. 이를 근거로 《고사기》의 활 명칭 속의 '波士'도 '하지'로 읽을 수 있다. 또한 화살의 명칭 속 '加久'는 '빛나다'라는 뜻의 '가가야쿠(輝く)'에서 유래한 말로 보는 견해도 있다.

471 다카기(高木神): 다카미무스히의 또 다른 신명인 다카기(高木神)는 이 장면부터 등장하여 이후 계속 사용된다. 명칭이 변경된 이유에 대해서는 여러 해석이 있다. 첫째, 아마테라스의 지존성을 높이기 위해

다카미무스히의 신명을 다카기로 바꾸었다는 견해가 있다. 둘째, 다카미무스히가 본래 생성력을 상징하지만(☞주석 6 참조) 이 장면에서 새로운 단계로 진입했음을 나타내기 위해 명칭이 변경되었다는 견해도 존재한다. 셋째, 활과 화살의 명칭이 바뀐 것과 유사하게(☞주석 470 참조) 앞뒤 장면이 서로 다른 원전에 수록된 전승을 결합하는 과정에서 신의 이름이 바뀌었다는 주장도 있다.

472 화를 입을 것이니라: 원문에 쓰인 '麻賀礼'는 음독하라는 분주에 따라 '마가레(まがれ)'라고 읽는다. 이는 '재앙, 화'를 뜻하는 일본어 '마가(禍)'와 '있다'는 의미의 '아레(有れ)'가 합쳐져 '마가레'가 된 것으로 보는 견해가 유력하다. 이에 따라 '화(禍)를 입을 것이다'라는 의미로 해석할 수 있다.

473 죽고 말았다: 원문에서 '死'로 표기되어 있는데 일본 신화에서 신의 죽음을 직접적으로 '死'로 표현하는 경우는 극히 드물다. 《고사기》에서는 대부분 신의 죽음을 '몸을 감추어 나타나지 않았다'는 의미의 '隠身'(☞주석 10 참조)이나 '神避'(☞주석 119 참조)를 쓰고 《일본서기》에서는 '神避'나 '神退'라는 표현을 사용한다. 그러나 두 문헌 모두 [아시하라나카쓰쿠니 정복] 신화에서 아마와카히코의 죽음만은 유일하게 '死'로 표현하고 있어 다른 신들과 차별화하려는 의식이 엿보인다.

474 이것이 '되돌아온 화살'의 기원이다: 기원에 대한 언급은 원문에서 분주로 작게 표기되어 있으며 《일본서기》 신대(하) 제9단 정문과 첫 번째 일서에도 보인다. 또한 《구약성경(舊約聖書)》의 니므롯의 화살 이야기나 《사기(史記)》의 은(殷)나라 황제 무을(武乙)의 화살 이야기 등 유사한 설화가 존재한다.

475 돌아오지 않는 꿩 사신: 원문의 '雉之頓使'라는 표현에서 '頓使'는 돌아오지 않는 사자를 뜻하는 말로 해석할 수 있다. 《일본서기》 신대(하) 제9단 여섯 번째 일서에도 이와 관련된 기원에 대한 언급이 보인다.

476 그 처자식: 아마와카히코가 다카아마하라에 있을 때 맺은 첫 번째 처와 자식으로 해석하는 것이 일반적이다.

477 빈소를 만들고: 빈소를 세운 장소가《일본서기》와 다르다.《고사기》에서는 빈소를 지상 세계에 세워 아마와카히코의 아버지와 처자식이 내려오지만《일본서기》에서는 아마와카히코의 유해를 바람에 실어 하늘로 보내고 빈소 또한 천상 세계에 세운다. 이 과정에서 아지스키타카히코네(味耜高彦根)도 조문을 위해 승천하는 형태로 그려져 있다.

478 키사리모치(岐佐理持): 원문에 보이는 독법 분주에 따라 '岐佐理持'를 '키사리모치(きさりもち)'라고 읽을 수 있으나 그 의미는 불분명하다. 다만《일본서기》에는 '持傾頭者'로 표기되어 있고 이에 대해《일본서기사기(日本書紀私記)》에서는 '장례 시 죽은 자에게 공양할 음식을 나르는 역할'이라고 설명한다. 이를 바탕으로《고사기》의 키사리모치 또한 유사한 역할로 보는 견해가 있다. 고대 일본에서는 새가 죽은 자의 넋을 이끈다고 믿었으며 기러기, 해오라기, 물총새, 참새, 꿩 등 각각의 새에게 특정한 역할을 부여한 것은 그 외형이나 동작을 장송(葬送) 의례와 연결하여 나타낸 것으로 보인다. 이는 고대 일본의 장례 의식과 새의 관계를 나타내는 전승으로 볼 수 있으나 실제로 문헌에 기록된 장송 의례에서 새가 등장하는 것은《고사기》와《일본서기》밖에 없다. 조장(鳥葬)은 티베트 문화와 관련이 있으며 시신을 조각내어 새에게 먹임으로써 영혼을 하늘로 보낸다는 풍습이다. 따라서 조장 문화를 가졌던 부족의 전승이 후대에 '장의에는 새가 모인다'는 기억으로 남았을 가능성이 제기된다. 그러나 현재까지 확인된 일본의 장의 풍습에서 새와 직접적인 연관성을 찾기는 어렵다.

479 청소부: 원문의 '掃持'라는 표기에서 '청소 도구'를 들고 다니며 주변을 정리하는 역할로 유추할 수 있다.

480 조리인: 원문에는 '御食人'이라고 표기되어 있다. 죽은 자에게 바칠 음식을 만드는 역할로 보인다.

481 방아꾼: 원문의 '碓女'라는 표현은《일본서기》의 '舂者'라는 표기를 참고하여 '방아를 찧는 여성'을 뜻하는 것으로 볼 수 있다.

482 호곡꾼: 원문에 '哭女'라고 표기되어 있다. 《일본서기》 신대 (하) 제9단 정문 속 또 다른 전승(一云)에는 '굴뚝새(鷦鷯)를 호곡꾼(哭者)으로 삼았다.'는 기록이 보여 고대 일본의 장례 문화에서 호곡을 담당하는 역할이 존재했음을 짐작게 한다.

483 팔일 밤낮: 원문에는 '낮으로 여덟 낮, 밤으로 여덟 밤(日八日夜八夜)' 이라고 표현하고 있다. 숫자 '八'은 무수히 많음을 상징하는 표현으로 사용되기도 하지만 본 문맥에서는 팔일장으로 해석하는 것이 자연스럽다. 《일본서기》 신대(하) 제9단 정문에도 '팔일 밤낮으로 통곡하며 슬피 노래했다.(八日八夜、啼哭悲歌)'고 기록되어 있다.

484 시끌벅적 장례를 치루었다: 원문에서 사용된 '遊'라는 표현에 대해 모토오리 노리나가는 음악에 맞춰 가무를 행하는 의식의 일종으로 해석했으며 이후 현재까지도 이 해석이 계승되고 있다. 그러나 《고사기》 원문에 가무에 대한 언급이 없고 《일본서기》의 표현(☞주석 483 참조)에서도 가무가 행해졌는지 불명확하다. 본서에서는 한자의 원의를 최대한 살려 장례 의식에 모인 사람들이 죽은 자의 넋을 위로하기 위해 빈소에서 왁자지껄 떠들며 이야기를 나누는 모습을 묘사한 표현으로 해석했다.

485 아지시키타카히코네(阿遲志貴高日子根神): 이 신은 [오쿠니누시의 나라 통합] 신화에서 오쿠니누시의 자식으로 언급된 아지스키타카히코네(阿遲鉏高日子根神)와 동일한 신으로 보는 견해가 유력하다. 오쿠니누시의 계보에서 이 신을 가모 대신(迦毛大御神)이라고 하였으며 앞서 아마와카히코와 혼인한 시타데루히메(下照比売)는 그의 여동생이라고 기록되어 있다.(☞주석 397 참조)

486 죽지 않고 살아있었구나: 이 말은 아마와카히코의 아버지가 한 말이다. 당시 죽은 자가 의례를 통해 소생할 수 있다는 신앙이 반영된 것으로 보는 견해도 있다. 원문에 '祁理'는 '이 두 자는 음독한다.(此二字以音)'라는 분주가 달려 있으므로 일본어로 '케리(けり)'라고 읽는다. 이 표현은 놀라움과 깨달음을 나타내는 조동사이며 우리말의 '~었구나'

에 해당한다. 또한 '이하 이에 따른다.(下效此)'는 분주가 보이므로 바로 다음에 나오는 아내의 발언에도 적용된다.(☞주석 487 참조) 아버지의 말(不死有祁理)에는 '있다(有)'를 사용한 반면 아내의 발언(不死坐祁理)에는 '계시다(坐)'라는 경어 표현이 사용되어 있어 두 표현 간의 차이를 나타내고 있다.

487 죽지 않고 살아계셨구나: 앞에 '내 낭군님(我君)'이라는 표현이 사용된 것으로 보아 이 말은 아마와카히코의 아내가 한 것이다. 아마와카히코가 지상 세계에서 맞이한 아내는 시타데루히메였으므로 그녀가 자신의 친오라비인 아지시키타카히코네를 남편으로 착각했을 가능성은 희박하다. 따라서 이 발언은 아마와카히코가 다카아마하라(高天原)에 있을 때 맞이한 아내의 말로 해석하는 것이 자연스럽다.(☞주석 486 참조)

488 아이미강(藍見河): 현재 일본 기후현(岐阜県)의 나가라강(長良川) 상류를 가리키는 군조강(郡上川) 또는 같은 현 후와군(不破郡) 다루이초(垂井町)의 아이카와강(相川)을 의미하는 것으로 보는 견해로 나뉜다.

489 모야마산(喪山): 현재 기후현 미노시(美濃市) 서부의 오야다촌(大矢田村)에 있는 언덕 오야다이세(大矢田伊瀬)로 보는 견해가 있다. 또한 같은 현의 후와군 다루이초 후추(府中) 지역에 모야마(喪山)라고 불리는 작은 언덕을 지칭하는 것으로 해석하는 견해도 존재한다.

490 가무도 검(神度剣): 원문에 '度'를 음독하라는 독법이 제시되어 있으므로 이 검의 이름을 '가무도(かむど)'라고 읽을 수 있다. 이 명칭에는 '예리하다(鋭)'는 뜻이 포함되어 있다고 보는 견해도 있지만 정확한 의미는 아직 밝혀진 바 없다.

491 다카히메(高比売命): 아마와카히코가 지상 세계에서 맞이한 아내인 시타데루히메의 또 다른 이름이다.(☞220페이지 참조)

492 이 노래의 첫 구절에 해당하는 '하늘에 있는'이라는 표현은 '阿米那流夜'로 표기되어 있으며 이는 일본어로 '아메나루야(あめなるや)'로 읽

힌다. [다카아마하라와 천신들] 신화에서는 다카아마하라(高天原)의 '天'에 대해 '아마(あま)'로 읽으라는 훈독이 부기되어 있었다. (☞주석 3 참조) 한편 본 노래의 이 구절로 인하여 당시 '天'을 '아메(あめ)'로 발음하는 경우도 있었음을 알 수 있다. 이로 미루어보면 다카아마하라와 관련된 '天'은 '아마'로, 일반적인 하늘을 가리키는 경우에는 '아메'로 구분하여 읽는 것이 문맥상 자연스럽다. 또한 '골짜기 두 개에 걸치신' 이라는 표현은 [스사노오와 이즈모] 신화에서 괴수 오로치(八岐大蛇)의 형태를 '그 길이는 여덟 개의 계곡에 여덟 개의 꼬리가 걸칠 정도로 길다.'고 설명한 부분과 유사하다. (☞주석 289 참조) 거대한 뱀이 두 골짜기에 걸쳐 있는 모습을 연상케 한다는 점에서 아지시키타카히코네를 뱀신(蛇神)으로 해석하는 견해도 있다.

493 히나부리(夷振): 이 노래를 '히나부리(夷振)'라 부르는 이유에 대한 설명은 《일본서기》에서 찾을 수 있다. 《일본서기》 신대(하) 제9단 첫 번째 일서에는 이 노래 뒤에 '하늘에서 먼 변방 처녀가(天離る 夷つ女の)'라는 가사로 시작하는 노래가 이어지며 '이 두 곡을 합쳐 히나우타(夷曲)라고 불렀다. (此両首歌辞、今号夷曲)'는 기록이 남아 있다. 이에 대해 변방 지역에서 애창되던 노래를 《고사기》에서 차용한 것이라는 견해가 유력하다.

3. 마지막 파견 – 다케미카즈치(建御雷神)

그래서 아마테라스가 분부를 내렸다.

"또 어떤 신을 보내는 것이 좋겠는가?"

이에 오모이카네를 비롯한 여러 신들이 말했다.

"아마야스강 상류 아마이와야天石屋에 있는 이쓰노오하바리伊都之尾羽張神[494]를 보내는 것이 좋겠습니다. 만약 이 신이 아니라고 하면 그 신의 자식인 다케미카즈치노오建御雷之男神[495]를 보내야 합니다. 또한 아마오하바리天尾羽張神[496]는 아마야스강의 물을 거꾸로 막으며 길을 가로막고 있기 때문에 다른 신은 갈 수 없습니다. 그러므로 특별히 아마카쿠天迦久神[497]를 보내 물어보는 것이 좋겠습니다."

그래서 아마카쿠를 보내 아마오하바리에게 물어보니 답하여 말했다.

"황공하옵니다. 그 임무 잘 받들겠나이다. 그렇지만 이 길은 저의 자식인 다케미카즈치建御雷神를 보내는 것이 맞는 것 같나이다. 곧 보내 드리겠나이다."

그리하여 아마토리후네天鳥船神[498]를 다케미카즈치에게 딸려 보냈다.

원문

於是、天照大御神詔之、亦、遣曷神者、吉。爾、思金神及諸神
白之、坐天安河々上之天石屋、名伊都之尾羽張神、是可遣。伊
都二字以音。若亦、非此神者、其神之子、建御雷之男神、此応
遣。且、其天尾羽張神者、逆塞上天安河之水而、塞道居故、
他神、不得行。故、別遣天迦久神可問。故爾、使天迦久神問
天尾羽張神之時、答白、恐之。仕奉。然、於此道者、僕子、建
御雷神可遣、乃貢進。爾、天鳥船神副建御雷神而遣。

주석

494 **이쓰노오하바리(伊都之尾羽張神)**: 신명에 보이는 '伊都'를 음독하라는 분주가 문장 끝에 보이므로 '이쓰(いつ)'라고 읽는다. [화신 피살] 신화에서 이자나키가 화신 히노카구쓰치(火之迦具土神)를 죽일 때 사용한 검의 이름이 아마노오하바리(天之尾羽張)였으며 또 다른 이름이 이쓰노오하바리(伊都之尾羽張)였다. (☞주석 147 참조) 본 장면에 이르러 명칭 뒤에 '신(神)' 자가 붙음으로써 검이 신격화되었음을 알 수 있다. 현재 이 신을 모시는 신사는 일본 돗토리현(島根県) 운난시(雲南市)에 있는 히이 신사(斐伊神社)이며 이 신사에서는 스사노오(須佐之男命)와 그의 처 이나다히메(稲田姫命)도 함께 모신다. 신사의 명칭에 쓰인 '히이(斐伊)'는 스사노오가 지상 세계로 처음 내려갔을 때 도달한 강 이름과도 연관성이 있다. (☞주석 278 참조) 따라서 이 검신은 이즈모 신화와 관련성이 짙은 신으로 볼 수 있다.

495 **다케미카즈치노오(建御雷之男神)**: 이 신은 이후 전승에서 '다케미카즈치(建御雷神)'라는 표기로 등장한다. 이자나키가 화신 히노카구쓰치를 죽이는 장면에서 히노카구쓰치의 목을 벨 때 칼끝에 묻은 피가 암석에 튀어 탄생한 신이다. (☞주석 134 참조) 이로 인해 다케미카즈치

는 번개신(雷神)과 검신(刀劍神)의 두 성격을 모두 지니게 된다. 현재 이 신은 이바라키현(茨城県) 가시마군(鹿島郡)에 위치한 가시마 신사(鹿島神社)의 제신으로 모셔져 있어 이를 근거로 《히타치풍토기(常陸国風土記)》에 등장하는 가시마아메노대신(香島天之大神)과 동일신으로 여기는 견해도 있다. 《히타치풍토기》에 따르면 가시마아메노대신은 다카아마하라에서 강림한 신으로 기록되어 있으며 이를 통해 히타치(常陸) 지역에서 독자적으로 모신 천신적 성격의 신이었음을 알 수 있다. 이에 따라 지역에서 숭배되어 오던 신을 [아시하라나카쓰쿠니 정복] 신화에 삽입시킨 것으로 해석하는 견해도 있다. 또한 다케미카즈치는 6~7세기경 중앙에서 활약한 나카토미씨(中臣氏)의 조상신으로 《고사기》 편찬 과정에 나카토미씨가 관여한 흔적으로 보기도 한다.

496 **아마오하바리(天尾羽張神)**: 이쓰노오하바리의 또 다른 이름이다. (☞주석 494 참조) [여러 신 낳기] 신화에서는 '아마노오하바리(天之尾羽張)'라 표기했으나 이 장면에서는 '之'자가 생략된 신명으로 등장한다. (☞주석 147 참조)

497 **아마카쿠(天迦久神)**: 이 신은 다른 장면이나 다른 문헌에는 보이지 않아 신명에 대해 여러 해석이 존재한다. '카쿠'라는 음절이 사슴을 나타내는 일본어와 유사한 어감을 가져 사슴 신으로 보는 견해, 화신 히노카구쓰치의 '카구'와 연관 지어 번뜩이는 검신으로 해석하는 견해, 뱃사공을 뜻하는 말과 유사하다는 이유로 뱃사공 신으로 보는 견해 등이 있다.

498 **아마토리후네(天鳥船神)**: 이자나미가 낳은 신 중 도리노이와쿠스후네(鳥之石楠船神)가 있으며 이 신의 또 다른 이름이 아마토리후네(天鳥船)이다. (☞주석 107 참조) 번개는 배를 타고 하늘과 지상을 왕래한다고 믿은 당시의 관념을 반영한 표현으로 볼 수 있다.

4. 고토시로누시(事代主神)의 굴복

그리하여 두 신은 이즈모국出雲国 이자사伊耶佐 해변[499]으로 내려가 장검을 뽑아 파도 위[500]에 거꾸로 꽂아 세우더니 검 끝에 정좌하고 오쿠니누시大国主神에게 물었다.

"아마테라스와 다카기 두 신의 명으로 물어보러 왔다. 네가 지배하는[501] 아시하라나카쓰쿠니葦原中国는 '내 자식이 다스릴 나라'라고 명하셨느니라. 네 생각은 어떠한가?"

이에 답하여 말하였다.

"나는 말씀드릴 수 없고 우리 자식 야에코토시로누시八重言代主神[502]가 대답하리다.[503] 지금은 새와 노닐며 물고기를 잡으러 미오御大곶에 나가 아직 되돌아오지 않았나이다."

그래서 아마토리후네를 보내 야에코토시로누시八重事代主神를 데려와 물었더니 그의 부친인 대신大神에게 말하였다.

"아뢰옵기 황공하오나 이 나라는 천신의 자손에게 바치겠나이다."

그러고는 곧바로 그 배를 밟아 기울여 박수를 거꾸로 쳐서[504] 푸른 울타리[505]를 만들어서는 숨어 버렸다.

원문

是以、此二神、降到出雲国伊耶佐之小浜而、伊耶佐三字以音。拔十掬劍、逆刺立于浪穗、跌坐其劍前、問其大国主神言、天照大御神・高木神之命以、問使之。汝之宇志波祁流此五字以音。葦原中国者、我御子之所知国言依賜。故、汝心、奈何。爾、答白之、僕者、不得白。我子八重言代主神、是可白。然、為鳥遊・取魚而、往御大之前、未還来。故爾、遣天鳥船神、徴来八重事代主神而、問賜之時、語其父大神言、恐之。此国者、立奉天神之御子、即蹈傾其船而、天逆手矣於青柴垣打成而隱也。訓柴云布斯。

주석

499 이즈모국(出雲国) 이자사(伊耶佐) 해변: 오늘날 일본 시마네현(島根県) 히가와군(簸川郡) 다이샤초(大社町)에 위치한 이나사(稻佐) 해변으로 보는 것이 일반적이다. 이 해변은 이즈모타이샤(出雲大社)라는 신사의 서쪽에 있다. 《일본서기》에서는 '이타사(五十田狹)', '이사사(五十狹狹)'로 《이즈모풍토기》에서는 '이나사(伊奈佐)'로 표기되어 있다.

500 파도 위: 원문에 보이는 '浪穗'는 파도가 부서져 흰 거품이 생기는 부분을 의미한다. 본 문맥에서는 해안으로 밀려오는 파도의 끝에 형성된 거품이 있는 지점을 가리킨다고 보는 것이 타당하다. 그렇지 않다면 검을 모래에 꽂아 세운 후 앉는 행위가 불가능하다. 다만 신의 행위는 초현실적인 요소를 포함하기 때문에 바다 한가운데 검을 꽂아 세운 뒤 그 끝에 가부좌를 틀었다고 해석하는 것도 신화적 맥락에서 가능하다. 《일본서기》에서는 '지면에 꽂아 세웠다.(倒植於地)'고 설명하고 있다.

501 지배하는: 원문에 쓰인 '宇志波祁流'는 음독하라는 분주에 따라 '우시하케루(うしはける)'라 읽는다. 일본어 '우시하쿠(うしはく)'는 주인으로서 영유하는 것, 즉 한정된 영역을 지배하는 의미를 가진다.

502 야에코토시로누시(八重言代主神): 이 신은 '八重事代主神', '事代主神'라는 표기로도 등장한다. '言'과 '事'의 일본어 발음이 모두 '고토(こと)'로 동일하기 때문에 혼용된 것으로 볼 수 있다. 《일본서기》에서는 일관되게 '事代主神'로 표기하고 있다.

503 나는 말씀드릴 수 없고 우리 자식 야에코토시로누시가 대답하리다: 오쿠니누시는 이제까지 수많은 시련을 극복하며 서일본 지역부터 야마토(大和) 지역까지 영토를 확장하고 국토를 통합한 영웅으로 묘사되었다. 그런데 이 장면에서는 그러한 강인한 면모가 사라지고 판단을 자식에게 맡기는 모습으로 그려져 있다. 결정권의 포기는 은거 상태에 들어가 있다는 점을 시사한다고 이해할 수 있다.

504 박수를 거꾸로 쳐서: 원문에는 '天逆手'라고 표기되어 있다. 이는 손바닥을 맞대어 치는 일반적인 박수가 아니라 반대 방식으로 치는 박수를 의미한다. 방식에 대해서는 손등을 마주쳐 치는 방식, 손가락이 땅을 향하도록 치는 방식, 등 뒤에서 치는 방식 등 여러 가지 해석이 존재한다. 일반적으로 이러한 행위는 주술적 의미를 지닌 박수로 해석한다.

505 푸른 울타리: 원문에는 '青柴垣'으로 표기되어 있으며 '柴는 후시라고 읽으라.(訓柴云布斯)'는 독법이 제시되어 있어 일본어로 '아오후시가키(あおふしがき)'라고 읽을 수 있다. 일본어로 '후시(節)'는 '대나무 등의 마디'를 의미한다. 따라서 '푸른 색 잔나무로 만든 울타리'라는 뜻이며 이를 신령이 깃드는 '히모로기(神籬)'로 해석하는 견해가 있다. '히모로기'는 신사 외부에서 제의를 행할 때 신령이 일시적으로 강림하는 장소에 세운 울타리를 의미한다. 한편 신이 강림하는 통로로 지정된 나무나 대상물을 뜻하는 '요리시로(依代)'로 보는 견해도 있다. 고토시로누시를 제신으로 모시는 미호 신사(美保神社)에서는 이를 기리는 아오후시가키 행사(青柴垣神事)를 매년 거행하고 있다.

5. 다케미나카타(建御名方神)의 항복

그래서 오쿠니누시에게 물었다.

"지금 네 자식 고토시로누시事代主神는 이와 같이 답했는데 또 답할 자식이 있는가?"

그러자 다시 답하였다.

"또 한 명의 자식 다케미나카타建御名方神[506]가 있나이다. 이 녀석을 빼면 더 이상 없소이다."

이렇게 답하는 사이에 그 다케미나카타가 엄청나게 거대한 바위[507]를 손끝으로 들며 나타나서는 말했다.

"누가 우리나라에 와서 이렇게 속닥속닥 거리느냐? 어디 한 번 힘겨루기를 해보자꾸나. 자, 내가 먼저 당신 손을 잡도록 하지."

이에 그 손을 잡았더니 곧바로 얼음 기둥이 되고[508] 또 잡았더니 칼날이 되었다. 그래서 겁먹고 물러났다.

이번에는 그 다케미나카타의 손을 잡으려고 다시 돌아오도록 했다. 그리고 손을 잡아 어린 갈댓잎을 따듯 멀리 내던져버리니 곧바로 도망쳤다.

그래서 시나노국科野国[509]의 스와州羽 호수[510]까지 바싹 쫓아갔다. 죽이려 할 때 다케미나카타가 말했다.

"두렵사오니 부디 죽이지 마소서. 이 땅 말고는 다른 곳으로는 가지 않겠나이다. 또 제 아버지 오쿠니누시의 명에도 거역하지 않을 것이며 야에코토시로누시의 말에도 거역하지 않겠나이다. 이 아시하라나카쓰쿠니를 천신의 자손의 명에 따라 바치겠나이다.511"

원문

故爾、問其大国主神、今、汝子事代主神、如此白訖。亦、有可白子乎。於是亦、白之、亦、我子有建御名方神。除此者無也、如此白之間、其建御名方神、千引石擎手末而来、言、誰来我国而、忍々如此物言。然、欲為力競。故、我、先欲取其御手。故、令取其御手者、即取成立氷、亦、取成劔刃。故爾、懼而退居。爾、欲取其建御名方神之手、乞帰而取者、如取若葦搤批而投離者、即逃去。故、追往而、迫到科野国之州羽海、将殺時、建御名方神白、恐、莫殺我。除此地者、不行他処。亦、不違我父大国主神之命。不違八重事代主神之言。此葦原中国者、隨天神御子之命獻。

주석

506 다케미나카타(建御名方神): 이 신은 본 장면에서 오쿠니누시의 자식으로 등장하지만 오쿠니누시의 계보에서는 전혀 언급되지 않는다. (☞220페이지 참조) 또한 《일본서기》와 《이즈모풍토기》에서는 이 신에 대한 언급이 전무하여 신명의 의미나 성격이 명확하지 않다. 일각에서는 '미나카타'와 '무나카타(宗像)'를 같은 계열의 말로 보고 이 신이

이즈모국의 대규모 가문인 무나카타 가문에서 모시던 신이라고 주장하는 견해도 있다.

507 엄청나게 거대한 바위: 원문에 보이는 '千引石'이라는 표현은 천 명이 끌어당길 정도로 거대한 바위라는 뜻이다. [요모쓰쿠니] 신화에서 이자나키가 요모쓰히라사카(黃泉比良坂)를 덮은 바위를 묘사할 때도 같은 표현을 사용하였다. (☞ 96페이지 참조)

508 얼음 기둥이 되고: 다케미나카타(建御名方神)가 다케미카즈치(御雷神)의 손을 잡으려 하자 갑자기 팔이 얼음 기둥이 되어 솟았고 이어서 칼날이 되어 잡을 수 없었다는 의미이다. 설화적 상상력이 돋보이는 장면이다.

509 시나노국(科野国): 고대 일본의 행정 구역 중 하나인 시나노국(信濃国)을 의미하며 현재의 일본 나가노현(長野県) 일대와 기후현(岐阜県) 일부 지역을 포함한다.

510 스와(州羽) 호수: 원문에는 '州羽海'라고 표기되어 있으나 현재의 나가노현에 있는 스와(諏訪) 호수로 보는 견해가 주류이기 때문에 여기에서는 바다가 아닌 호수라고 해석한다.

511 바치겠나이다: 원문에 '献'이라는 표현이 보이므로 '바치다, 헌납하다'의 뜻이다. 오쿠니누시가 아시하라나카쓰쿠니를 헌납하는 이 장면은 일본에서 흔히 '구니유즈리(国譲り)' 신화로 불린다. '구니유즈리'는 나라를 양도했다는 의미이므로 무력 행사 없이 평화로운 권력 이양 장면을 연상시킨다. 그러나 전승 내용은 실제로 무력을 동반한 정복 과정도 있었으며 《고사기》 원문에서는 '譲'이라는 표기가 전혀 나타나지 않고 오직 '献'만 사용되었다는 점 등을 고려하면 이를 '나라 양도'가 아닌 '나라 헌납' 혹은 '나라 헌정'으로 이해해야 할 것이다.

6. 오쿠니누시(大国主神)의 나라 헌납

그래서 다시 (시나노국에서 이즈모국으로) 돌아와서 오쿠니누시에게 물었다.

"네 자식들, 고토시로누시와 다케미나카타 두 신은 천신의 자손의 명에 따르고 이를 어기지 않겠다고 했는데 네 마음은 어떠한가?"

이에 답하여 말했다.

"내 자식들, 두 신이 말한 것에 따라 나도 거역하지 않으리다. 이 아시하라나카쓰쿠니는 명에 따라 바치겠나이다. 다만 내가 살 곳을 천신의 자손이 신성한 대업을 계승하기에[512] 충분한[513] 신성한 거처와 같이[514] 암석 위에 아주 굵은 큰 기둥을 세우고[515] 다카아마하라高天原에서 치기氷木[516]를 높이 세우듯[517] 해준다면 나는 멀고도 먼 곳[518]에 숨어서 지내겠나이다. 또한 나에게는 백 팔십의 자식 신[519]이 있는데 야에코토시로누시가 신들의 후미[520]를 맡아 받들어 섬긴다면 거역하는 신은 없을 것이외다."

이렇게 말하고는 이즈모국의 타기시多芸志 해변[521]에 신성한 궁전[522]을 짓고 수문신[523]의 손자인 구시야타마櫛八玉神[524]를 요리인[525]으로 삼아 신성한 향응을 바칠 때 축문을 읊었다.[526]

"구시야타마가 가마우지[527]로 변하여 바닷속 깊이 들어가 해저에 있는 흙[528]을 물고 나와 신성한 수많은 접시[529]를 빚었나이다. 다시마[530] 줄기를 베어 그것으로 불 지필 절구를 만들고 해초[531] 줄기로는 불을 지필 절굿공이를 만들어 불을 지피며 이렇게 말했나이다. '여기 제가 피우는 불은 다카아마하라에는 가무무스히神産巣日御祖命[532]가 계시는 신성한 새 궁을 향해 연기[533]가 길게 드리울 때까지[534] 타오르고 지하로는 암반을 달굴 것입니다. 닥나무 껍질로 만든 밧줄을 길고도 길게 늘어뜨린[535] 어부가 낚은 입이 큰 농어[536]의 꼬리지느러미는 팔딱거리고[537] 끌어당길수록 튀어 올라 더욱 팔딱거리옵니다. 상다리가 휘도록[538] 신성하고 싱싱한 생선 요리를 바치옵나이다.'라고 하였나이다."

이리하여 다케미카즈치는 되돌아 올라가서 아시하라나카쓰쿠니를 평정한 상황을 복명했다.

원문

故、更且還来、問其大国主神、汝子等、事代主神・建御名方神二神者、随天神御子之命勿違白訖。故、汝心、奈何。爾、答白之、僕子等二神随白、僕之、不違。此葦原中国者、随命既献也。唯僕住所者、如天神御子之天津日継所知之登陀流此三字以音、下効此。天之御巣而、於底津石根宮柱布斗斯理、此四字以音。於高天原氷木多迦斯理多迦斯理四字以音。而、治賜者、僕者、於百不足八十坰手隠而侍。亦、僕子等百八十神者、即八重事代主

6. 오쿠니누시(大国主神)의 나라 헌납

神、爲神之御尾前而仕奉者、違神者非也、如此之白而、於出
雲国之多芸志之小浜、造天之御舍多芸志三字以音、而、水戶神之
孫櫛八玉神爲膳夫、獻天御饗之時、禱白而、櫛八玉神、化
鵜、入海底、咋出底之波邇、此二字以音、作天八十毘良迦此三字以
音、而、鎌海布之柄、作燧臼、以海蓴之柄作燧杵而、鑽出火
云、是、我所燧火者、於高天原者、神產巢日御祖命之、登陀
流天之新巢之凝煙訓凝煙云州須、之、八拳垂摩弖燒擧、摩弖二字以
音、地下者、於底津石根燒凝而、栲繩之千尋繩打延、爲釣海人
之、口大之尾翼鱸、訓鱸云須受岐、佐和佐和邇此五字以音、控依騰
而、打竹之登遠々登遠々邇、此七字以音、獻天之眞魚咋也、
故、建御雷神、返參上、復奏言向和平葦原中国之状。

주석

512 신성한 대업을 계승하기에: 원문에 표기된 '天津日継'라는 용어는 태양의 자손이 대업을 이어받는다는 의미를 담고 있다. 따라서 천신의 자손으로서 태양의 신성성을 계승하여 왕권을 이어가는 것으로 해석하는 것이 일반적이다. 그러나 한편으로는 환하게 비추는 성격을 지닌 아마테라스를 시조신으로 삼아 왕위를 계승하는 것으로 보는 견해도 있다.

513 충분한: 원문 속 '登陀流'라는 표현은 음독하라는 분주가 제시되어 있으므로 '토다루(とだる)'라고 읽는다. 이 표현의 해석에 대해서는 여러 견해가 있다. 먼저 '도미(富)'와 '다루(足る)'가 결합된 형태로 풀이하여 '풍족한'으로 해석하는 것이고 또 다른 견해는 남방계 방언 중 태양을 의미하는 '데다(てだ)'에서 유래하여 '빛나는'으로 해석하는 것이다. 또한 '토(十)'와 '다루(足る)'로 풀이하여 '충분한'으로 해석하는 설

도 있다. 아직까지 정확한 의미는 확정되지 않았으므로 근래의 학설에 따라 '충분한'으로 해석한다.

514 신성한 거처와 같이: 오쿠니누시가 살 곳은 천신의 자손이 사는 궁전과 버금가는 것으로 요청했다. (☞286페이지 [깊이 읽기 (18) 이즈모타이샤, 거대 신사의 전승 속 비밀] 참조)

515 아주 굵은 큰 기둥을 세우고: 원문에 보이는 '布斗斯理'는 음독하라는 분주가 보이므로 '후토시리(ふとしり)'라고 읽을 수 있다. 이는 '(기둥을) 굵게 세우다'는 뜻의 일본어 '후토쿠타테루(太く立てる)'에서 유래한다. [오쿠니누시의 나라 통합] 신화에서는 '布刀斯理'로 표기되어 있다. (☞200페이지 참조)

516 치기(氷木): 일본 고대 건축에서 지붕 위에 얹은 X자 형태의 목재 장식을 가리킨다. (☞주석 372 참조)

517 높이 세우듯: 원문에 '多迦斯理'로 표기되어 있으며 이를 음독하라는 분주가 있으므로 '타카시리(たかしり)'로 읽는다. 이는 '높게 세우다'는 뜻의 일본어 '다카쿠타테루(高く立てる)'와 통하며 [오쿠니누시의 나라 통합] 신화에도 동일한 표현이 보인다. (☞200페이지 참조)

518 멀고도 먼 곳: 원문에서는 '百不足八十坰手'라고 표기되어 있다. '百不足八十'은 직역하면 '백에는 미치지 않는 팔십'이라는 뜻이지만 이는 실수(実数)를 나타내는 것이 아니라 상당한 수를 나타내는 표현으로 보는 것이 자연스럽다. '坰手'는 멀리 동떨어진 곳을 의미하므로 이 어구는 중앙에서 멀리 떨어진 변방 또는 유배지를 의미하는 것으로 해석할 수 있다.

519 백 팔십의 자식 신: 《고사기》 원문에는 180신이라고 하였으나 《일본서기》 신대(상) 제8단 여섯 번째 일서에는 오쿠니누시의 자식이 181신으로 기록되어 있으며 《엔기시키(延喜式)》〈진묘초(神名帳)〉에는 187신 등으로 수치가 표기되어 있다.

520 신들의 후미: 원문에 보이는 '神之御尾前'라는 표기에서 해석이 둘로 나뉜다. 고토시로누시가 행렬의 후미에서 신들을 받쳐주는 모습으로

해석하는 견해와 반대로 고토시로누시가 선두에 서서 행렬을 이끌었다고 보는 견해가 있다. 여기에서는 전자의 견해를 반영했다.

521 타기시(多芸志) 해변: 원문에 '多芸志'를 음독한다는 분주가 보이므로 이 해변의 이름을 일본어로 '타기시(たぎし)'라고 읽을 수 있다. 그러나 이와 관련된 지명이 다른 문헌에도 보이지 않아 소재가 불분명하다. 일설에 따르면 이즈모타이샤(出雲大社)라는 신사의 북쪽에 있는 이즈모시(出雲市) 다케시초(武志町) 인근 해안 지대를 가리킨다고도 한다.

522 신성한 궁전: 원문에는 '天之御舍'라고 표기되어 있으며 현재의 이즈모타이샤를 가리킨다고 보는 것이 일반적이다. 〔☞286페이지〔깊이 읽기 (18) 이즈모타이샤, 거대 신사의 전승 속 비밀〕참조〕

523 수문신: 원문에 '水戶神'으로 표기되어 있다. 이 신은 [여러 신 낳기] 신화에서 해신(海神) 다음으로 태어난 신으로 하야아키쓰히코(速秋津日子神)라는 이름으로 소개되었다. 〔☞주석 88, 89 참조〕 이 수문신과 그의 짝인 하야아키쓰히메(速秋津比売神)는 강 하구와 관련된 여러 신들을 낳았다. 이러한 점에서 수문신은 강 하구 자체 또는 그곳에 형성된 나루터를 상징하는 신으로 보인다.

524 구시야타마(櫛八玉神): 이 신은 다른 문헌에서 확인되지 않아 신명의 의미가 명확하지 않다. '구시(櫛)'를 신성하고 영묘함을 의미하는 '구시(奇)'로 보고 '야(八)'는 다수의 뜻 '타마(玉)'는 옥으로 풀이하여 바다에서 나는 진주를 신격화한 것으로 보는 견해가 있다. 또한 영혼의 의미인 '타마(魂)'로 보고 영묘한 성격을 가진 신으로 해석하기도 한다.

525 요리인: 원문에 쓰인 '膳夫'는 요리를 담당하는 자를 뜻한다. 일반적인 요리사와는 달리 신에게 바치는 요리를 직접 만들어 올리는 특별한 요리인으로 해석할 수 있다.

526 축문을 읊었다: 원문에 보이는 '禱白'은 오쿠니누시가 구시야타마의 행위를 묘사하고 그의 말을 인용하면서 복속의 의미를 담은 축문을 올

린 것으로 보인다. 향응과 축문을 누가 누구에게 바쳤는지에 대해서는 견해가 나뉘는데 일각에서는 구시야타마가 오쿠니누시에게 바치는 것으로 보기도 한다. 그러나 오쿠니누시가 천신에게 복속의 증표로 헌상하는 향응으로 보는 견해가 지배적이다.

527 가마우지: 원문에는 '鵜'로 표기되어 있다. 사다새목 가마우지과에 속하는 조류이며 민물이나 바다에서 물고기를 사냥하는 습성을 가진 새이다.

528 흙: 원문에 '波邇'로 표기되어 있으며 이 두 자를 음독하라는 분주가 보이므로 '하니(はに)'로 읽는다. 일본어에서 '하니(埴)'는 황적색의 찰흙을 의미하며 주로 도기나 기와 등의 원료로 사용되었다. 이와 관련된 것으로는 '하니와(埴輪)'가 있으며 이는 일본 고대 무덤이나 고분(古墳)에 부장품으로 함께 묻힌 토기 조각을 가리킨다. 하니와는 인간, 동물, 신령 등의 다양한 형태로 제작되었으며 영혼의 안식을 돕고 사후 세계에서 보호를 기원하는 목적이 있었던 것으로 보인다.

529 접시: 원문에 제시된 '毘良迦'라는 표현은 음독하라는 독법에 따라 '히라카(ひらか)'라고 읽는다. 유사한 음을 가진 '히라타이(平たい)'가 '평평한'이라는 의미를 가지므로 '히라카'는 납작하고 평평한 형태의 접시형 토기로 해석할 수 있다.

530 다시마: 원문에 기록된 '海布'는 해조류를 가리키는 용어로 추정되나 정확한 종류는 불분명하다. 본문에서는 이것의 줄기로 '불 지필 절구(燧臼)'를 만들었다고 기록되어 있다. 여기에서 '燧臼'는 고대 발화 도구인 히키리우스(火鑽り臼)를 가리킨다. 히키리우스는 구멍이 뚫린 나무판 형태를 하고 있으며 그 위에 히키리기네(火鑽杵)라는 막대기를 마찰시켜 불씨를 피우는 구조이다. 문맥상 폭이 넓고 질감이 빳빳한 해조류를 가리키는 것으로 판단되어 '다시마'로

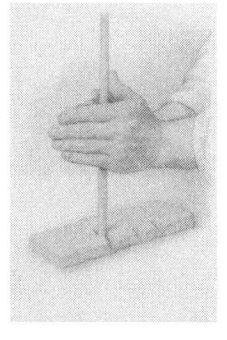

히키리우스(火鑽り臼)와
히키리기네(火鑽杵)

해석했다.

531 해초: 원문에는 '海蓴'이라고 기록되어 있어 해조류의 일종으로 보이지만 정확한 종류는 확인되지 않는다. 본문에서는 이 '海蓴'의 줄기를 이용해 절굿공이(燧杵)를 만들었다고 기술되어 있다. '燧杵'는 긴 막대 모양의 발화도구인 히키리가네를 가리킨다. (☞주석 530 참조) 이를 미루어 발화 도구의 형태를 짐작할 때 '海蓴'은 절굿공이 기능에 적합한 가늘고 긴 형태의 해초를 지칭하는 것으로 볼 수 있다.

532 가무무스히(神産巢日御祖命): 가무무스히는 《고사기》 첫 장면에서 다카미무스히(高御産巢日神)와 함께 다카아마하라(高天原)에 최초로 등장한 특별한 천신 중 한 신이다. (☞주석 6 참조)

533 연기: 원문에는 '凝煙'이라고 표기하고 이를 '스스(州須)'라고 훈독한다는 독법이 제시되어 있다. 현대 일본어에서 '스스(煤)'는 그을음이나 연기를 의미하므로 요리를 위해 아궁이에 불을 지필 때 발생하는 연기를 가리키는 것으로 보인다.

534 길게 드리울 때까지: 원문 속 표현 '八拳垂摩弖'에서 '八拳'은 길이가 매우 긴 거리를 나타낸 표현이며 '垂'는 '드리우다'는 뜻이다. '摩弖'는 음독하라는 독법 분주에 따라 '마데(まで)'라고 읽으며 현대 일본어에서 '~까지'의 뜻을 갖는 조사 'まで'와 동일한 용법으로 보인다. 고대 문헌에서 조사에 대한 독법을 제시하는 용례는 극히 드문데 이러한 조사 용법이 이미 《고사기》 시기부터 존재했음을 알 수 있다. 다카아마하라에 있는 가무무스히의 새로운 거처까지 연기가 다다를 정도로 성대한 향응을 준비하는 장면을 묘사한 표현으로 보인다.

535 닥나무 껍질로 만든 밧줄을 길고도 길게 늘어뜨린: 원문에서는 '栲縄之千尋縄打延'라고 기록되어 있다. 여기에서 '栲縄'는 닥나무 껍질 섬유로 만든 밧줄을 '千尋'는 매우 긴 길이를 의미한다. '打延'는 낚시줄 따위를 길게 늘어뜨리는 행위를 나타내는 표현으로 이는 마치 바닷속에서 끌어올리는 어망의 질긴 줄을 연상시킨다.

536 농어: 원문에 표기된 '鱸'는 '스즈키(須受岐)'라고 읽으라는 독법이 제

시되어 있으므로 '스즈키(すずき)'라고 읽는다. 이것이 현대 일본어에서 농어를 가리키는 말의 어원이라고 볼 수 있다.

537 **팔딱거리고**: 원문에는 '佐和佐和遻'라고 표기되어 있다. 이를 음독하라는 분주가 있으므로 일본어로 '사와사와니(さわさわに)'라고 읽을 수 있다. 일반적으로 물고기가 끌어올려질 때 나는 소리로 해석된다. 다만 현대 일본어에서 '사와사와'는 여러 사람이 소란스럽게 떠드는 소리를 뜻하기도 하므로 시끌벅적한 향응의 분위기를 나타낸다고 보는 견해도 있다. 그러나 본서에서는 물고기의 움직임을 나타내는 의태어로 보고 '팔딱거리다'로 해석했다.

538 **상다리가 휘도록**: 원문에 보이는 '登遠々登遠々遻'라는 표현에는 음독하라는 분주가 제시되어 있어 '토오오토오오니(とををとををに)'라고 읽는다. 이는 많은 음식을 올려놓아 상다리가 휘어질 정도로 푸짐하게 차려진 향응의 모습을 나타내는 의태어로 해석하는 것이 자연스럽다.

깊이 읽기 (17)

신들의 '공간'에서 인간의 '나라'로,
아시하라나카쓰쿠니(葦原中国)

아시하라나카쓰쿠니(葦原中国)는 '갈대가 무성한 들판이며 중간에 있는 나라'라는 뜻으로, 수직적 세계관을 바탕으로 한 천상 세계인 다카아마하라(高天原)와 지하 세계인 요모쓰쿠니(黄泉国) 사이에 위치한 지상 세계를 칭하는 말이다.

신화에서는 이곳이 처음부터 통일된 국가가 아니라 여러 신이 각자의 영역을 나누어 다스리는 혼돈의 공간으로 묘사되는데 이는 일본열도가 초기 부족 사회였던 역사적 현실과 유사하다.

이러한 혼돈 상태에 있던 아시하라나카쓰쿠니를 정비한 인물은 오쿠니누시(大国主神)였다. 그는 여러 신화적 사건을 거치며 이 땅을 평정하고 국가의 기틀을 마련했지만 그의 통치는 오래가지 못했다. 이후 아마테라스(天照大御神)가 아시하라나카쓰쿠니는 천신의 후손에 의해 다스려져야 한다고 주장하며 천신을 보내 정복을 시도했다. 이에 오쿠니누시는 나라를 바치겠다고 선언하고 지배권을 넘기는데 이 과정이 바로 [아시하라나카쓰쿠니 정복] 신화로 전해진다.

이후 천신의 후손인 히코호노니니기(日子番能邇々芸命)가 아시하라나카쓰쿠니로 내려오는 '천손강림(天孫降臨)'이 이루어지면서 이곳은 신들의 땅에서 천손이 다스리는 인간의 나라로 변화하게 된다. 이는 단순한 신화적 서사를 넘어 일본 왕실이 아마테라스의 후손이라는 정당성을 확보하는 중요한 근거가 되고 있으며 일본의 고대국가 형성과 깊은 관련이 있다. 또한 일본의 초대 천황 진무(神武)가 즉위하면서 아시하라나카쓰쿠니는 본격적으로 하나의 국가 개념으로 자리 잡게 된다.

　이러한 일련의 과정은 일본이 자신들의 국가적 정체성을 신화적 기원과 연결 지어 설명하는 방식과도 맞물리며 아시하라나카쓰쿠니는 단순한 지명이 아니라 '일본'이라는 국가의 정당성을 뒷받침하는 신화적 토대가 되었다고 볼 수 있다.

글: 김미선

깊이 읽기 (18)

이즈모타이샤(出雲大社), 거대 신사의 전승 속 비밀

일본 시마네현(島根県) 이즈모시(出雲市)에 있는 이즈모타이샤(出雲大社)는 오쿠니누시(大国主神)를 모시는 유서 깊은 신사이다. 1871년 현재의 이름으로 바뀌기 전까지 이 신사는 '기즈키타이샤(杵築大社)'로 불렸으며 고대부터 가마쿠라(鎌倉) 시대까지 현재보다 훨씬 웅장한 규모였다고 전해진다. 헤이안(平安) 시대의 기록인《구치즈사미(口遊)》에 따르면 당시 본전의 높이는 지금의 두 배에 달하는 약 48m였다고 한다.

이렇듯 거대한 규모를 특징으로 하는 이즈모타이샤의 기원 전승은 다양한 고대 문헌에서 찾아볼 수 있다.《이즈모풍토기(出雲国風土記)》에는 가무무스히(神魂命)가 천상의 궁전인 아마히스미궁(天日栖宮)의 크기를 측정하고 그 규모를 본떠 아마시타쓰쿠라시시대신(所造天下大神)에게 바쳤다고 기록되어 있다. 이는 이즈모타이샤가 천상 세계인 다카아마하라(高天原)의 궁전을 지상에 재현한 것임을 의미한다.《고사기》에서도 오쿠니누시의 거처를 천손(天孫)의 신성한 거처처럼 만들었다고 기록하여《이즈모풍토기》와 유사한 맥락을 확인할 수 있다.

반면《일본서기》의 이즈모타이샤에 대한 서술은 다소 차이를 보인다. 주된 전승에서는 오쿠니누시에게 궁전을 지어주었다는 내용이 전혀 언급되지 않고 부속 전승에서만《고사기》나《이즈모풍토기》와 유사한 이야기가 간략히 나올 뿐이다. 이는《일본서기》편찬자들이 지방신 오쿠니누시에게 궁전이 있었음을 기록하기 꺼렸기 때문으로 해석할 수 있다.

각도를 달리해서 보면 당시 이즈모 지역에는 이미 오쿠니누시를 모신 대규모 신전이 존재하고 있었고 중앙정부인 야마토(大和) 조정은 지방 토착신이 웅장한 신전에서 숭배 대상으로 권위를 가지는 것을 탐탁지 않게 여겼을 가능성이 있다. 이에 따라 야마토 조정의 입장을 반영하여 《고사기》와 《이즈모풍토기》는 오쿠니누시의 궁전을 천상 세계의 궁전과 연결 지어 그 위상을 조정하고 《일본서기》는 주된 기록에서 아예 이를 언급하지 않음으로써 의도적으로 오쿠니누시의 존재감을 축소하고자 했던 것으로 이해할 수 있다.

신화는 흔히 허구나 상상력의 결집체라 하여 문학의 영역에서 다뤄지지만 정치적 이해관계가 투영되어 있는 만큼 역사적 배경을 함께 고려하여 읽어야 한다. 이즈모타이샤에 얽힌 전승에서도 드러나듯 지방의 토착신인 오쿠니누시의 권위와 관련된 서술상의 차이는 당시 일본의 정치적 긴장 관계를 보여주는 것이다. 야마토 조정이 지역 신의 위상을 낮추고 천손 중심의 신화로 통합한 것은 지방의 독립적인 정치 권력을 경계하고 천황 중심의 지배 질서를 확립하려는 의도가 신화 편찬 과정에서 서사 전략으로 구현된 것이다.

글: 조유미

▲ 이즈모타이샤 본전(出雲大社本殿, 2013년 촬영)
현재 높이 24m에 이르는 이즈모타이샤 본전은 일본의 국보로 지정되어 있다. 사진 속 사람들과의 크기가 대비되어 그 장엄한 규모를 실감할 수 있다.

8장
천손, 히코호노니니기(日子番能邇々芸命)

1. 천손의 탄생

이리하여 아마테라스天照大御神와 다카기高木神의 명을 받들어 태자 마사카쓰아카쓰카치하야히 아마오시호미미正勝吾勝勝速日天忍穗耳命[539]에게 말했다.

"지금 아시하라나카쓰쿠니葦原中国 평정이 끝났다고 하니 말씀대로 내려가 다스리거라."

이에 태자 마사카쓰아카쓰카치하야히 아마오시호미미는 답하여 말했다.

"제가 내려가려고 준비하고 있는 사이에 아이가 태어났나이다. 이름은 아마니키시쿠니니키시 아마쓰히타카 히코호노니니기天邇岐志国邇岐志天津日高日子番能邇邇芸命[540]라 하오며 이 아이가 응당 강림하여야 하옵나이다."

이 아이는 다카기의 딸 요로즈하타토요아키쓰시히메万幡豊秋津師比売命[541]와 혼인하여 낳은 아이로 먼저 아마호아카리天火明命[542]가 태어났고 그 다음이 히코호노니니기日子番能邇邇芸命 두 신이다.

이와 같은 (태자의) 말에 따라 히코호노니니기에게 분부했다.

"이 도요아시하라미즈호쿠니豊葦原水穗国[543]는 '네가 다스릴 나라'라는 말씀이 있으셨다. 그러니 명에 따라 천강하는 것을 허하노라."

원문

爾、天照大御神・高木神之命以、詔太子正勝吾勝々速日天忍穗耳命、今、平訖葦原中国之白。故、隨言依賜、降坐而知者。爾、其太子正勝吾勝々速日天忍穗耳命答白、僕者将降裝束之間、子、生出。名天邇岐志国邇岐志 自邇至志以音。天津日高日子番能邇々芸命、此子応降也。此御子者、御合高木神之女、万幡豊秋津師比売命、生子、天火明命、次、日子番能邇々芸命、二柱也。是以、隨白之、科詔日子番能邇々芸命、此豊葦原水穗国者、汝将知国言依賜。故、隨命以可天降。

주석

539 마사카쓰아카쓰카치하야히 아마오시호미미(正勝吾勝々速日天忍穗耳命): 이 신은 아마테라스(天照大御神)가 스사노오(須佐之男命)와의 우케이(誓約) 과정에서 생겨난 아마테라스의 첫 번째 자식이다.
(☞주석 237 참조)

540 아마니키시쿠니니키시 아마쓰히타카 히코호노니니기(天邇岐志国邇岐志天津日高日子番能邇々芸命): 이후 전개에서는 신명 뒷부분인 히코호노니니기(日子番能邇々芸命)로 등장하며 현대에는 '니니기'라는 약칭으로 부르기도 한다. 신명 앞부분은 '아마니키시/쿠니니키시(天邇岐志国邇岐志)'로 나눌 수 있다. 여기에서 반복해서 쓰인 '邇岐志'는 음독하라는 분주에 따라 '니키시(にきし)'로 읽으며 '아마(天)+니키시'와 '쿠니(国)+니키시'의 구조이다. '니키시'의 의미에 대해서는 현재까지 명확하게 밝혀진 바가 없지만 천상 세계와 지상 세계 모두에게 친숙한 존재임을 나타낸다는 해석이 있다. '아마쓰히타카(天津日高)'는 왕의 시호와 유사한 역할을 하는 명칭으로 보인다. 한

편《일본서기(日本書紀)》신대(하) 제9단에는 이 신명의 다양한 표기가 보인다. 정문 및 첫 번째 일서에는 아마쓰히코히코호노니니기(天津彦彦火瓊瓊杵尊), 두 번째 일서에는 아마쓰히코호노니니기(天津彦火瓊瓊杵尊), 네 번째 일서에는 아마쓰히코쿠니미쓰히코호노니니기(天津彦国光彦火瓊瓊杵尊), 여섯 번째 일서에는 아마쓰히코네호노니니기네(天津彦根火瓊瓊杵根尊)・호노니니기(火瓊瓊杵尊)・아마쿠니니기시히코호노니니기(天国饒石彦火瓊瓊杵尊), 일곱 번째 일서에는 아마노기호호기세(天之杵火火置瀬尊)・아마기세(天杵瀬命), 여덟 번째 일서에는 아마니기시쿠니니기시아마쓰히코호노니니기(天饒石国饒石天津彦火瓊瓊杵尊)로 등장한다. 이처럼 다양한 표기가 존재하는데 공통적으로 보이는 '호노니니기'가 본래의 이름이며 그 앞에 붙는 명칭들은 신격을 칭송하는 수식어로 해석하는 것이 일반적이다.

541 요로즈하타토요아키쓰시히메(万幡豊秋津師比売命): 이 신명 또한 《일본서기》신대(하) 제9단에 다양한 표기가 존재한다. 정문에서는 다쿠하타치지히메(栲幡千千姫), 첫 번째 일서에서는 요로즈하타토요아키쓰히메(万幡豊秋津媛命, 오모이카네의 여동생으로 등장), 두 번째 일서에서는 요로즈하타히메(万幡姫), 여섯 번째 일서에서는 다쿠하타치지히메요로즈하타히메(栲幡千千姫万幡姫命)・지지히메(千千姫命, 다카미무스히의 손녀로 등장), 일곱 번째 일서에서는 아마요로즈타쿠하타치하타히메(天万栲幡千幡姫)・니쿠쓰히메(丹舄姫)・다마요리히메(玉依姫命, 다카미무스히의 손녀로 등장), 여덟 번째 일서에서는 아마요로즈타쿠하타치하타히메(天万栲幡千幡姫)로 표기되어 있다. 신명에 대해서 아직까지 명확하게 밝혀진 바는 없으나 공통적으로 보이는 '요로즈하타(万幡)'는 많은 베를 짜는 것으로 해석되므로 이를 통해 베짜기와 밀접한 관련이 있는 신임을 알 수 있다.

542 아마호아카리(天火明命): 신명에서 '호(火)'를 벼 이삭을 뜻하는 동음의 '호(穂)'로 해석하여 벼 이삭의 신으로 보는 견해가 유력하다. 또한

이 '火'를 일반적인 발음인 '히(ひ)'가 아닌 '호(ほ)'로 읽는 것은 히코호노니니기(彦火瓊瓊杵尊)와의 형제 관계를 고려하여 발음을 맞춘 것으로 해석하기도 한다. 히코호노니니기의 세 아들도 각각 호데리(火照命), 호스세리(火須勢理命), 호오리(火遠理命)로 읽는 것이 일반적이다. 한편《일본서기》에서도 이 신이 등장하는데 계보에 대한 기술이《고사기(古事記)》와 차이를 보이는 전승도 존재한다.《고사기》와《일본서기》신대(하) 제9단 여섯 번째와 여덟 번째 일서에서는 호노니니기의 형으로 기록되어 있다. 반면에《일본서기》정문과 두 번째, 세 번째, 다섯 번째, 일곱 번째 일서에서는 호노니니기의 자식으로 등장한다. 이처럼《일본서기》내에서 계보상의 위치가 혼란스럽지만 이 신이 오와리 무라지(尾張連)의 선조라는 기술만은 정문과 여러 일서에 공통으로 기록되어 있다.《고사기》에는 이에 대한 언급이 없으나 아마호아카리를 천손의 형으로 묘사하고 있는 점을 고려할 때 오와리 무라지는 전승 과정에서 상당한 영향력을 행사했던 호족이었을 것으로 생각할 수 있다.

543 도요아시하라미즈호쿠니(豊葦原水穂国): 아시하라나카쓰쿠니(葦原中国)에 대한 칭송의 표현이다. (☞주석 167 참조)

2. 사루타비코(猿田毘古神)의 선도

그리하여 히코호노니니기가 하늘에서 내려가려고 할 때 하늘의 갈림길[544]에 서서 위로는 다카아마하라高天原를 비추고 아래로는 아시하라 나카쓰쿠니를 비추는 신이 있었다. 그래서 아마테라스와 다카기의 명을 받들어 아마우즈메天宇受売神[545]에게 분부했다.

"너는 연약한 여인이긴 하지만 마주하는 신[546]과 맞대면을 해도 이기는 신[547]이다. 그러니 네가 가서 '내 자식이 내려가는 길에 이렇게 있는 자가 누구냐'라고 물어보거라."

그래서 물어보았더니 답하였다.

"나는 국신国神[548]으로 이름은 사루타비코猿田毘古神[549]라 하옵나이다. 여기에 나온 것은 천신天神의 자손이 내려온다는 소식을 듣고 앞장서서 모시고자 마중 나온 것입니다."

원문

爾、日子番能邇々芸命将天降之時、居天之八衢而、上光高天原、下光葦原中国之神、於是有。故爾、天照大御神・高木神之命以、詔天宇受売神、汝者、雖有手弱女人、与伊牟迦布神自伊至布以音。面勝神。故、專汝往将問者、吾御子為天降之道、誰如此而居。故、問賜之時、答白、僕者、国神、名猿田毘古神也。所以出居者、聞天神御子天降坐故、仕奉御前而、参向之侍。

> 주석

544 하늘의 갈림길: 원문 속 '天之八衢'라는 표현에서 '天之'는 다카아마하라(高天原)에서 내려오는 도중을 '八衢'는 사방으로 갈라지는 분기점을 뜻한다고 해석하는 것이 일반적이다.

545 아마우즈메(天宇受売神): [아마이와야] 신화에서 암굴에 숨은 아마테라스를 밖으로 나오게 하기 위해 강렬한 춤을 춘 신이다. (☞주석 268 참조)

546 마주하는 신: 원문에는 '伊牟迦布神'라고 표기하며 '伊부터 布까지 음독한다.(自伊至布以音)'는 분주가 있어 '伊牟迦布'를 '이무카후(いむかふ)'라고 읽는다. 이는 '마주하다'는 의미의 현대 일본어 '무카우(向かう・対う)'의 어원으로 볼 수 있으며 '마주 보는 신', '대항하는 신' 등으로 해석할 수 있다.

547 맞대면을 해도 이기는 신: 원문에 쓰인 '面勝神'이라는 표현은 신명이 아니라 맞대면했을 때 전혀 주눅 들지 않는 강력한 신이라는 의미로 해석할 수 있다. 일본에서는 이러한 행위 자체를 신격화하는 관념이 있으며 이러한 신을 모시는 신사도 존재한다. 현재 일본 후쿠오카현(福岡県) 기타큐슈시(北九州市)에 있는 시노자키하치만 신사(篠崎八幡神社), 미야자키현(宮城県) 센다이시(仙台市)에 있는 아타고 신사(愛宕神社) 등에서 '구니카쓰나가카쓰<u>오모카쓰</u>(国勝長勝<u>面勝神</u>)'라는 신을 제신으로 모시고 있다.

548 국신(国神): 다카아마하라의 천신과 대응하는 개념이며 아시하라나카쓰쿠니에 있는 토착신으로 보는 것이 일반적이다. (☞주석 281 참조)

549 사루타비코(猿田毘古神): 이 신은 다카아마하라와 아시하라나카쓰쿠니의 경계에 있다가 천손 강림 시 선두에서 천손을 이끈 신이다. 신명에 포함된 '사루타'의 어원에 대해서는 여러 설이 존재한다. 문자 그대로 원숭이로 해석하여 태양신의 사자로 보는 설과 류큐어(琉球語)에서 '앞에서 이끌다'라는 의미의 '사루다'에서 유래했다는 설이 대표적이다. 현재 사루타비코(猿田毘古神)를 제신으로 모시는 신사 중 대표적인 곳은 일본 미에현(三重県) 이세시(伊勢市)의 사루타히코 신

사(猿田彦神社)이며 이 신사는 이세 신궁(伊勢神宮)과 가까운 곳에 있다. 또한 사루타비코는 일본 신화에서 외형이 상세히 묘사된 몇 안 되는 신으로 다양한 문화 콘텐츠에서 자주 등장한다. 예를 들어 데즈카 오사무(手塚治虫)의 《불새 봉황편(火の鳥・鳳凰編)》에서는 붉은 눈을 가진 거구의 캐릭터 '사루타(猿田)'로 각색된 바 있다.

3. 천손강림(天孫降臨)

그리하여 아마코야天兒屋命, 후토타마布刀玉命, 아마우즈메, 이시코리도메伊斯許理度売命, 다마오야玉祖命는 모두 다섯 무리550로 나뉘어 천손에 동반하여 강림했다. 그 (아마테라스를) 불러냈을 때의551 커다란 곡옥, 거울, 그리고 구사나기 검552을 더불어 하사하고 또 도코요常世553의 오모이카네思金神, 다지카라오手力男神, 아마이와토와케天石門別神554를 함께 보내며 말했다.

"이 거울을 오로지 내 영혼으로 삼아 일전에 나를 모셨듯이 성스럽게 받들거라. 다음으로 오모이카네는 정사를 위해 앞서 해 온 방식대로 하거라."

이 두 신555은 사쿠쿠시로 이스즈궁佐久々斯侶伊須受能宮556에 모셔져 있다. 다음으로 도유우케登由宇気神557 이 신은 외궁外宮의 와타라이度相에 진좌鎭座하는 신이다. 다음으로 아마이와토와케天石戸別神의 다른 이름은 구시이와마토櫛石窓神이며 또 다른 이름은 도요이와마토豊石窓神558라고 한다. 이 신은 문의 신이다. 다음으로 다지카라오는 사나나 아가타佐那那県559에 진좌해 있다. 그리고 아마코야는 나카토미 무라지(中臣連)560의 조상이다.561 후토타마는 이미베 오비토(忌部首)562의 조상이다. 아마우즈메는 사루메 기미(猿女君)563의 조상이다. 이시코리도메는 가가미쓰쿠리 무라지(作鏡連)564의 조상이다. 다마오야는 다마오야 무라지(玉祖連)565의 조상이다.

그리하여 아마쓰히코호노니니기天津日子番能邇々芸命는 아마노이와쿠라天之石位566를 떠나 하늘에 몇 겹이나 길게 뻗은567 구름을 밀어제치며 위풍당당하게 길을 가려내면서568 신성한 다리569에서 떠 있는 섬이 있어 몸을 돌려 서서는[570] 쓰쿠시竺紫 히무카日向의 다카치호高千穂[571]에 있는 쿠시후루타케久士布流多気[572]로 내려갔다.

거기에서 아마오시히天忍日命[573]와 아마쓰쿠메天津久米命[574] 두 사람이 신성하고 단단한 화살통을 메고 큰 칼을 허리에 차고 손에는 신성한 활과 화살을 들고 선두에 서서 모셨다. 아마오시히 이 자는 오토모 무라지(大伴連)[575]의 조상이다. 아마쓰쿠메 이 자는 구메 아타이(久米直)[576]의 조상이다.

그리하여 이렇게 말했다.

"이 땅은 한국韓国[577]을 향하고 가사사笠沙곶[578]으로 곧장 통하며 아침 해가 잘 드는 나라이자 석양이 잘 비추이는 나라이니라. 그러니 이 땅은 매우 좋은 땅이다."

이렇게 말하고는 암반 위에 굵은 기둥을 세우고 다카아마하라에 치기氷椽[579]를 높이 세워놓고 살았다.

원문

爾、天児屋命・布刀玉命・天宇受売命・伊斯許理度売命・玉祖命、幷五伴緒矣支加而天降也。於是、副賜其遠岐斯此三字以音、八尺勾璁・鏡及草那芸剣、亦、常世思金神・手力男神・天石門別神而、詔者、此之鏡者、専為我御魂而、如拜吾前、伊都岐奉、次、思金神者、取持前事為政。此二柱神者、拜祭佐久久斯侶伊須受能宮。自佐至能以音。次、登由宇気神、此者、坐外宮之度相神者也。次、天石戸別神、亦名、謂櫛石窓神、亦名、謂豊石窓神。此神者、御門之神也。次、手力男神者、坐佐那那

3. 천손강림(天孫降臨) **299**

県也。故、其天児屋命者、中臣連等之祖。布刀玉命者、忌部首等之祖。天宇受売命者、猿女君等之祖。伊斯許理度売命者、作鏡連等之祖。玉祖命者、玉祖連等之祖。故爾、詔天津日子番能邇々芸命而、離天之石位、押分天之八重多那此二字以音。雲而、伊都能知和岐知和岐弖、自伊以下十字以音。於天浮橋、宇岐士摩理、蘇理多々斯弖、自宇以下十一字亦以音。天降坐于竺紫日向之高千穂之久士布流多気、自久以下六字以音。故爾、天忍日命・天津久米命二人、取負天之石靫、取珮頭椎之大刀、取持天之波士弓、手狭天之真鹿児矢、立御前而仕奉。故、其天忍日命、此者、大伴連等之祖。天津久米命、此者、久米直等之祖也。於是、詔之、此地者、向韓国、真来通笠沙之御前而、朝日之直刺国、夕日之日照国也。故、此地、甚吉地、詔而、於底津石根宮柱布斗斯理、於高天原氷椽多迦斯理而坐也。

주석

550 **다섯 무리**: 여기에 등장하는 다섯 신은 모두 [아마이와야] 신화에서 아마이와야(天石屋)에 숨은 아마테라스를 불러내기 위한 의식에 등장하여 활약한 신들이다. (☞143페이지 참조) 《고사기》에서는 '五伴緖'로 표기하고 《일본서기》에서는 신대(하) 제9단 첫 번째 일서에서 '五部神'으로 기록되어 있다. 이는 일반적으로 특정 직종에 종사하는 무리를 통솔하는 족장으로 해석한다. 일본 신화에서 숫자 5가 종종 등장하는 점에 주목하여 아시아 대륙 북방계 유목민 신화의 영향을 받은 것으로 보는 견해도 있다.

551 **불러냈을 때의**: 원문에는 '遠岐斯'를 음독하라는 분주가 달려 있으므

로 일본어로 '오키시(をきし)'라고 읽는다. 이는 '불러내다'라는 의미의 일본어 '오키시(招きし)'로 해석되며 [아마이와야] 신화에서 아마테라스를 불러냈을 때를 가리킨다는 견해가 지배적이다. (☞144페이지 참조)

552 커다란 곡옥, 거울, 그리고 구사나기 검: 커다란 곡옥(八尺勾璁)은 [우케이] 신화에서 아마테라스의 구슬 장식을 구성하는 신물이었으며 (☞주석 219 참조) 커다란 거울(八尺鏡)은 [아마이와야] 신화에서 아마테라스를 암굴에서 나오게 하기 위해 만든 것이었다. (☞주석 265 참조) 구사나기 검(草那芸劍)은 [괴수 오로치 퇴치] 신화에서 스사노오가 괴수 오로치(八俣遠呂知)를 죽이고 그 몸에서 꺼내어 아마테라스에게 바친 검이었다. (☞주석 297 참조) 통상 이 세 신물을 합쳐서 흔히 '삼종신기(三種神器)'라고 부른다. 본 장면에서 아마테라스가 히코호노니니기에게 세 신기를 하사하는 것에서 삼종신기는 태양의 자손으로서 대업을 계승하는 상징으로 여겨진다. (☞320페이지〔깊이 읽기 (19) 정통성의 상징, 삼종신기〕참조)

553 도코요(常世): [아마이와야] 신화에서 '도코요의 닭(常世長鳴鳥)'이라고 표현한 것과 마찬가지로 오모이카네를 수식하는 용어로 보인다. (☞143페이지 참조) 오모이카네 앞에 도코요가 붙은 이유에 대해 모토오리 노리나가(本居宣長)는 영원한 어둠을 뜻하는 '常夜'와 동음으로 보고 [아마이와야] 신화에서 아마테라스가 암굴에 숨어 영원한 어둠이 찾아왔을 때 활약한 오모이카네를 칭하기 위한 것으로 해석했다. (☞354페이지〔깊이 읽기 (22) 도코요쿠니에 담긴 세 이미지〕참조)

554 아마이와토와케(天石門別神): 이 신은 이 장면에서 처음 등장하며 이후 '天石戸別神'라고 표기되기도 한다. 신명 속 한자의 원의를 고려할 때 문을 지키는 암석의 신으로 보이며 아마이와야의 문을 여는 행위 자체가 신격화된 것이라는 견해도 있다.

555 두 신: 신명을 명확히 언급하지 않았기 때문에 여기서 가리키는 두 신에 대해 여러 학설이 제기되어 있다. 첫 번째는 모토오리 노리나가의

해석에 따라 아마테라스의 영혼이 깃든 거울과 오모이카네를 가리킨다는 설이다. 두 번째는 히코호노니니기와 오모이카네를 가리킨다는 설이다. 세 번째로는 사루타비코와 아마우즈메로 보는 설도 있다. 이세 신궁에 모셔졌다는 기록을 고려하여 본서에서는 첫 번째 설을 따른다. (☞322페이지 [깊이 읽기 (20) 아마테라스와 이세 신궁] 참조)

556 사쿠쿠시로 이스즈궁(佐久々斯侶伊須受能宮): 이 궁의 이름을 음독하라는 독법에 따라 일본어로 '사쿠쿠시로이스즈(さくくしろいすず)'로 읽는다. '사쿠쿠시로'는 입구가 갈라진 방울이 부착된 팔걸이 장식을 가리키며 통상 이스즈궁 앞에 붙는 마쿠라코토바(枕洞)로 본다. (☞주석 301 참조) '이스즈'는 '五十鈴'로 보고 '많은 방울'을 의미하는 표현으로 해석할 수 있다. 일반적으로 현재 이세 신궁 내궁(內宮)인 고타이 신궁(皇大神宮)을 가리킨다고 본다. (☞322페이지 [깊이 읽기 (20) 아마테라스와 이세 신궁] 참조)

557 도유우케(登由宇気神): 여기에서 처음 등장하는 신이다. 일각에서는 이 신을 [여러 신 낳기] 신화에서 태어난 도요우케비메(豊宇気毘売神)와 동일한 신으로 보기도 한다. (☞주석 118 참조) 그러나 이세 신궁 외궁(外宮)의 제신(祭神)이 도유우케라고 소개하는 문장은 전후 문맥과의 연결성이 부족하다는 점에서 후세에 추가된 요소로 보는 견해도 있다. (☞322페이지 [깊이 읽기 (20) 아마테라스와 이세 신궁] 참조)

558 구시이와마토(櫛石窓神)・도요이와마토(豊石窓神): 이 두 명칭은 아마이와토와케(☞주석 554 참조)의 또 다른 이름으로 소개되어 있다. 신명에 붙은 '구시(櫛)'와 '도요(豊)'는 모두 미칭(美稱)이며 암석으로 된 견고한 문을 상징하는 신으로 해석할 수 있다.

559 사나나 아가타(佐那那県): 《엔기시키(延喜式)》〈진묘초(神名帳)〉에 이세국(伊勢国) 다키군(多気郡)에 사나 신사(佐那神社)가 있다는 기록이 있다. 이를 근거로 사나나 아가타는 해당 지역의 옛 명칭이라는 견해도 있으나 명확하게 밝혀진 바는 없다.

560 나카토미 무라지(中臣連): 야마토(大和) 조정에서 이미베씨(忌部氏)

와 함께 제사를 담당한 중앙 호족이다. 7세기 중엽, 나카토미 가마타리(中臣鎌足)는 정치 개혁인 다이카 개신(大化改新)의 공신으로 활약했으며 후지와라씨(藤原氏)의 시조이기도 하다. 무라지(連)는 유력 호족에게 부여된 직책명이다. (☞주석 199 참조) 또한 이하 등장하는 오비토(首), 기미(君) 등의 칭호 또한 조정이 각 호족에게 부여한 가바네(姓)이다. (☞주석 243 참조)

561 나카토미 무라지의 조상이다: 이 내용은 본래 분주로 표기하면 문맥상 부자연스러운 면이 있으나 신푸쿠지본(真福寺本) 원문 표기를 충실히 반영하여 그대로 분주 처리했다. 하단의 다마오야까지 동일한 방식으로 표기되어 있다. [우케이] 신화에도 유사한 방식으로 기록된 부분이 있다. (☞132페이지, 주석 244 참조)

562 이미베 오비토(忌部首): 나카토미씨(中臣氏)와 함께 제사에 종사한 유력 호족이다. 《고고슈이(古語拾遺)》에서는 다카미무스히(高皇産靈命)의 자식인 아마후토다마(天太玉命)의 후예로 기록되어 있다. '이미베(忌部)'는 《고고슈이》와 《일본서기》에서 '斎部'로 표기되어 있으며 후대 음운 변화를 거쳐 '인베(いんべ)'로 읽히게 되었다. 이후 인베씨는 점차 세력이 축소되어 신관(神官) 계층으로 남게 되었다.

563 사루메 기미(猿女君): 사루메(猿女)는 고대 율령 체제에서 신기관(神祇官)에 속한 호족이다. 이후 호족명의 기원이 기록되어 있다. (☞307페이지 참조)

564 가가미쓰쿠리 무라지(作鏡連): 거울 제작을 전담한 호족이다. 시조(始祖)로 전해지는 이시코리도메(伊斯許理度売命)는 [아마이와야] 신화에서 아마테라스를 불러내기 위한 거울을 만들었으며 (☞주석 258 참조) 이것이 삼종신기 중 하나인 커다란 거울(八尺鏡)로 전해진다.

565 다마오야 무라지(玉祖連): 고대 일본의 성씨를 확인할 수 있는 《신센쇼지로쿠(新撰姓氏録)》에 따르면 '아마쓰히코호노니니기가 아시하라나카쓰쿠니에 강림할 때 다섯 무리와 황손을 따르는 무리와 함께 내

려왔다. 이때 둥근 옥으로 신기를 만든 자는 이름하여 다마오야 무라지, 다른 이름으로는 다마즈쿠리 무라지라고 한다.(天津彦火瓊瓊杵命, 降幸於葦原中國時, 與五氏神部, 陪從皇孫降來。是時, 造作玉璧, 以爲神幣。故號玉祖連, 亦號玉作連)'라고 기록되어 있다. 이에 따라 야마토 조정에는 옥 제작을 담당하던 집단이 존재했으며 이 집단을 다마오야 혹은 다마즈쿠리라고 불렀음을 알 수 있다.

566 아마노이와쿠라(天之石位):《일본서기》에서는 신대 (하) 제9단 정문과 첫 번째 일서에서 '天磐座'라고 표기한다. 또한 같은 단 정문에는 이를 '아마노이하쿠라(阿麻能以簸矩羅, 현대 발음은 아마노이와쿠라)'라고 읽으라는 독법이 제시되어 있다. 이러한《일본서기》의 독법을 참고하여《고사기》의 '天之石位' 또한 '아마노이와쿠라'라고 읽을 수 있다. 이는 다카아마하라에 위치한 견고한 곳을 나타낸다.

567 길게 뻗은: 원문에 보이는 '多那'라는 표현은 음독하라는 분주가 달려 있으므로 일본어로 '타나(たな)'로 읽는다. 이를 '가로로 길게 뻗다'는 의미를 가진 일본어 '다나비쿠(棚引く)'의 어원으로 보는 견해가 있다.

568 위풍당당하게 길을 가려내면서: 원문에 쓰인 '伊都能知和岐知和岐弖'는 '伊부터 열 자는 음독한다.(自伊以下十字以音)'라는 분주에 따라 '이쓰노치와키치와키테(いつのちわきちわきて)'로 읽는다. '이쓰노'는 위세가 좋다는 의미, '치와키'는 길을 분별하다는 의미로 해석할 수 있으며 '테'는 동사의 연용형으로 '~(해)서'의 뜻을 나타낸다. 따라서 이 어구는 위풍당당한 기세로 옳은 길만을 가리고 가려내어 힘차게 내딛는 모습을 드러낸 표현이라 할 수 있다.

569 신성한 다리: 다카아마하라에서 내려가는 도중에 있는 다리이다.(☞주석 33 참조)

570 떠 있는 섬이 있어 몸을 돌려 서서는: 원문에 보이는 '宇岐士摩理、蘇理多々斯弖'라는 표현은 음독하라는 분주에 따라 일본어로 '우키지마리(うきじまり) 소리타타시테(そりたたして)'로 읽는다. 여기에서 '우키지마리'는《일본서기》의 '浮渚在'라는 표기를 참고로 '우키지마

(浮島)+아리(在り)'의 준말로 보고 '떠 있는 섬이 있어서'라는 의미로 해석할 수 있다. '우키지마'라는 섬은 이 장면에서 처음 등장하는데 물이나 구름 위에 떠 있는 섬을 비유적으로 표현한 것이라고 보는 것이 일반적이다. '소리타타시테'는 몸을 돌리다는 의미의 '소리(そり)'와 서다는 뜻의 '타타시테(立たして)'로 이루어진 것으로 볼 수 있다. 이에 따라 이 어구는 천손이 신성한 다리 위에서 구름 위에 섬처럼 떠 있는 다카치호(高千穂) 봉우리를 바라보며 서 있는 모습을 묘사한 것으로 해석하는 견해가 있다.

571 쓰쿠시(竺紫) 히무카(日向)의 다카치호(高千穂): 쓰쿠시(竺紫)는 현재의 규슈(九州) 지방을 지칭하는 옛 지명이며 히무카(日向)는 규슈 남부 지역을 가리킨다. 다카치호(高千穂)는 높이 쌓인 벼 이삭이라는 의미로 해석하는 것이 일반적이다.

572 쿠시후루타케(久士布流多気): 원문에 이를 음독하라는 독법이 달려 있으므로 '쿠시후루타케(くしふるたけ)'로 읽는다. '타케'는 높은 산을 의미하는 악(岳)의 뜻을 가지므로 산 이름으로 보이나 정확한 소재지는 불분명하다. 현재 일본 미야자키현(宮崎県) 니시우스키군(西臼杵郡) 다카치호초(高千穂町) 부근의 산이라는 견해와 가고시마현(鹿児島県) 기리시마시(霧島市)의 다카치호노미네(高千穂峰)로 보는 견해가 팽팽히 맞서고 있다.

573 아마오시히(天忍日命): 일반적으로 이 신명에 쓰인 '오시(忍)'를 힘으로 제압한다는 의미로 보고 '히(日)'를 영력으로 해석하여 강력한 무력을 지닌 신으로 본다. 《고고슈이》에는 다카미무스히(高皇産霊命)의 자식으로 기록되어 있다.

574 아마쓰쿠메(天津久米命): 신명의 정확한 의미는 밝혀지지 않았으나 군사 조직인 구메부(久米部)와의 연관성이 깊다는 견해가 유력하다. 《일본서기》 신대(하) 제9단 네 번째 일서와 《고고슈이》에는 아마오시히가 아마쓰쿠메를 거느렸다고 기록되어 있으나 《고사기》에서는 두 신이 나란히 선두에 서서 모셨다고 기술되어 있다.

575 오토모 무라지(大伴連): 야마토 조정에서 군사력을 관장한 호족이다. 무라지는 조정에서 부여한 칭호이며 대표적인 무라지 계열 호족으로는 오토모씨(大伴氏)와 모노노베씨(物部氏)가 있다. (☞주석 199 참조)

576 구메 아타이(久米直): 야마토 조정의 군단을 구성한 핵심 호족이다. 아타이(直)는 야마토 정권에 복속한 지방 유력 호족에게 부여된 직책명이다. 본래 고대에는 '아타히(あたひ)'로 발음하였으나 이후 음운 변화를 거쳐 '아타이(あたい)'라고 발음하게 되었다.

577 한국(韓国): 고대 한반도를 의미한다. 모토오리 노리나가는 《일본서기》 신대(하) 제9단 네 번째 일서에 나오는 '가라쿠니(空国)'와 동일하게 보았으나 이는 '비옥하지 않은 땅'을 뜻하므로 본 문맥에서 '좋은 땅'을 가리키는 것과 맞지 않는다. 이러한 이유로 최근에는 이것이 고대 한반도를 가리킨다고 보는 견해가 우세하다.

578 가사사(笠沙)곶: 《일본서기》 신대(하) 제9단 정문에는 '아타(吾田) 나가야(長屋) 가사사(笠狹)의 물가'에 도착했다고 기록되어 있다. 이를 근거로 현재의 일본 가고시마현 가와베군(川辺郡) 가사사초(笠沙町) 인근으로 보는 견해가 있다.

579 치기(氷椽): '치기(ちぎ)'는 지붕 위에 X자 형태로 얹은 목재 장식을 의미하며 《고사기》에서는 '氷椽' 또는 '氷木'이라는 표기가 병기되어 있다. (☞주석 372, 516 참조)

4. 사루타비코와 아마우즈메(天宇受売神)

그런 다음 아마우즈메에게 분부했다.

"선두에 서느라 힘쓴 사루타비코 대신大神[580]은 그 정체를 명확히 밝혀낸 네가 배웅해 드리거라. 또한 그 신의 이름은 이제 네가 이어받아 받들 거라."

그러한 연유로 사루메 기미猿女君[581]는 사루타비코라는 남신男神의 이름을 이어받게 되어 그 여성들을 사루메 기미라 부르게 된 것이다.

또한 그 사루타비코가 아자카阿耶訶, 지명이다.[582]에 있을 때 물고기를 잡다가 히라부 조개[583]에 손을 물려 바다에 빠져 버렸다. 그렇게 바다에 빠져 바닥에 가라앉았을 때의 이름을 소코도쿠미타마底度久御魂[584]라고 한다. 그 바닷물에 공기 방울이 일었을 때의 이름을 쓰부타쓰미타마都夫多都御魂[585]라고 한다. 그 물거품이 부서질 때의 이름을 아와사쿠미타마阿和佐久御魂[586]라고 한다.[587]

그래서 (아마우즈메는) 사루타비코를 보내고 돌아와 곧바로 지느러미가 넓고 좁은 물고기를 모두 불러 모아 물었다.

"너희들은 천신의 자손을 받들어 섬길 것인가?"

이때 물고기들이 모두 '받들어 섬기겠나이다.'라고 말한 가운데 해삼만이 대답하지 않았다. 그래서 아마우즈메는 해삼에게 말했다.

"이 입은 대답하지 않는 입이구나."

그리고 끈이 달린 작은 칼로 그 입을 찢어버렸다. 이 때문에 지금도 해삼의 입이 찢어져 있는 것이다. 이러한 연유로 현세[588]에 시마국[589]의 신선한 해산물[590]을 진상을 받을 때 사루메 기미에게 주는 것이다.

원문

故爾、詔天宇受売命、此、立御前所仕奉猿田毘古大神者、專所顯申之汝、送奉。亦、其神御名者、汝、負仕奉。是以、猿女君等、負其猿田毘古之男神名而、女呼猿女君之事、是也。故、其猿田毘古神、坐阿耶訶此三字以音。地名。時、為漁而、於比良夫貝自比至夫以音其手見咋合而、沈溺海塩。故、其、沈居底之時名、謂底度久御魂、度久二字以音。其、海水之都夫多都時名、謂都夫多都御魂、自都下四字以音。其、阿和佐久時名、謂阿和佐久御魂。自阿至久以音。於是、送猿田毘古神而還到、乃悉追聚鰭広物・鰭狭物以、問言、汝者、天神御子仕奉耶之時、諸魚皆、仕奉白之中、海鼠、不白。爾、天宇受売命、謂海鼠云、此口乎、不答之口而、以紐小刀析其口。故、於今海鼠口、析也。是以、御世、島之速贄献之時、給猿女君等也。

주석

580 **대신(大神)**: 이 장면에서 사루타비코의 신명 뒤에 '대신(大神)'이 붙는다. 《고사기》에서 특정 신명에 '대신'이 붙으면 이전보다 한 단계 승격되는 의미가 있다. 예를 들어 이자나미(伊耶那美命)는 [요모쓰쿠니와미소기] 신화에서 요모쓰대신(黄泉津大神)・치시키대신(道敷大神)

이 되었으며 이자나키(伊耶那伎命) 역시 요모쓰쿠니(黄泉国)에서 빠져나온 직후 이자나키대신(伊耶那伎大神)으로 명칭이 바뀌었다. 이렇듯 사루타비코 또한 천손을 인도하는 역할을 수행한 직후 '대신'으로 격상한 것으로 보인다. (☞주석 172 참조)

581 사루메 기미(猿女君): 궁중에서 진혼제(鎮魂祭) 등 공적 제례를 지낼 때 가무를 담당한 여성의 칭호로 해석하는 것이 일반적이다. 《일본서기》 첫 번째 일서에 따르면 아마우즈메(天鈿女命)가 사루타비코(猿田彦神)를 따라갔기 때문에 천손이 '사루메 기미(猿女君)'라고 불렀다고 한다. 《고사기》와 《일본서기》에 사루메 기미의 기원이 기록된 것은 본래 남성에게 사용되는 '기미(君)'라는 호칭이 여성에게 부여된 이례적인 사례를 설명하기 위한 것으로 보인다.

582 아자카(阿耶訶): 현재 일본 미에현(三重県) 마쓰사카시(松阪市)의 오아자카(大阿坂) 및 고아자카(小阿坂) 지역으로 보는 견해가 유력하다. 사루타비코를 제신으로 모시는 아자카 신사(阿射加神社)가 이 지역에 있다.

583 히라부 조개(比良夫貝): 원문에 '比良夫貝'라고 표기하고 '比부터 夫까지 음독한다.(自比至夫以音)'는 독법 분주에 따라 이 조개의 이름을 '히라부(ひらぶ)'라고 읽는다. 이를 키조개로 보는 견해가 있으나 정확한 종(種)은 불명확하다.

584 소코도쿠미타마(底度久御魂): '소코(底)'는 바닥을 뜻하는 일본어이며 사루타비코가 바다에 빠져 바닥에 가라앉았을 때를 나타낸다. '度久'는 음독하라는 분주에 따라 '도쿠(どく)'로 읽으며 도착하다는 의미의 '쓰쿠(着く)'와 같은 어원으로 보는 견해가 있다. '미타마(御魂)'는 존칭의 의미의 '미'와 혼령을 의미하는 '타마'로 해석할 수 있다. 이에 따라 이를 '바닥에 이르렀을 때의 혼'이라는 의미로 풀이할 수 있다.

585 쓰부타쓰미타마(都夫多都御魂): 원문에 '都부터 네 자는 음독한다.(自都下四字以音)'는 독법이 제시되어 있어 '都夫多都'를 '쓰부타쓰(つぶたつ)'로 읽는다. 일본어 '쓰부(粒)'는 '알갱이 또는 낱알', '타쓰

(立つ)'는 '서다'라는 의미를 가지므로 바닷속에서 공기 방울이 보글거리며 올라가는 모습을 연상시키는 표현이다. 따라서 이를 '공기 방울이 일었을 때의 혼'이라는 의미로 해석할 수 있다.

586 아와사쿠미타마(阿和佐久御魂): 원문에 보이는 '阿和佐久'는 음독하라는 분주에 따라 '아와사쿠(あわさく)'로 읽는다. '아와(泡)'는 물거품을 뜻하고 '사쿠(裂く)'는 '부서지다, 터지다'라는 의미이므로 물거품이 수면에서 부서지는 모습을 표현한 것으로 보인다. 따라서 아와사쿠미타마는 '물거품이 부서질 때의 혼'으로 풀이할 수 있다. 한편 '아와(あわ)'라는 독법은 주목할 만하다. 《고사기》에서는 일본 상대 독법(上代仮名遣い)으로 읽으므로 강의 의미인 '가와(かわ)'를 '가하(かは)'로, 거품의 의미인 '아와'를 '아하(あは)'로 표기하는 것이 일반적이다. (☞주석 91 참조) 그러나 본 구절에서는 헤이안(平安) 시대 이후의 발음인 '아와'가 돌연 등장하고 있어 후대에 삽입된 문장일 가능성이 제기된다.

587 사루타비코가 물에 빠졌을 때의 모습을 세 가지 영혼으로 나타낸 것은 이세(伊勢) 지역의 해인들(海人族)이 수중진혼(水中鎭魂)과 관련된 어로(漁撈) 제사를 거행했음을 반영한 것이라는 견해가 있다.

588 현세: 원문에서 '御世'로 표기된 이 표현은 일반적으로 천황이 통치하는 시대를 의미한다. 《고사기》의 서술 구조는 먼저 상권에서 신들의 세상이 전개되고 그다음으로 중·하권에서 천황이 다스리는 시대가 이어진다. [다카아마하라와 천신들] 신화에서는 신들의 세상을 '神世'라고 표현하여 (☞주석 26 참조) 두 시대를 구분하고 있음을 알 수 있다. 따라서 '御世'는 천황이 지배하던 시대, 즉 《고사기》가 기록된 당시의 현세를 가리킨다고 볼 수 있다.

589 시마국: 원문에는 '島'로 표기되어 있으나 일반적인 섬을 의미하는 것이 아니라 현재의 미에현(三重県) 일대를 가리키던 옛 지명인 시마국(志摩国)을 지칭하는 것으로 해석하는 것이 일반적이다.

590 신선한 해산물: 원문에 쓰인 '速贄'는 그해 처음으로 수확한 식재료를 헌납하는 제의적 음식을 의미한다. 이는 시마국에서 어패류를 바쳐 왔던 관행을 기록에 남긴 것으로 볼 수 있다.

5. 고노하나노사쿠야비메(木花之佐久夜毘売)

아마쓰히타카 히코호노니니기[591]는 가사사곶 앞에서 수려한 미인을 만났다. 그리하여 물었다.

"누구의 딸인가?"

답하여 말하였다.

"오야마쓰미大山津見神의 딸로 이름은 가무아타쓰히메神阿多都比売[592]라고 하오며 또 다른 이름으로는 고노하나노사쿠야비메木花之佐久夜毘売[593]라고 하옵나이다."

다시 또 물어보았다.

"네 형제가 있는가?"

답하여 말하였다.

"제 언니 이와나가히메石長比売[594]가 있나이다."

이에 말하였다.

"나는 너와 혼인하고 싶은데 어떠한가?"

답하여 말하였다.

"제가 말하기 어려우니 제 부친 오야마쓰미가 말할 것입니다."

그래서 그의 부친인 오야마쓰미에게 물어보니 매우 기뻐하며 그의 언니인 이와나가히메도 딸려 보내며 백 가지 예물[595]을 가지고 가서 바치도록 했다. 그런데 그 언니는 몹시 추하게 생겼기 때문에 보고 꺼리어[596] 되돌려 보내고는 오직 그 동생 고노하나노사쿠야비메만을 남겨 하룻밤 자고 혼인했다. 그러자 오야마쓰미는 이와나가히메를 되돌려 보낸 일에 매우 수치심을 느끼며 뜻을 전했다.

"내 딸 둘을 모두 바친 이유를 말하자면 이와나가히메를 보낸 것은 천신 자손의 목숨이 설령 비바람이 불어도 바위처럼 항상 견고하게 흔들림 없이 계시라는 뜻이었습니다. 또한 고노하나노사쿠야비메를 보낸 것은 나무 꽃잎처럼 영화가 지속되시라는 의미로 우케이를 하고[597] 바친 것입니다. 이렇게 이와나가히메는 돌려보내시고 오직 고노하나노사쿠야비메만을 머무르게 하셨으니 천신 자손의 수명은 나무에 핀 꽃이 비 내리기 전의 찰나뿐인 것처럼[598] 그러실 겁니다."

그래서 지금에 이르기까지 천황天皇 목숨이 길지 않은 것이다.

> **원문**
>
> 於是、天津日高日子番能邇邇芸能命、於笠沙御前、遇麗美人、爾、問、誰女、答白之、大山津見神之女、名神阿多都比売、此神名以音。亦名、謂木花之佐久夜毘売。此五字以音。又、問、有汝之兄弟乎、答白、我姉、石長比売在也。爾、詔、吾、欲目合汝。奈何、答白、僕、不得白。僕父大山津見神、将白。故、乞遣其父大山津見神之時、大歓喜而、副其姉石長比売、

令持百取机代之物奉出。故爾、其姉者、因甚兇醜、見畏而返送、唯留其弟木花之佐久夜毘売以、一宿為婚。爾、大山津見神、因返石長比売而、大耻、白送言、我之女二並立奉由者、使石長比売者、天神御子之命、雖雪零風吹、恒如石而、常堅不動坐、亦、使木花之佐久夜毘売者、如木花之栄々坐宇気比弖、自字下四字以音。貢進。此、令返石長比売而、独留木花之佐久夜毘売故、天神御子之御寿者、木花之阿摩比能微此五字以音。坐。故是以、至于今、天皇命等之御命、不長也。

주석

591 아마쓰히타카 히코호노니니기: 원문에서는 신명에 '能'이 추가되어 '天津日高日子·番能邇々芸能命'으로 표기되어 있으므로 '아마쓰히타카 히코호노니니기노'라고 읽는 것이 원칙이나 앞 장면과 동일한 인물임을 나타내기 위해 본문에서는 '아마쓰히타카 히코호노니니기'로 통일하였다.

592 가무아타쓰히메(神阿多都比売): 신명에서 '가무(神)'는 신성함을 나타내는 미칭이다. '아타(阿多)'는 지금의 가고시마현(鹿児島県) 부근을 일컫는 옛 지명인 사쓰마국(薩摩国)에 속한 아타군(阿多郡)으로 보는 설이 유력하다. 《일본서기》 신대(하) 제9단 정문에서는 이 미인의 이름을 가시쓰히메(鹿葦津姫)라 하고 또 다른 이름을 가무아타쓰히메(神吾田津姫)라고 소개했으며 여섯 번째 일서에서는 도요아타쓰히메(豊吾田津姫)라고 기록하고 있다. 따라서 이 신은 '아타'라는 지명과 관련성이 매우 깊음을 알 수 있다.

593 고노하나노사쿠야비메(木花之佐久夜毘売): '고노하나(木花)'는 나무의 꽃을 의미하며 '佐久夜毘売'는 음독하라는 독법에 따라 '사쿠야비메(さくやびめ)'로 읽는다. 여기서 '사쿠'는 꽃이 피다는 의미의 '사

쿠(咲く)', '야'는 접미어, '비메'는 고귀한 여성을 뜻하므로 전체적으로 '나무의 꽃처럼 아름다운 여신'이라는 의미로 해석하는 것이 일반적이다. 《일본서기》에서는 '木花之開耶姫', '木花開耶姫' 등으로 표기되어 있다. 한편 '사쿠야'가 벚꽃을 의미하는 '사쿠라(さくら)'와 어감이 통한다는 점을 들어 '사쿠라'의 기원으로 보는 견해도 있다. 또한 스사노오의 계보에 등장하는 고노하나치루히메(木花知流比売)(☞주석 310 참조) 역시 오야마쓰미(大山津見神)의 딸로 기록되어 있어 고노하나노사쿠야비메와의 연관성이 짙어 보인다. (☞324페이지 [깊이 읽기 (21) 하룻밤 임신 이야기] 참조)

594 이와나가히메(石長比売): 신명 그대로 '바위처럼 긴 세월 동안 변함이 없는 여신'이라고 해석하는 것이 일반적이며 앞뒤 문맥과도 부합한다.

595 예물: 원문 속 '机代之物'이라는 표기에서 '机代'는 물건을 올리는 상을 의미한다. 이를 데릴사위제에서 신부 집안이 신랑에게 보내는 예물로 보는 견해도 있다.

596 보고 꺼리어: 원문에 쓰인 '見畏'라는 표현 중 '畏'의 한자 원의는 두려워하다는 뜻이지만 여기서는 문맥상 이와나가히메를 보고 꺼렸다는 뜻으로 해석하는 것이 자연스럽다. [요모쓰쿠니와 미소기] 신화에서도 이자나키가 구더기가 드글거리는 이자나미를 보고 꺼리어 도망갔다는 내용이 있다. (☞주석 160 참조)

597 우케이를 하고: 원문에 '宇気比弖'라고 표기되어 있으며 이를 음독하라는 독법에 따라 '우케히테(うけひて)'로 읽는다. 이는 '우케히(誓約, 현대어에서는 우케이로 발음)'와 '시테(して)'를 합친 표현으로 보는 것이 일반적이다. '우케이'는 특정 전제조건을 설정한 후 그 결과에 따라 진실을 판별하거나 신의 의향을 묻는 주술적 행위를 의미한다. (☞주석 231 참조) '시테'는 동사의 연용형이므로 이 어구를 '우케이를 하고'라고 풀이할 수 있다.

598 나무에 핀 꽃이 비 내리기 전의 찰나뿐인 것처럼: 원문에 보이는 '木花之阿摩比能微'라는 어구 중 '阿摩比能微'는 음독하라는 독법에 따라

'아마히노미(あまひのみ)'로 읽을 수 있다. '아마히'는 비와 비 사이를 뜻하는 '아마아히(雨間)'의 줄임말로 해석하고 '노미'는 '~만, ~뿐'이라는 한정의 조사로 풀이하는 것이 일반적이다. 따라서 이 어구는 나무에 핀 꽃이 비가 내리지 않는 동안에만 반짝하고 피었다가 비가 내리면 떨어지는 모습을 묘사한 것이다. 천신의 자손, 즉 천황가의 수명이 유한하다는 것을 나무꽃에 비유한 표현으로 볼 수 있다.

6. 히코호노니니기의 계보

그 후 고노하나노사쿠야비메가 나타나 말했다.

"소첩, 임신하였나이다. 이제 아이를 낳을 때가 되었는데 천신의 아이를 사사로이[599] 낳을 수 없어 청하옵나이다."

이에 말하였다.

"사쿠야비메여. 하룻밤 만에 아이를 가졌다니…. 이는 내 아이가 아닐 것이다. 필시 국신의 자식일지어다."

그러자 답하여 말하였다.

"제가 임신한 아이가 만약 국신의 자식이라면 낳을 때 불행할 것이오나 만약 천신의 아이라면 무사할 것이옵니다."

그리고 즉시 문 없는 넓은 집[600]을 만들어 그 집에 들어가 흙을 발라 막고는 낳으려 할 즈음 그 집에 불을 지르고 낳았다. 그리하여 그 화염이 활활 치솟을 때 낳은 아이의 이름은 호데리火照命[601]이다. 이 신은 하야토아타기미(隼人阿多君)[602]의 조상이다. 다음으로 낳은 아이의 이름은 호스세리火須勢理命[603]이다. 다음으로 낳은 아이의 이름은 호오리火遠理命[604]이며 또 다른 이름은 아마쓰히타카 히코호호데미天津日高日子穗々手見命[605]이다. 세 신이다.

원문

故、後木花之佐久夜毘売、參出白、妾、妊身。今、臨産時、是天神之御子、私不可産故、請。爾、詔、佐久夜毘売、一宿哉妊。是、非我子。必国神之子。爾、答白、吾妊之子、若国神之子者、産時不幸。若天神之御子者、幸。即作無戸八尋殿、入其殿内、以土塗塞而、方産時、以火著其殿而産也。故、其火盛燒時所生之子名、火照命。此者、隼人阿多君之祖。次、生子名、火須勢理命。須勢理三字以音。次、生子御名、火遠理命、亦名、天津日高日子穂々手見命。三柱。

주석

599 사사로이: 원문의 '私'라는 표기는 천신의 자손은 공적인 혈통을 계승하는 존재이므로 사적으로 낳을 수 없다는 의미를 담고 있다. ☞324페이지 [깊이 읽기 (21) 하룻밤 임신 이야기] 참조.

600 문 없는 넓은 집: 원문에 보이는 '無戸八尋殿'이라는 표현에 대해 크게 두 가지 해석으로 나뉜다. 하나는 지붕이 뚫려 있으나 사방이 벽으로 둘러싸여 내부를 볼 수 있는 구조로 해석하는 견해이며 다른 하나는 사방이 완전히 밀폐된 집으로 보는 견해이다.

601 호데리(火照命): 이 세 신의 이름은 통상 불이 활활 타오르는 모습을 신의 탄생에 빗댄 것으로 본다. 호데리는 불이 타오르며 밝아지는 현상을 반영한 이름으로 보는 견해가 일반적이다. 이후 호데리는 [우미사치·야마사치] 신화에서 바다의 도구를 관장하는 '우미사치(海佐知)'로 등장한다. ☞주석 606 참조.

602 하야토아타 기미(隼人阿多君): 하야토(隼人)는 규슈(九州) 남부에 거주하던 세력을 칭하는 총칭으로 '하야비토'라고도 불린다. '하야토'

뒤에 '아타'라는 세부 지역명을 붙여 부른 것으로 보는 것이 지배적이다. 아타 지역은 사쓰마국(薩摩国) 아타군(阿多郡)으로 보는 설이 유력하다. 기미(君)는 조정에서 유력 호족에게 부여한 가바네이다. (☞주석 243 참조)

603 호스세리(火須勢理命): 신명 안에 쓰인 '須勢理'를 음독하라는 분주가 제시되어 있어 '스세리(すせり)'로 읽는다. 이에 대한 해석은 크게 두 가지로 나뉜다. 하나는 '스세리'를 진척됨을 뜻하는 고대 일본어로 해석하여 불길이 한창 타오르는 모습을 상징한다고 보는 견해이다. 다른 하나는 열매를 맺다는 의미로 보고 벼농사에서 수확이 가능한 상태로 익어가는 모습을 반영한 것이라는 견해이다. 그러나 호스세리는 이 장면에만 등장하여 그 의미나 신격을 명확히 규정하기는 어렵다.

604 호오리(火遠理命): 호오리는 [우미사치·야마사치] 신화에서 산의 도구를 관장하는 '야마사치(山佐知)'로 등장한다. (☞주석 607 참조) 이 신명에 대해서는 두 가지 해석이 병존한다. 첫 번째는 《일본서기》 신대(하) 제9단 정문에 기록된 '불의 열기를 피하여 낳은 아이가 히코호호데미이다. (避熱而居、生出之兒、號彦火火出見尊)'라는 서술에 근거하여 호오리를 불길이 잦아든 상태를 상징하는 이름으로 해석하는 견해이다. 두 번째 견해는 《고사기》 원문에 불길이 사그라졌다는 표현이 없을 뿐 아니라 호오리가 천신의 계보를 잇는 주요 신이라는 점에 주목하여 오히려 불길이 맹렬히 타오를 때 태어난 신으로 해석해야 한다는 주장이다. 이처럼 호오리의 신명에 대한 해석은 여전히 논쟁의 여지가 남아있다.

605 아마쓰히타카 히코호호데미(天津日高日子穂々手見命): 신명에 보이는 '아마쓰히타카(天津日高)'는 태양의 자손으로서의 위대함을 나타내는 존칭이며 '히코(日子)'는 남성을 의미하는 것으로 해석하는 것이 일반적이다. '호호데미(穂々手見)'의 의미는 명확하지 않으나 일반적으로 '호(穂)'는 벼 이삭, '데(手)'는 '나다'의 의미인 '데루(出る)'의 준말, '미(見)'는 영혼의 뜻으로 본다. 이에 따라 호오리의 또 다른 이름인

이 신명을 벼 이삭이 풍성하게 여무는 것을 상징하는 이름으로 해석하는 견해가 우세하다. [우미사치·야마사치] 신화에서 호오리는 '히코호호데미'라고 표기되어 등장하기도 한다. (☞351페이지 참조)

깊이 읽기 (19)

정통성의 상징, 삼종신기(三種神器)

일본 천황가에는 신성한 세 가지 신물이 대대로 전해져 내려온다. 바로 《고사기(古事記)》에 등장하는 커다란 곡옥(八尺勾瓊), 커다란 거울(八尺鏡), 구사나기 검(草那芸劍)이다. 《일본서기(日本書紀)》에는 이 세 가지 신물을 '삼종보물(三種宝物)'이라 표현하였으며 이러한 표현이 점차 변화하여 '삼종신기(三種神器)'라 부르게 되었다. 삼종신기에 관한 기원은 일본의 고대 문헌인 《고사기》와 《일본서기》에서 찾아볼 수 있다.

《고사기》에 의하면 [우케이] 신화에서 아마테라스(天照大御神)의 신성한 구슬 장식을 '커다란 곡옥 오백 개 정도를 꿴 구슬 장식'이라 묘사한다. 거대한 곡옥이 주렁주렁 달린 초대형 목걸이형 구슬 장식을 연상케 한다. 이는 아마테라스의 신성하고 웅장한 존재감을 드러내기 위한 것으로 이해할 수 있다. 《일본서기》에서는 '八坂瓊之曲玉'로 표기하여 이 곡옥의 명칭을 《일본서기》식으로 '야사카니 곡옥'이라 칭하기도 한다.

[아마이와야] 신화에서는 아마이와야(天石屋)라는 동굴에 숨은 아마테라스를 밖으로 불러내기 위해 커다란 곡옥이 달린 구슬 장식과 함께 '커다란 거울'을 사용했다고 전한다. 이 거울은 《일본서기》에서 '八咫鏡'으로 표기되어 있다. 동굴 안으로 숨어버린 태양신인 아마테라스가 이 거울을 보고 동굴에서 나왔다는 이야기는 고대부터 거울이 주술적인 힘이 깃든 도구로 인식되었음을 보여준다.

구사나기 검은 [스사노오와 이즈모] 신화에서 스사노오(須佐之男命)가 거대한 뱀 형태의 괴수를 퇴치한 뒤 얻은 검으로 이후 아마테라스에게 바쳤다고 기록되어 있다. 《일본서기》에서는 '草薙劍'이라고 표기

하고 '구사나기노쓰루기(くさなぎのつるぎ)'라고 읽으라는 독법이 제시되어 있으며 아마테라스가 아닌 천신(天神)에게 바쳤다고 전한다.

이렇게 아마테라스 측으로 모두 모인 세 가지 신물은 [천손강림] 신화에서 아마테라스가 그의 손자인 히코호노니니기(日子番能邇々芸命)에게 하사하였다. 삼종신기를 받은 히코호노니니기는 지상 세계로 내려간 후 자손을 낳았으며 그 후손이 일본의 초대 천황인 진무(神武)라고 기술되어 있다. 즉 일본의 지고신(至高神)에게서 정식으로 임명받은 천신의 자손이 천황으로 이어진다는 것이다. 이러한 《고사기》와 《일본서기》 속 신화를 통해 삼종신기는 천신의 혈통과 통치자로서 대업을 이어받는 자에게 계승되는 신성한 증표로 여겨지게 되었다.

현대에도 삼종신기는 일본 왕실의 정통성을 상징한다. 거울은 이세신궁(伊勢神宮)에 모셔져 있으며 검과 곡옥은 천황 거처에 보관되어 있으나 천황조차 직접 볼 수 없는 절대적 신물로 봉안되어 있다. 특히 검과 곡옥은 현대의 천황 즉위식에도 필수적으로 등장하는데 새로운 천황은 이 신물을 받는 의식을 통해 왕위 계승을 공식적으로 인정받는다. 실존 여부와 관계없이 삼종신기가 고대 전승 속 신물로서 현재까지도 계승되고 있다는 사실은 일본인의 정체성과 문화적 연속성을 보여주는 중요한 상징이라 할 수 있다.

글: 조유미

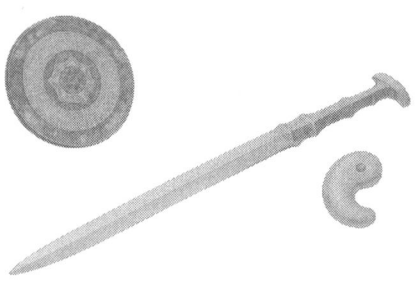

삼종신기

깊이 읽기 (20)

아마테라스(天照大御神)와 이세 신궁(伊勢神宮)

《고사기(古事記)》 신화에서 아마테라스(天照大御神)는 최고의 신이자 천황가의 시조신이라는 지위가 있다. 그런 위상 때문인지 아마테라스를 제신으로 모시는 이세 신궁(伊勢神宮) 역시 일본 최고의 신사로 알려져 있다. 그렇다면 《고사기》가 완성된 8세기 초에는 그에 어울리는 제의나 기록이 남아있을 법하나 이상하게도 나라(奈良) 시대(710~794)까지 궁중에서는 이 신을 최고신으로 모신 흔적이 없다. 심지어 헤이안(平安) 시대(794~1191)에 국가 제사를 총망라한 《엔기시키(延喜式)》에 수록된 축문에도 이 신을 특별하게 모신 흔적은 찾아보기 힘들다. 더군다나 정작 《고사기》를 보면 아마테라스를 이세 신궁에 모시게 된 기원이 분명하지 않지만, 《일본서기》는 상대적으로 이세 신궁의 창설 과정을 구체적으로 설명하고 있어 차이가 난다.

먼저 《일본서기》를 보면 '신대(神代)'가 아닌 인대(人代) 즉 역대 천황 기록 중 제10대 천황 스진(崇神) 시절 불온한 상황이 발생하자 거울을 야마토 인근 궁궐 근처로 옮겼으나 신심이 진정되지 않자 다음 천황인 스이닌(垂仁) 25년에 그 거울을 제신으로 모시던 왕녀 야마토히메(倭姬命)가 오미(近江)와 미노(美濃)를 거쳐 이세에 모시고 갔더니 아마테라스가 "여기에 있고 싶다."고 계시하여 그 부근 강가에 사당을 세워 모셨다고 전한다. 이세에 안착하기 전에 왕녀가 아마테라스의 영혼을 모시고 이곳저곳을 방랑했다는 점이 특이하다.

이에 반해 《고사기》에는 [천손 강림] 신화에서 아마테라스가 지상으로 내려가는 천손에게 삼종의 신기를 하사하고, "이 거울을 내 영혼처럼 정중하게 모시라."고 주문한다. 이후 '두 신은 사쿠쿠시로 이스즈궁(佐久久斯侶 伊須受能宮, 이세신궁의 내궁)을 받들어 모셨다.'는 문장이 나온다. 그런데 이 문장은 갑자기 돌출한 것처럼 앞뒤 문맥과 어울리지 않아 '두 신이 엄숙하게 신궁에 모셔져 있다.'고 해석해야 한다는 주장도 있다. 이처럼 같은 문장을 두고 다른 해석이 나오는 이유는 이후 천손과 일행은 이세로 내려가지 않고 규슈(九州)의 다카치호(高千穂)로 향하기 때문이다. 그렇다면 아마테라스의 영혼을 상징하는 거울은 다카아마하라(高天原)에서 이세로 직행한 것으로 볼 수 있으므로 그 거울이 바로 이세 신궁의 제신이 되는 셈이다. 모토오리 노리나가(本居宣長)는 두 신을 거울과 오모이카네(思金神)로 보았고 이 해석은 지금도 주류를 이루고 있으나 또 한편으로는 길 안내를 맡은 사루타비코(猿田毘古神)과 아마우즈메(天宇受売神)로 보아야 한다는 견해도 있다.

 한편 이세 신궁은 지금도 '내궁(內宮)'과 '외궁(外宮)'으로 구성되어 있는데 그 기원을 전하는 기사가 《고사기》에만 있다는 점도 특이하다. '도유우케(登由宇気神), 이 신은 외궁(外宮) 와타라이(度相)에 모신 신이다.'라는 기사가 그것이다. '도유우케(登由宇気)'로 발음되는 이 신은 《일본서기》에 전혀 언급이 없으나 《고사기》에는 전반부의 [여러 신 낳기] 신화에서 이 신과 이름이 비슷한 '도요우케비메(豊宇気毘売神)'가 등장하나 정작 이 신은 이름만 나오고 아무런 활약이 없으므로 과연 이 신이 도유우케와 동일 신인지 단언하기 어렵다. 발음의 유사성을 근거로 이 신이 와타라이(度会) 가문이 대대로 섬겼다는 도요우케신으로 인정한다면 《고사기》는 이세 신궁이 이미 '내궁'과 '외궁'으로 나뉜 시기의 인식을 반영한 문헌으로 보아야 하나 역사적으로 이세 신궁이 내, 외궁으로 분리된 시기는 아무리 빨라도 헤이안 시대 중기 이후의 일이라는 것이 학계의 정설이다. 그렇다면 이 기사는 역설적으로 《고사기》가 8세기 초 즉 나라 시대에 나온 문헌이 아니라는 유력한 근거가 된다. 이 논란은 이세의 와타라이씨(度会氏)가 중세에 필사 과정에서 일부러 끼워 넣은 것이라는 의혹까지 더해져 《고사기》 위서 설을 더욱 증폭시키는 근거가 될 수 있다는 점에서 결코 소홀하게 다룰 수 없는 문제이기도 하다.

글: 이창수

깊이 읽기 (21)

하룻밤 임신 이야기

《고사기(古事記)》와 《일본서기(日本書紀)》에는 천손 니니기(邇々芸命)가 지상으로 내려가 만난 고노하나노사쿠야비메(木花之佐久夜毘売)와 하룻밤을 보내고 그 여인을 임신시켰다는 이야기가 공통으로 실려 있다. 일명 '하룻밤 임신' 신화이다. 이와 비슷한 이야기가 고구려 시조 신화에도 보여 그것이 일본 신화에 영향을 주었다는 견해가 있다.

내용을 보면 해부루의 아들 해모수가 천상에서 지상으로 내려와 하백의 딸 유화를 꾀어 하룻밤을 보내고 사라졌다. 소식을 듣고 화가 난 하백은 유화를 집에서 내쫓는다. 쫓겨난 유화는 태백산 우발수에 가서 동 부여왕 금와를 만나 그의 궁전에서 잠시 살았다. 이때 유화부인에게 햇볕이 비추었고 유화부인이 알을 낳는다. 금와왕이 이를 이상하게 여겨 그 알을 짐승에게 주어도 피하기만 했고 쉽게 깨지지도 않았다. 그래서 유화부인에게 되돌려주자 그 알에서 사내 아이가 태어났다. 이 자가 바로 고구려 시조 주몽이다.

하룻밤 임신 이야기는 외부에서 온 귀인과의 만남, 그리고 그의 아이를 낳은 여인이 수난을 받는다는 모티프는 유사하나 조력자, 햇볕, 알의 요소는 일본 신화에 보이지 않는다. 인간은 하룻밤 임신이 불가능하다. 그러나 신은 가능하다는 점에서 이 신화는 '이상출생담(異常出生譚)'의 한 유형으로 볼 수 있고 거기에는 인간의 시간과 다른 관념적 허구 시간을 설정하여 신성성을 부각하려는 효과가 있다. 또한 그 이면에는 외부에서 온 낯선 남자는 경계해야 하며 그것을 어기면 수치로 여기는 부계사회의 금기가 내포되어 있다. 그것은 문화 차이에서 오는 주의를 부각하는 요소이기도 하다. 하룻밤을 지내고 임신한 유화부인은 집에서 쫓겨나고 고노하나사쿠야비메도 남편의 의심을 받는다. 그러나 신화에서 금기는 반전의 효과를 주는 장치이기도 하다. 금기를 깨고 하룻밤 만에 임신한 처녀는 연약하고 수동적인 여성에서 생명력 넘치는 강인한 여성으로 거듭나고 남자는 역으로 신성성을 잃는다. 이후 태어난 아이는 신의 자식으로 설정되어 여성으로 전이된 신성성을 계승한다. 두 신화를 보더라도 해모수는 무책임하고 니니기는 부인을 의심하며 천신다운 예견력도 상실한 인간적 모습으로 그려져 있다. 이 이야기는 축제가 거행되는 밤에 젊은 남자가 신으로 분장하여 여자를 유혹한 다음 잠자리를 함께하면 그 사이에서 태어난 아이는 신의 아들로 여긴 '성혼' 풍습의 반영이라는 견해도 있다. 외부에서 찾아온 신을 무녀가 맞아 결혼하는 신혼(神婚)도 유사한 신화 구조의 변용으로 볼 수 있다.

 이후 일본 신화는 여인이 자신의 결백을 증명하기 위해 산실에 불을 놓고 아이를 낳는다는 '화중(火中) 출생'으로 이어진다. '화중 출생' 모티프도 세계의 여러 신화에서 볼 수 있는 요소이나 일본 신화에서는 의심이라는 '게가레(穢, 부정)'를 불로 털어냄으로써 정화된 신성성을 통해 특별한 힘을 갖는 후손이 대를 잇는다는 점에 의미를 부여하고 있다.

글: 이창수

9장
우미사치(海佐知)・야마사치(山佐知)

1. 사치(佐知) 교환

그리하여 호데리火照命는 우미사치비코海佐知毘古[606]가 되어 지느러미가 넓은 물고기와 지느러미가 좁은 물고기를 잡았다. 호오리火遠理命는 야마사치비코山佐知毘古[607]가 되어 털이 거친 짐승과 털이 부드러운 짐승을 잡았다. 이에 호오리가 형 호데리에게 청했다.

"서로의 사치佐知[608]를 바꾸어 사용해 보고 싶습니다."

이렇게 세 번이나 아무리 빌어도 허락하지 않았다. 그러나 마침내 겨우 서로 바꿀 수 있었다. 이에 호오리는 (바다의 도구인) 우미사치海佐知를 가지고 고기 잡으러 나갔으나, 도무지 한 마리도 잡을 수 없었다. 게다가 낚싯바늘[609]도 바다에서 잃어버리고 말았다. 그때 그의 형인 호데리가 그 낚싯바늘을 요구하며 말했다.

"야마사치도 내 사치사치 우미사치도 내 사치사치
지금은 각자의 사치를 돌려줄 때이다."[610]

그러자 동생인 호오리가 대답했다.

"형님의 낚싯바늘로 낚시하다 물고기를 한 마리도 못 잡고, 결국 바다에 빠뜨려 버렸습니다."

그런데도 형은 무리하게 요구했다. 그래서 그 동생은 차고 있던 장검을 부수어 오백 개 정도로 많은[611] 낚싯바늘을 만들어 아무리 보상하여도 (형은) 받아주지 않았다. 또 천 개만큼의 더 많은 낚싯바늘을 만들어 아무리 보상하여도 받아주지 않고 오히려 계속 요구했다.

"원래의 그 진짜[612] 낚싯바늘을 달라."

원문

故、火照命者、為海佐知毘古此四字以音。下効此也。而、取鰭広物・鰭狭物、火遠理命者、為山佐知毘古而、取毛麁物・毛柔物。爾、火遠理命、謂其兄火照命、各相易佐知欲用、三度雖乞、不許。然、遂纔得相易。爾、火遠理命、以海佐知釣魚、都不得一魚。亦其鈎失海。於是、其兄火照命、乞其鈎曰、山佐知母、己之佐知佐知、海佐知母、己之佐知佐知、今各謂返佐知之時、佐知二字以音。其弟火遠理命答曰、汝鈎者、釣魚不得一魚、遂失海。然、其兄、強乞徴。故、其弟、破御佩之十拳剣、作五百鈎、雖償、不取。亦、作一千鈎、雖償、不受、云、猶欲得其正本鈎。

주석

606 우미사치비코(海佐知毘古): '佐知毘古, 이 네 자는 음독한다.'라는 독법에 따라 '사치비코'라고 읽는다. '사치'는 사냥이나 어로에서 수확물을 얻을 수 있는 것, 즉 그에 필요한 특별한 도구를 의미한다. '우미(海)'는 일본어로 바다를 의미하므로 '우미사치비코'는 바다에서 수확물을 얻을 수 있는 신성한 도구를 가진 자라는 의미로 해석할 수 있다.

607 야마사치비코(山佐知毘古): '야마(山)'는 일본어로 산을 의미하므로 '야마사치비코'는 산에서 수확물을 얻을 수 있는 도구, 즉 신성한 사냥 도구를 가진 자라는 의미로 해석할 수 있다.

608 사치(佐知): '佐知' 두 자는 음독하라는 독법이 보인다. 《일본서기(日本書紀)》에는 '幸'이라고 표기한다. '도구'를 의미하는데, 일반적인 도구가 아닌 주력을 갖는 특별한 도구를 의미한다.

609 낚싯바늘: 앞에서는 '바다에서 수확물을 얻을 수 있는 도구'라는 의미로 '우미사치(海佐知)'라고 표기했으나, 여기서부터는 원문에 '鉤'라는 한자로 표기하고 있다. 갈고리 모양의 도구를 의미하므로 본서에서는 낚싯바늘로 해석했다. 반면에 산에서 짐승을 잡을 때 사용하는 '야마사치'가 무엇인지에 대해서는 《고사기(古事記)》에는 구체적인 기술이 없으나, 《일본서기》의 정문과 일서에는 활과 화살에 해당하는 '弓箭, 幸弓, 弓矢' 등의 표기가 보인다.

610 '지금은 각자의 사치를 돌려줄 때이다.'라는 표현을 '각자의 도구를 서로에게 원래대로 돌려주자.'라는 의미로 해석하는 경우가 많다. 하지만, 원문에서는 '己'로 표기하므로 '나'로 해석할 수도 있다. 또, 우미사치비코인 형 호데리의 대사 중 '야마사치도 내 사치사치, 우미사치도 내 사치사치' 부분을 일본어로 읽으면, '야마사치모 오레노사치사치(山佐知母、己之佐知佐知) 우미사치모 오레노사치사치(海佐知母、己之佐知佐知)'라는 5·7·5·7의 음률을 갖추고 있다. 이로 보아 동생 야마사치비코에게 건네는 말로 보기보다는 일종의 주술적인 의미를 담아 혼잣말하는 것으로 보는 것이 더 타당할 것이다. 이 부분은 형인 우미사치비코를 심술궂은 놀부와 같은 이미지로 묘사하기 위한 표현으로 볼 수 있다.

611 앞서 오백이나 천과 같은 숫자가 여러 번 등장했는데, 실제 개수를 의미한다기보다 매우 많거나 위세가 강한 것을 의미하는 표현으로 사용되었다. 여기서도 마찬가지로 호오리가 많은 양의 낚싯바늘을 만들어 보상하려 했으나 형이 받아주지 않자, 더욱더 많은 양의 낚싯바늘을

만들어 보상하려 했다는 의미로 해석할 수 있다.

612 진짜: 호데리가 돌려달라 요구하는 낚싯바늘을 원문에서는 '正本鉤'라 표기하고 있다. 원래의 낚싯바늘이라는 의미의 '本鉤' 앞에 '正'이라는 표기가 추가된 것으로 보아, 일반 낚싯바늘과는 구분하여 '우미사치비코'로서의 능력을 발현시킬 수 있는 힘을 가진 주술적 도구를 말하는 것임을 짐작할 수 있다. 그렇기에 아무리 많은 수의 다른 낚싯바늘로 보상하려 해도 대체하기 어려운 것이다.

2. 야마사치의 해궁 방문

이에 그 동생이 해변에서 울며 걱정하고 있을 때 시오쓰치塩椎神[613]가 와서 물었다.

"아니! 어찌하여 소라쓰히타카虛空津日高[614]께서 울며 걱정하고 계시는지요?"

(호오리가) 답했다.

"나는 형과 낚싯바늘을 바꿨는데 그 바늘을 분실했습니다. 이에 그 낚싯바늘을 요구하기에 수많은 낚싯바늘로 보상했으나 받아들이지 않고, 오로지 그 원래의 바늘을 달라고 합니다. 그래서 울며 걱정하는 것입니다."

그러자 시오쓰치가 말했다.

"내가 당신을 위해 좋은 꾀를 내겠나이다."

그러고는 곧바로 단단히 짜인 바구니[615]로 작은 배를 만들었다. 그 배에 태우고 알려주며 일렀다.

"내가 그 배를 밀어 보내면 얼마간 그대로 가다가 좋은 길[616]이 나올 것입니다. 이에 그 길[617]을 타고 가면 물고기 비늘처럼[618] 만들어진 궁실이 있는데, 그곳이 바로 와타쓰미綿津見神[619]의 궁입니다. 그 신이 (거처하는 궁의) 문에 다다르면 옆에 있는 우물 위에 성스러운 카쓰라香木[620]가 있을 것입니다. 그 나무 위에 앉아 있으면, 그 해신海神의 딸이 보고 상의해 줄 것입니다. 나무이다."

그리하여 일러준 대로 조금 가니 모두 그 말대로 되어 있어, 즉시 그 카쓰라香木에 올라가 있었다. 그리고 해신의 딸인 도요타마비메豊玉毘売[621]를 따르는 하녀가 옥그릇에 물을 길으려고 할 때 우물에서 빛이 났다. 올려다보니 수려한 사내[622]가 있었다. 이를 매우 기이하다고 생각했다. 이에 호오리火遠理命가 그 하녀를 보고 물을 달라고 청했다. 하녀는 즉시 물을 길어 옥그릇에 담아 바쳤다. 그런데 물은 마시지 않고 목에 감고 있던 구슬 장식을 풀어 입에 머금었다가 그 옥그릇에 뱉었다. 이에 그 구슬이 그릇에 달라붙었고, 하녀는 구슬을 떼어내지 못했다. 그래서 구슬이 붙어있는 채로 도요타마비메에게 갔다.

그러자 그 구슬을 보고 하녀에게 말했다.

"혹시 사람이 문밖에 있느냐?"

(하녀가) 답했다.

"저희 우물 위쪽에 있는 카쓰라 위에 사람이 있사옵니다. 매우 멋진 사내입니다. 우리 왕을 능가하며 매우 고귀합니다. 그래서 그 사람이 물을 청하기에 물을 바치니 마시지 않고 이 구슬을 뱉어 넣었나이다. 이것이 떨어지지 않사옵니다. 그래서 들어있는 채로 와서 바치나이다."

그러자 도요타마비메는 기이하다고 여겨 나가 보더니, (호오리를)

보자마자 반하여 정을 통하고[623] 그 아버지에게 말했다.

"저희 문에 수려한 사람이 있나이다."

이에 해신海神이 직접 나와 보고 말했다.

"이 사람은 아마쓰히타카天津日高의 아들 소라쓰히타카虛空津日高 이니라."

그러고는 곧바로 안으로 데리고 들어와 바다사자[624] 가죽으로 만든 여러 겹의 방석[625]을 깔고, 또 그 위에 비단으로 만든 여러 겹의 방석을 깔아 그 위에 앉게 했다. 그리고 예물을 넉넉하게 갖추어 향연을 베풀고 곧바로 그 딸인 도요타마비메와 혼인하도록 했다. 그리하여 (호오리는) 삼 년에 이르도록 그 나라에 살았다.

이때 호오리는 그 처음의 일[626]을 생각하고 크게 한번 탄식했다. 그러자 도요타메비메가 그 탄식 소리를 듣고 부친에게 말했다.

"삼 년 동안 살면서도 항상 탄식하는 일이 없었는데, 어젯밤[627]은 크게 한번 탄식하더이다. 혹시 무슨 연유라도 있는 것은 아닐는지…."

그러자 그 부친인 대신大神[628]은 그 사위에게 물었다.

"오늘 아침에 내 딸의 말을 들어보니 삼 년 동안 계시면서도 탄식 한번 안 하셨는데, 어젯밤에는 크게 탄식하셨다고 하더군요. 혹시 무슨 일이 있으신지요? 또한 이곳에 이르게 된 연유가 무엇인지요?"

이에 그 대신에게 그 형의 바늘을 잃어버려 형에게 벌을 받은 상황을 세세하게 이야기하였다.

이 이야기를 들은 해신은 바다의 크고 작은 물고기를 모두 소집하여 물었다.

"혹시 이 낚싯바늘을 주운 물고기가 있느냐."

그러자 물고기 일동이 아뢰었다.

"요즘은 적돔이 목에 가시가 박혀 음식도 제대로 먹지 못하고 근심하고 있나이다. 그러니 필시 이 녀석이 주웠을 것입니다."

이를 듣고 적돔의 목을 살펴보니 낚싯바늘이 있었다. 즉시 끄집어내어 깨끗이 씻고 호오리에게 바치며 그 와타쓰미 대신綿津見大神이 말했다.

"이 낚싯바늘을 그 형에게 돌려줄 때 할 말은 '오보 바늘淤煩鉤[629], 스스 바늘須々須鉤[630], 가난 바늘貧鉤[631], 우루 바늘宇流鉤[632]'이라 외치고 손을 뒤로 향하여[633] 건네주시게. 그런 후 그 형이 높은 곳에 논밭을 일구면 그대는 낮은 곳에 논밭을 일구고, 그 형이 낮은 곳에 논밭을 일구면 그대는 높은 곳에 논밭을 일구시오. 그렇게 하면 나는 물을 장악하고 있으니 삼 년 사이에 반드시 그 형은 빈궁해질 것이오. 만일 그렇게 한 일을 가지고 원망하여 싸움을 걸어오거든 밀물 구슬[634]을 꺼내어 물에 빠트리시오. 만일 그것을 괴로워하며 (살려달라) 청하거든 썰물 구슬[635]을 꺼내 살려주시게나."

이처럼 고생시키라고 말하고 밀물 구슬과 썰물 구슬 두 개를 주었다. 곧 모든 와니和邇[636]와 물고기를 소집하여 물었다.

> "지금 아마쓰히타카天津日高의 자손 소라쓰히타카虛空津日高가 위쪽 나라[637]로 행차할 것이다. 누가 며칠 만에 보내드리고 돌아와 아뢸 것인가."

그랬더니 (와니들이) 각각 스스로 몸의 길이에 따라 기한을 정하고 아뢰는 가운데, 몸집이 작은 와니[638]가 말했다.

> "저는 하루 만에 보내고 곧바로 돌아올 수 있나이다."

그리하여 그 몸집이 작은 와니에게 명했다.

> "그렇다면 자네가 보내드리도록 하라. 혹여나 바다를 건너는 동안에 두렵게 해 드리지 않도록 하라."

즉시 (호오리를) 그 와니의 목에 태워 내보냈다. 그래서 (몸집이 작은 와니가 말한) 기한대로 하루 안에 보내주었다. 그 와니가 되돌아가려 할 때, (호오리는) 차고 있던 끈 달린 작은 칼을 풀어 그 목에 걸어 돌려보냈다. 그런 까닭에 그 몸집이 작은 와니는 지금의 사이모치佐比持神[639]라고 한다.

於是、其弟、泣患、居海辺之時、塩椎神、来、問曰、何、虚空津日高之泣患所由。答言、我、与兄易鉤而、失其鉤。是、乞其鉤故、雖償多鉤、不受、云、猶欲得其本鉤。故、泣患之。爾、塩椎神云、我、為汝命作善議、即造無間勝間之小船、載其船以、教曰、我押流其船者、差暫往。将有味御路。乃乗其道往者、如魚鱗所造之宮室、其綿津見神之宮者也。到其神御門者、傍之井上有湯津香木。故、坐其木上者、其海神之女、見相議者也。訓香木云加都良、木。故、随教少行、備如其言。即、登其香木以坐。爾、海神之女豊玉毘売之従婢、持玉器将酌水之時、於井有光。仰見者、有麗壮夫。訓壮夫云袁登古。下効此。以為甚異奇。爾、火遠理命、見其婢、乞欲得水。婢、乃酌水、入玉器貢進。爾、不飲水、解御頸之璵、含口唾入其玉器。於是、其璵、著器、婢、不得離璵。故、璵任著以、進豊玉毘売命。爾、見其璵、問婢曰、若、人、有門外哉。答曰、有人、坐我井上香木之上。甚麗壮夫也。益我王而甚貴。故、其人乞水故、奉水者、不飲水、唾入此璵。是、不得離。故、任入、将来而献。爾、豊玉毘売命、思奇、出見、乃見感、目合而、白其父曰、吾門有麗人。爾、海神、自出見、云、此人者、天津日高之御子、虚空津日高矣、即於内率入而、美知皮之畳敷八重、亦、絹畳八重敷其上、坐其上而、具百取机代物、為御饗、即令婚其女豊玉毘売。故、至三年住其国。於是、火遠理命、思其初事而、大一歎。故、豊玉毘売命、聞其歎以、白其父言、三年雖住、恒無歎、今夜為大一歎。若有何由。故、其父大神、問其聟夫曰、今旦、聞我女之語、云、三年雖坐、恒無歎、今夜為大歎。若有由哉。亦、到此間之由、奈何。爾、語其大神、備如其兄罰失鉤之狀。是以、海神、悉召集海之大小魚、問曰、若有取此鉤魚乎。故、諸魚白之、頃者、赤海鯽魚、於喉鯁、物不得食愁言。故、必是取。於是、探赤海鯽魚之喉者、有鉤。即、取出而清洗、奉火遠理命之時、其綿津見大神誨曰之、以此鉤給其兄時、言狀者、此鉤者、淤煩鉤、須々鉤、貧鉤、宇流鉤、云而、於後手賜。淤煩及須々亦宇流六字、以音。然而、其兄作高田者、汝命、営下田。其兄作下田者、汝命、営高田。為然者、吾掌水故、三年之間、必、其兄、貧窮。若恨怨其為然之事而、攻戰者、出塩盈珠而溺。若其愁請者、出塩乾珠而活。如此令惚苦、云、授塩盈珠・塩乾珠幷両箇、即悉召集和邇魚、問曰、今、天津日高之御子、虛空津日高、為將出幸上國。誰者幾日送奉而覆奏。故、各隨己身之尋長、限日而白之中、一尋和邇白、僕者、一日送即還來。故爾、告其一尋和邇、然者、汝、送奉。若度海中時、無令惶畏、即載其和邇之頸送出。故、如期、一日之內送奉也。其和邇將返之時、解所佩之紐小刀、著其頸而返。故、其一尋和邇者、於今謂佐比持神也。

주석

613 시오쓰치(塩椎神): '塩'는 '潮'와 같은 의미로 바다의 조수(潮水)를 의미한다. '쓰치(椎)'는 위력 있는 존재에 대한 존칭으로, 이 신은 바닷길을 관장하는 역할을 한다.《일본서기》정문과 일서에서는 시오쓰치노오지(塩土老翁・塩筒老翁)로 등장한다.《고사기》에서는 '신(神)'이

라는 존재로 등장하는 반면,《일본서기》에서는 노인을 의미하는 '老'가 포함되어 있다.

614 소라쓰히타카(虛空津日高): '소라쓰히코'로 읽는 경우도 많으나《고사기전(古事記伝)》에서는 '소라쓰히타카'라는 발음을 채용하고 있다. 호오리의 다른 이름이 아마쓰히타카 히코호호데미(天津日高日子穗々手見命)인데, 이 이름과 '소라쓰히다카'의 공통되는 부분이 '히타카(日高)'이다. '히타카'는 한자 표기에서 하늘의 해를 우러러보는 것처럼 고귀하다는 의미를 엿볼 수 있다. 아마쓰(天津)와 소라쓰(虛空津)의 차이에 관해서는 천상 세계에 속한다는 정통성을 강조하며 지상 세계와의 연계성을 나타낼 때는 '아마쓰', 지상 세계에서 바라보는 하늘은 '소라쓰'를 사용한다는 견해가 있다.

615 단단히 짜인 바구니: 원문에서는 '無間勝間'이라 표기하는데, 빈틈없이 눈이 촘촘히 짜여 있다는 의미가 담겨있다.

616 좋은 길: 원문에서는 '味御路'이라 표기하는데, '味'는 '우마시(味し)'라고 읽으며 '훌륭하다'라는 의미가 있다. 여기서는 바닷길이 잔잔한 것을 칭송하는 의미로 사용된 것으로 볼 수 있다.

617 길: 배에 태워 바다로 흘려보내는 내용이므로 여기서 말하는 길은 바닷길을 의미한다.

618 물고기 비늘처럼: 해신궁이 반짝반짝 빛나는 것을 비유한 표현이다. 《일본서기》신대(하) 제10단 정문에서는 해신궁의 모습에 대해 '성가퀴가 반듯하고 높은 집은 찬란히 빛난다.(雉堞整頓、台宇玲瓏)'라고 기술되어 있다. 첫 번째 일서에서는 '궐은 드높고 화려하며, 누대(楼台)도 멋드러진다.(城闕崇華、楼台壯麗)'라는 기술이 보인다.《고사기》와《일본서기》의 구체적인 표현법에 차이는 있으나 모두 '화려함'을 강조한 표현이다. 특히《고사기》와《일본서기》정문의 기술에서는 '반짝'거리는 이미지가 강조된 것을 알 수 있다.

619 와타쓰미(綿津見神): 와타쓰미라는 신명은 앞서 이자나키(伊耶那岐命)와 이자나미(伊耶那美命)가 다양한 신들을 낳는 과정에서 오와타

쓰미(大綿津見神)가 등장한 바 있다. (☞주석 87 참조) 또, [미소기와 삼귀자] 신화에서는 소코쓰와타쓰미(底津綿津見神)・나카쓰와타쓰미(中津綿津見神)・우와쓰와타쓰미(上津綿津見神) 이렇게 세 단계로 나뉘어 등장한 바 있다. (☞주석 197 참조) 이들 신명에서 공통되는 '와타쓰미'는 해신(海神)을 의미하며, [우미사치・야마사치] 신화에서도 이후로는 '海神'이라는 표기가 주로 등장한다.

620 카쓰라(香木): 원문에 '香木'은 '카쓰라(加都良)'라 훈독한다는 독법 표기가 있다. '香木'이라는 한자 표기로 보아 향기가 나는 나무로 보인다. 현대 일본어에서 가쓰라(桂)는 계수나무를 의미하지만, 신화에서 지칭하는 가쓰라는 물푸레나무로 보는 견해도 있다.

621 도요타마비메(豊玉毘売): 도요(豊)는 미침이며, 타마(玉)는 '魂' 즉 혼령이라는 의미도 있어 신령이 깃든 여인으로 해석할 수 있다.

622 수려한 사내: 원문에는 '麗壯夫'라 표기하는데, '壯夫'는 '오토코(袁登古)'라고 훈독한다는 분주가 달려 있다. 현대 일본어의 남자를 의미하는 '오토코(男)'의 유래를 여기서 찾을 수 있다. 이 설명은 '麗壯夫'라는 표현이 '麗壯(수려하고 굳센) – 夫(남편)'이 아니라, '麗(수려한) – 壯夫(사내, 남자)'로 구성되어 있음을 구분하기 위한 것이다.

623 정을 통하고: 원문에는 '目合'라고 표기한다. 모토오리 노리나가(本居宣長)는 '目合'를 '마구와이'로 읽고, 남녀가 눈빛을 교환한다는 것은 서로의 마음을 확인하고 정을 통한다는 의미가 있으며, 이자나키와 이자나미의 교합 과정에서 성교의 의미로 나온 미토노마구와이(美斗能麻具波比)와 같은 의미라 설명한다. 반면, '目合'를 메쿠와세로 발음해 눈짓이라는 의미의 일본어 '메쿠바세(目配せ)'의 어원으로 보고, 눈을 깜빡거려 상대에게 의사를 표시한다는 의미라고 보는 견해도 있다. 여기서는 도요타마비메가 문밖에 직접 나와 확인하는 적극적인 모습으로 보아 단순한 눈짓에 그치기보다 서로 눈맞아 정을 통했다고 보는 것이 타당할 것이다.

624 바다사자: 원문에 '美知'라고 표기하고, 이를 '미치'라 읽는다. 《일본서기》 신대(하) 제10단 세 번째 일서에서는 '海驢'라는 표기로 등장하고 이를 미치(美知)라고 발음한다고 설명한다. 일본에서는 바다사자를

의미하는 아시카(アシカ)의 옛 이름으로 본다. 가죽으로 여러 겹의 방석을 만들었다는 내용의 흐름으로 보아, 가죽을 활용하는 바다 동물인 바다사자로 보는 것이 가장 적절할 것이다.

625 방석: 원문에 '畳'라는 표기가 보인다. 일본 문헌에서 '다타미(畳)'가 등장하는 최초의 사례라 할 수 있다. 하지만 그 묘사로 볼 때, 현재의 일본 전통 가옥에서 바닥재로 사용하는 다타미로 보기는 어렵다. 여기서 설명하는 것은 방석으로 해석하는 것이 자연스럽다.

626 처음의 일: 호오리가 해신궁을 방문하는 계기가 된 일, 즉 형의 낚싯바늘을 분실한 일을 말한다.

627 어젯밤: 원문에 '今夜'라는 한자 표기로 보면 '오늘 밤'으로 생각하기 쉽지만, 이어서 나오는 해신의 말에서 '今旦' 즉 오늘 아침이라는 표현이 등장하기 때문에 내용의 흐름 상 '어젯밤'으로 해석해야 한다. 이것은 고대의 시간 구조가 밤에서 낮으로 흘러 하루의 시작이 일몰부터라고 생각한다는 점에 기반한 표현이다.

628 대신(大神): 《고사기》에 등장하는 신명은 주로 '神'과 '命'으로 표기하는데, 몇몇 주요 신의 경우 대신(大神·大御神)으로 예우하여 지칭한다. 여기서 바다 세계 즉 우나하라(海原)를 다스리는 와타쓰미에게도 '대신'이라는 존칭을 붙인 것은, 와타쓰미가 천손을 알아보고 또 사위로 맞이했기에 예우하는 차원으로 보는 견해가 있다.

629 오보 바늘(淤煩鉤): '淤煩'은 음독하라는 독법이 보인다. 형에게 낚싯바늘을 되돌려줄 때 외치는 주문으로, 머리가 멍해지는 바늘을 의미한다.

630 스스 바늘(須々鉤): '須々'는 음독하라는 독법이 보인다. 마음이 뒤숭숭해 일이 잘 안되는 바늘을 의미한다는 견해가 유력하다.

631 가난 바늘(貧鉤): '貧'이라는 표기로 보아 가난해지는 바늘로 볼 수 있다.

632 우루 바늘(宇流鉤): '宇流'는 음독하라는 독법이 보인다. 어리석어지는 바늘이라는 의미로 해석할 수 있다.

633 손을 뒤로 향하여: 앞서 이자나키가 황천국에서 도망쳐 나올 때 '장검

을 뽑아 손을 뒤로하여 칼을 휘두르며 도망쳐 나왔다.'라는 기술이 등장했다. (☞주석 164 참조) 여기서도 마찬가지로 '손을 뒤로 향하여' 건네주라고 알려준다. 상대방에게 물건을 건넬 때는 손을 앞으로 내미는 것이 일반적이지만, 좋지 않은 의미로 물건을 건넬 때는 손을 '뒤로' 향하게 한다는 주술적 의미를 담고 있다.

634 밀물 구슬: 원문에는 '塩盈珠'라 표기하고, 바닷물이 밀려오게 만드는 구슬이라는 의미가 있다.

635 썰물 구슬: 원문에는 '塩乾珠'라 표기하고, 바닷물이 빠져나가게 만드는 구슬이라는 의미가 있다. 앞의 밀물 구슬과 한 쌍으로 물을 지배하는 해신의 주력을 상징하는 것이다.

636 와니(和邇): 현대 일본어에서 '와니(鰐)'는 악어라는 의미도 있지만 상어(わにざめ)를 의미하기도 한다. (☞240페이지 [깊이 읽기 (14) 와니, '상어'인가? '악어'인가?] 참조)

637 위쪽 나라: 원문에 '上国'이라는 표기가 보인다. 《일본서기》에는 '가라앉는다'라는 의미의 '沈'이라는 표기가 등장하는 반면, 《고사기》에서는 시오쓰치가 만든 배를 타고 시오쓰치가 밀어준 대로 바닷길을 나아가 해신의 궁에 도착한다. 이러한 루트로 볼 때 《고사기》에서 해신의 궁은 해저(海底)보다는 바다 건너편에 위치하는 것으로 볼 수 있다. 반면에 여기서 '위쪽 나라'라고 칭한 것은 호오리를 '아마쓰히타카(天津日高)의 자손 소라쓰히타카(虛空津日高)'라고 칭하는 것과 관계가 있다고 보는 견해도 있다.

638 몸집이 작은 와니: 원문에는 '一尋和邇'라고 표기하고 일본어로 '히토히로와니'라 읽는다. '히로(尋)'는 길이를 재는 실제 단위로 '히토히로(一尋)'는 약 5~6척에 해당하는 길이이다.

639 사이모치(佐比持神): '사이(佐比)'는 작은 칼을 의미한다. 이름 그대로 '작은 칼을 지닌 신'이라는 의미인데, 등에 검 모양의 등지느러미가 달린 상어로 보는 견해가 일반적이다.

3. 우미사치의 복종

이처럼 해신의 가르침대로 준비하고 그 바늘을 (형에게) 주었다. 그러자 그 이후 (형은) 점점 가난해져 또다시 포악한 마음을 일으켜 공격해 왔다. (형이) 공격하려 하자 밀물 구슬을 꺼내 물에 빠지게 했다. 괴로워하며 살려달라고 청하자 썰물 구슬을 꺼내서 구해주었다. 이처럼 고통스럽게 만들자, 머리를 조아리며 말했다.

"나는 지금 이후 밤낮으로 그대의 수호인守護人이 되어 받들어 모시겠소."

그런 까닭에 지금에 이르기까지 물에 빠졌을 때의 여러 몸짓640을 끊임없이 이어가며 받들어 모신다.

是以、備如海神之教言、与其鉤。故、自爾以後、稍愈貧、更起荒心迫来。将攻之時、出塩盈珠而令溺。其愁請者、出塩乾珠而救。如此令惚苦之時、稽首白、僕者、自今以後、為汝命之晝夜守護人而仕奉。故、至今其溺時之種種之態不絶、仕奉也。

> 주석

640 물에 빠졌을 때의 여러 몸짓: 원문에는 '溺時之種種之態'라 표기하는데, 동생 호오리가 밀물 구슬(塩盈珠)을 꺼내자 형 호데리가 물에 빠져 허우적거리는 모습을 말한다. 이를 끊이지 않도록 하겠다는 것은 자손 대대로 오래도록 전승하여 복종하게 된 이유를 잊지 않는다는 의미로 볼 수 있다. 《일본서기》 신대(하) 제10단 네 번째 일서에는 '처음 발이 바닷물에 빠졌을 때는 곧 발끝으로 섰다. 무릎까지 이르렀을 때는 곧 발을 들어 올렸다. 허벅지까지 찼을 때는 펄쩍펄쩍 뛰었다. 허리까지 이르렀을 때는 손을 가슴 위에 두었다. 목까지 찼을 때는 손을 번쩍 들어 흔들었다.(初潮漬足時則爲足占、至膝時則舉足、至股時則走廻、至腰時則拊腰、至腋時則置手於胸、至頸時則舉手飄掌)'와 같이 물에 빠졌을 때의 모습을 상세히 설명하는 기술이 있다.

4. 도요타마비메(豊玉毘売命)의 출산

여기에 해신의 딸인 도요타마비메豊玉毘売命가 스스로 (바다에서) 나와 말했다.

"소첩, 이미 임신했나이다. 지금 아이를 낳을 때가 임박해, 이제야 생각해 보니 천신의 자식을 우나하라海原641에서 낳을 수는 없습니다. 그리하여 여기로 나와 도착한 것입니다."

그리고 곧바로 해변의 파도가 치는 곳에 가마우지의 깃털로 이엉을 만들어 지붕에 얹고642 산전産殿을 만들었다. 이때 그 산전의 지붕이 아직 다 이어지지 않았으나 산통을 견디지 못하여 산전으로 들어갔다. 아이를 막 낳으려 할 때 그 천손643에게 말했다.

"무릇 타향 사람은 자식을 낳을 때 본향에서의 모습으로 낳습니다. 그러니 소첩, 이제 본래의 몸으로 출산하려 하옵니다. 바라건대 소첩을 보지 마시옵소서."

그러자 그 말을 이상하게 생각하고 아이 낳는 모습을 몰래 엿보았더니 거대한 와니644로 변하여 뱀처럼 기고 있었다.645 이를 보자마자 놀라 꺼리어 뒷걸음치며 달아났다. 이에 도요타마비메는 그 엿본 사실을 알고 수치심을 느꼈다. 그리고 이내 그 아이를 낳아놓고 말했다.

"소첩 항시 바닷길을 통하여 왕래하고 싶었습니다. 그런데 나의 모습을 엿보다니 참으로 수치스럽습니다."

곧바로 우나사카海坂646를 틀어막고 되돌아 들어갔다.

이렇게 낳은 아이의 이름을 아마쓰히타카 히코나기사타케 우카야후키아에즈天津日高日子波限建鵜葺草葺不合命647라고 한다.

그런 후에는 비록 그 엿본 것은 원망스럽다 해도 그리움을 견디지 못하고, 자식을 키우기 위해 동생 다마요리비메玉依毘売648를 보내며 노래를 바쳤다. 그 노래를 읊었다.

붉은 구슬은　끈마저 빛나는데
하얀 구슬을　당신이 두른 모습　더더욱 고귀하시네 【7】

이에 그 남편649이 답가를 읊었다.

바다 물새가　모여드는 섬에서
나와 함께한　당신 잊지 못하오　세상 끝날 때까지　【8】

원문

於是、海神之女豊玉毘売命、自參出白之、妾、已妊身。今、臨産時、此念、天神之御子、不可生海原。故、參出到也。爾、即於其海辺波限、以鵜羽為葺草、造産殿。於是、其産殿未葺合、不忍御腹之急。故、入坐産殿。爾、将方産之時、白其日子言、凡他国人者、臨産時、以本国之形産生。故、妾、今以本身為産。願、勿見妾。於是、思奇其言、窃伺其方産者、化八尋和邇而、葡匐委蛇。即見驚畏而、遁退。爾、豊玉毘売命、知其伺見之事、以為心恥、乃生置其御子而、白、妾、恒通海道欲往

来。然、伺見吾形、是甚怍之、即塞海坂而、返入。是以、名其
所産之御子、謂天津日高日子波限建鵜葺草葺不合命。訓波限云那
芸佐、訓葺草云加夜。然後者、雖恨其伺情、不忍恋心、因治養其御
子之縁、附其弟玉依毘売而、献歌之。其歌曰、

　　阿加陀麻波　袁佐閇比迦礼杼
　　斯良多麻能　岐美何余曽比斯　多布斗久阿理祁理

爾、其比古遅、三字以音。答歌曰、

　　意岐都登理　加毛度久斯麻爾
　　和賀韋泥斯　伊毛波和須礼士　余能許登碁登爾

주석

641 우나하라(海原):《고사기》에 등장하는 여러 신화 공간 중 하나로, 이자나키가 삼귀자에게 각각 다스릴 나라를 분배하는 장면에서 스사노오에게 다스리라 명한 곳이기도 하다. (☞주석 210 참조) 그런데 여기서는 바다의 신 와타쓰미의 세계로 등장한다. (☞356페이지 [깊이 읽기 (23) 우나하라, 왕권을 낳은 물결의 세계] 참조)

642 이엉을 만들어 지붕에 얹고: 이엉은 보통 억새, 띠, 볏집 등을 사용하여 만든 초가 지붕 재료를 뜻한다. 이엉을 만든 다음 그것을 겹겹이 덮어 지붕에 얹는다.

643 천손: 원문에는 '히코(日子)'로 표기되어 있는데, 호오리의 다른 이름인 아마쓰히타카 히코호호데미(天津日高日子穗々手見命)에 포함된 표기이다. 태양·천신의 자손임을 의미하는 표기로 여기서는 '천

손'으로 해석한다.

644 거대한 와니: 원문에 '八尋和邇'라는 표기가 있는데, '야히로와니'라 읽는다. 앞서 [야마사치의 해궁 방문]에서 호오리가 해신의 궁에서 본래 살던 곳으로 돌아오는 장면이 등장한 바 있는데, 이때 호오리를 본래의 세계로 안내하는 것은 '몸집이 작은 와니' 즉 '히토히로와니(一尋和邇)'였다. (☞주석 638 참조) '히토히로(一尋)'가 5~6척 정도 되는 길이인 만큼, 도요타마비메의 '야히로(八尋)'는 상대적으로 거대하다는 것을 상징적으로 나타내는 표현이다. 도요타마비메의 '원래의 모습'에 대해《일본서기》의 경우 일서에서는 '와니(八尋大熊鰐・八尋大鰐)'로 표기하고 있지만, 정문에서는 '용(竜)'으로 표기하고 있는 점도 주목할 만하다.

645 뱀처럼 기고 있었다: 꾸불꾸불 뱀처럼 기는 모습이라는 의미이다. 본향의 모습으로 변하여 아이를 낳는다는 것은 이상출생담(異常出生譚)의 한 유형으로, 그렇게 태어난 아이가 특별한 자질을 갖는다는 점을 강조한 표현이라 볼 수 있다.

646 우나사카(海坂): 바다 즉 해신의 영역인 우나하라와 현세를 잇는 경계 지점이다.

647 아마쓰히타카 히코나기사타케 우카야후키아에즈(天津日高日子波限建鵜葺草葺不合命): '波限'는 '나기사(那芸佐)', '葺草'는 '카야(加夜)'라 훈독하라는 독법이 제시되어 있다. 이 신명의 전반부인 '아마쓰히타카'는 아버지 호오리의 다른 이름인 '아마쓰히타카 히코호호데미(天津日高日子穂々手見命)'와 공통된다. 하늘을 우러러보는 것처럼 고귀한 천신의 자손이라는 의미로 보는 견해도 있다. 이 명칭을 통해 '아마쓰히타카 히코나기사타케 우카야후키아에즈'에게로 후계가 이어진다는 점을 짐작할 수 있다. 신명의 후반부 '나기사타케 우카야후키아에즈'는 파도치는 곳에서 지붕이 채 덮이기 전에 태어난 용맹한 신이라는 의미로 탄생 과정을 역동적으로 묘사한 신명이다.

648 다마요리비메(玉依毘売): 다마(玉)는 '魂' 즉 혼령, 요리(依)는 깃든다

는 의미로, 신령이 깃든 여인으로 해석할 수 있다. 언니인 도요타마비메(豊玉毘売)와 유사한 의미의 이름이다.

649 남편: 원문에 '比古遲'라 표기하는데 이 세 글자를 음독한다는 분주가 달려 있어 '히코지'라 읽는다. 남성을 지칭하는 표현으로 여기서는 남편인 야마사치 즉 호오리를 지칭한다.

5. 초대 천황(天皇)의 탄생

그리하여 히코호호데미日子穗々手見命는 다카치호궁高千穗宮[650]에서 오백 팔십 년간 모셔졌다. 능묘는 다카치호산高千穗山의 서쪽에 있다.

이 아마쓰히타카 히코나기사타케 우카야후키아에즈天津日高日子波限建鵜葺草葺不合命가 그 이모인 다마요리비메玉依毘売를 아내로 맞이하여 낳은 아이의 이름이 이쓰세五瀬命[651]이다. 다음은 이나히稲氷命[652], 다음은 미케누御毛沼命[653]이다. 다음은 와카미케누若御毛沼命, 또 다른 이름은 도요미케누豊御毛沼命, 또 다른 이름은 가무야마토이와레비코神倭伊波礼毘古命[654]이다. 네 신이다.

그리고 미케누는 파도 끝을 밟으며 도코요쿠니常世国[655]로 건너갔다. 이나히는 돌아가신 어머니[656]의 나라를 위해 우나하라海原로 들어갔다.

> **원문**
>
> 故、日子穗々手見命者、坐高千穗宮、伍佰捌拾歳。御陵者、即在高千穗山之西也。是天津日高日子波限建鵜葺草葺不合命、娶其姨玉依毘売命、生御子名、五瀬命。次、稲氷命。次、御毛沼命。次、若御毛沼命、亦名、豊御毛沼命、亦名、神倭伊波礼毘古命。四柱。故、御毛沼命者、跳浪穂、渡坐于常世国、稲氷命者、為妣国而、入坐海原也。

> 주석

650 다카치호궁(高千穗宮): 천손 니니기(邇々芸命)가 처음 강림한 곳으로 등장한 지명이다. (☞주석 571 참조) 니니기-히코호호데미(日子穗々手見命)-가무야마토이와레비코(神倭伊波礼毘古命, 후에 초대 천황으로 즉위하는 진무(神武))로 이어지는 삼대가 머무른 곳이다. 후에 진무가 동쪽 정벌에 나설 때에도 여기서 출발한다.

651 이쓰세(五瀨命):《고사기전》에서는 '이쓰(厳)'와 '시네(稲)'라고 주장하며《와묘루이주쇼(和名類聚抄)》에 벼를 의미하는 '이네(稲)'가 '시네'로 발음한 용례가 많다고 설명한다. 이어서 탄생하는 형제들 모두 벼와 관련된 이름을 가지는 것으로 보아, 이쓰세 역시 벼와 관련된 신으로 보는 견해도 있다.《일본서기》에는 히코이쓰세(彦五瀨命)라는 이름으로 등장하는데, 후에 진무의 동쪽 정벌에 함께 나섰으나 부상을 입고 죽음을 맞이한다.

652 이나히(稲氷命): 벼를 의미하는 '이나(稲)'와 혼령을 의미하는 '히(霊)'의 조합으로 이루어진 신명이다.《일본서기》에는 이 신명을 '稲飯命'으로 표기하고, 후에 동쪽 정벌에 나선 진무 일행이 폭풍에 휩싸이자 "나의 조상은 천신이고 어머니는 해신인데, 어찌 우리를 육지에서 방해하고 또 우리를 바다에서 방해하는가.(嗟乎、吾祖則天神、母則海神。如何厄我於陸、復厄我於海乎。)"라고 한탄하며, 검을 빼어 들고 바다에 들어가 사이모치(鋤持神)가 되었다는 내용이 있다.《고사기》에서는 야마사치가 해신의 궁에서 빠져나올 때 타고 나온 와니가 사이모치가 되는 것과 대조적이다.

653 미케누(毛沼命): 모토오리 노리나가는 '미케(御食)'와 '누(野)'의 조합으로 음식을 주관하는 신으로 설명한다.《일본서기》에는 미케이리노(三毛入野命)라는 이름으로 등장해 역시 도코요쿠니(常世郷)로 향한다. 도코요쿠니로 향한다는 이 기사는《고사기》에서는 상권 마지막 부분에 등장하는 것에 비해,《일본서기》에서는 인대(人代)에 해당하는 진무기(神武紀)의 동쪽 정벌 기사에 등장한다.

654 가무야마토이와레비코(神倭伊波礼毘古命): '가무(神)'는 미칭이며, 야마토(倭)는 야마토(大和)지역을 의미한다. '이와레(伊波礼)'는 나라(奈良) 분지에 위치한 지명인 '이와레(磐余)'를 일컫는 것으로, 가무야마토이와레비코가 훗날 동쪽 정벌을 마치고 야마토 지역에 자리 잡게 되는 것을 의미하는 신명이다. 이 신이 일본의 초대 천황인 진무로 즉위한다. 《일본서기》에는 이 신명을 '神日本磐余彦尊'으로 표기하는데, 《고사기》에서는 야마토를 '倭'로 표기하는 반면, 《일본서기》에서는 '日本'으로 표기하고 있다.

655 도코요쿠니(常世国): 앞서 스쿠나비코나(少名毘古那神)가 건너간 곳으로 등장한 바 있다. (☞354페이지 [깊이 읽기 (22) 도코요쿠니에 담긴 세 이미지] 참조)

656 돌아가신 어머니: 내용 전개상 다마요리비메의 죽음에 관한 내용은 없지만, 원문에서는 돌아가신 어머니의 나라를 의미하는 '妣国'으로 표기하는 것으로 보아 다마요리비메의 죽음을 짐작할 수 있다.

깊이 읽기 (22)

도코요쿠니(常世国)에 담긴 세 이미지

일본 신화에서 도코요쿠니(常世国)는 실제 존재하는 지역이 아니라 상상 속의 신화적인 공간이다. 일본 고대 문헌에는 도코요(常世)라고만 표기된 경우도 있으며 여러 문헌에서 도코요는 크게 세 가지 이미지로 나타난다.

첫째, 도코요는 바다 너머에 있는 세계로 묘사된다. 예를 들어 《고사기(古事記)》의 [오쿠니누시의 나라 통합] 신화에서 스쿠나비코나(少名毘古那)는 오쿠니누시(大国主神)와 나라를 만드는 임무를 수행한 직후 '도코요로 건너갔다.(度于常世国也)'고 기록되어 있다. 또 다른 신화인 [우미사치·야마사치] 신화에서는 천황 진무(神武)의 형인 미케누미코토(御毛沼命)가 '파도를 밟으며 도코요로 건너갔다.(跳波穗渡坐于常世国)'고 전한다. 이는 일본인이 도코요를 바다 너머 어딘가에 존재하는 미지의 세계로 인식했음을 시사한다.

둘째, 도코요는 불로불사의 세계로도 인식되었다. 《만엽집(万葉集)》에는 일본의 유명한 전설인 우라시마(浦島)의 이야기가 노래로 전해진다. 이 노래에서는 도코요를 '늙지도 않고 죽지도 않으며 영원히 존재하는 세계'라고 묘사한다. 이는 도코요가 인간이 꿈꾸는 이상향으로 여겨졌음을 보여준다. 또한 일본의 제11대 천황 스이닌(垂仁) 기록에서는 스이닌의 병이 악화되자 다지마모리(多遲摩毛理,《일본서기(日本書紀)》 표기는 田道間守)를 도코요로 보내 향이 좋은 열매를 구해오라고 한 이야기가 나온다. 다지마모리가 열매를 구해왔을 땐 이미 스이닌이 병사한 이후라서 매우 슬퍼했다고 하며 유사한 내용이 《일본서기》에도 기록되어 있다. 이러한 맥락에서 이 열매는 병을 치료하고 불사(不死)의 힘을 얻는 신비한 열매로 그리고 있음을 알 수 있다. 도코요에 가서 이러한 열매를 구했다는 내용은 중국의 신선사상의 영향을 받은 것으로 볼 수 있다.

셋째, 일본 국학자인 노리나가(本居宣長)는 도코요를 '常夜'와 동일시하여 '영원한 밤의 세계'로 해석했다. [아마테라스와 스사노오] 신화에서 아마테라스(天照大御神)가 아마이와야(天石屋)에 숨었을 때 '常夜'라는 표현이 보인다. 이 장면에서 활약한 오모이카네(思金神)를 지칭할 때 '도코요의 오모이카네'라고 한 것을 근거로 이를 '영원한 밤의 세계가 찾아왔을 때의 오모이카네'를 칭하는 것이라는 주장이다. 이 주장에 대해서는 찬반 의견이 갈리지만 여전히 밤의 이미지는 계승되고 있다. 예컨대 신카이 마코토(新海誠)의 애니메이션 《스즈메의 문단속(すずめの戸締り)》에서 도코요는 현실 세계와는 다른 이세계(異世界)인데 대부분의 장면에서 밝은 대낮이 아닌 별이 반짝이는 밤의 이미지로 묘사된다. 이는 도코요가 어둠의 세계라는 인식을 반영해 재해석한 것으로 보인다.

이처럼 도코요는 일본 신화 속에서 바다 너머의 미지의 장소, 불로불사의 이상향, 그리고 어둠의 세계라는 다양한 의미를 지닌다. 이는 고대 일본인이 현실과 동떨어진 변치 않는 영원한 세계를 상상하며 만들어 낸 개념적 공간이라 할 수 있다.

글: 조유미

깊이 읽기 (23)

우나하라(海原), 왕권을 낳은 물결의 세계

 《고사기(古事記)》를 구성하고 있는 세계 중 하나로 '우나하라(海原)'가 등장하는데, 한자 표기를 보면 드넓은 바다라는 의미로 해석할 수 있다. 일본 신화의 천지가 시작되는 장면에서 원초의 혼돈한 상태의 국토는 바다 위를 '기름'이나 '물고기'처럼 떠다니는 것으로 그린다. 이자나키(伊耶那岐神)와 이자나미(伊耶那美神) 역시 바다와 관련이 깊은 신으로 해석되는데, 이 두 신의 이름에 포함된 '나키'와 '나미'는 파도를 의미한다고 분석하여 해신(海神)으로 해석하기도 한다. 또 이 두 신을 제신으로 삼은 신사 분포 및 신화 전승적 뒷받침을 조사해 아와지(淡路) 해인(海人)들의 제신이라고 해석하는 견해도 있다.
 또 존귀한 세 신인 아마테라스(天照大御神), 쓰쿠요미(月読命), 스사노오(建速須佐之男命)가 생겨나는 장소 역시 바다이다. 이 신들이 생겨난 후 이자나키는 아마테라스, 쓰쿠요미, 스사노오에게 각각 다스릴 나라를 분배하는데, 이때 스사노오에게 분배된 것이 '우나하라'이다. 하지만 이 장면에서는 '우나하라'라는 이름만 등장할 뿐, 스사노오는 우나하라로 향하지 않는다.
 《고사기》에서 '우나하라' 즉 바다가 처음에는 원초적 바다와 더러움을 씻어내는 원형적 이미지로 등장한다. 그런데 이후 '우나하라'는 [우미사치·야마사치] 신화의 배경이 되면서, 사회적·정치적 의미가 추가된다. 천손의 자손 중 산짐승을 사냥하는 능력을 지닌 야마사치(山佐知)·호오리(火遠理命)가 해신궁을 방문한 이후 형인 우미사치(海佐知)·호데리(火照命)와의 대결에서 승리하고, 야마사치·호오리의 계보가 초대 천황인 진무(神武)로 이어진다. 이러한 점에서 '바다'

라는 공간은 '왕권의 근원'이 되는 장소라고 할 수 있다.

또, 지상의 생명에 물이 꼭 필요하다는 점에서 하늘을 의미하는 '아메(天)'와 비를 의미하는 '아메(雨)'를 관련짓고, 비가 대지와 바다를 순환하여 자연의 생명을 자라게 하며 이는 곧 '다카아마하라(高天原)', '아시하라나카쓰쿠니(葦原中国)', '우나하라'라는 세계가 물의 순환을 통해 연결되는 것이라고 보는 견해도 있다. 이처럼 일본 신화는 '바다로 시작해 바다로 끝나는 신화'라고 해도 과언이 아니다.

한편 '우나하라'의 이미지에 대해서는 죄를 씻어내는 신도 의식인 오하라에(大祓)와 연관 지어 생각해 볼 수도 있다. 오하라에의 축문(大祓詞)에 따르면 하늘에서 지은 죄(天津罪), 지상에서 지은 죄(国津罪)가 강을 흘러 '오우나하라(大海原)'로 나온다. 이를 바탕으로 우나하라는 '이 세상의 죄와 더러움을 모두 이어받는 하나의 입체적 공간이자, 왕권의 부정적인 부분을 분담하는 타계'라고 평가할 수 있다.

[야마사치·우미사치] 신화를 보면 산짐승을 사냥하는 능력을 지닌 야마사치·호오리와 물고기를 잡는 능력을 지닌 우미사치·호데리의 대결 구도인데, 결국 우나하라를 다스리는 해신 와타쓰미 대신(綿津見大神)의 인정을 받은 야마사치·호오리가 승리하게 된다. 또 그 후손이 초대 천황 진무로 이어진다는 점에서 우나하라는 천상 세계인 다카아마하라와 더불어 왕권 획득의 근원적 장소라고 할 수 있다.

글: 박신영

찾아보기

(ㄱ)

가가미쓰쿠리 무라지作鏡連 298
가구야마산香山 71
가구야마토오미香山戸臣神 233
가구요히메香用比売 233
가난 바늘貧鉤 336
가라韓神 233
가마후 이나키蒲生稲寸 132
가모 대신迦毛大御神 220
가무나오비神直毘神 108
가무도 검神度剣 257
가무무스히神産巣日神・神産巣日命・
　神産巣日御祖命 25, 161, 193, 228,
　277
가무아타쓰히메神阿多都比売 311
가무야마토이와레비코神倭伊波礼毘
　古命 351
가무야타테히메神屋楯比売命 220
가무오이치히메神大市比売 172
가무이쿠스비神活須毘神 233
가미쓰우나카미 구니노미야쓰코上菟
　上国造 132
가사사곶笠沙之御前 311
가야노히메鹿屋野比売神 60
가즈노葛野 233
거대한 와니八尋和邇 346
게가레穢 108

게타곶気多之前 188
고노하나노사쿠야비메木花之佐久夜
　毘売 311, 312, 316
고노하나치루히메木花知流比売 173
고시高志 163
고시국高志国 207
고토시로누시事代主神 220, 273, 276
괴수 오로치八俣遠呂知・八俣遠呂智
　163, 169
구니노미쿠마리国之水分神 60
구니노사기리国之狭霧神 61
구니노사즈치国之狭土神 61
구니노쿠라토国之闇戸神 61
구니노쿠히자모치国之久比奢母智神
　60
구니노토코타치国之常立神 31
구니오시토미国忍富神 220
구라미쓰하闇御津羽神 72
구라야마쓰미闇山津見神 72
구라오카미闇淤加美神 72
구마노쿠스비熊野久須毘命 131
구마소국熊曽国 54
구메 아타이久米直 299
구사나기 검草那芸剣 298
구사나기 대도草那芸大刀 169
구시나다히메櫛名田比売 163, 172
구시야타마櫛八玉神 276, 277

358 일본 신화 깊이 읽기

구시이와마토櫛石窓神 298
국신国神 163, 249, 295, 316
기노쿠니木国 194
기마타木俣神 200
기비코섬吉備児島 55
기사카이히메䗝貝比売 193

(ㄴ)
나쓰노메夏之売神 233
나쓰타카쓰히夏高津日神 233
나카쓰미야中津宮 131
나카쓰쓰노오中箇之男命 108
나카쓰와타쓰미中津綿津見神 108
나카토미 무라지中臣連 298
나키메鳴女 255
나키사와메泣沢女神 71
네노카타스쿠니根堅州国 110, 194
네사쿠根析神 72
노즈치野椎神 60, 61
뇌신雷神 95, 96
누나카와히메沼河比売 207, 208
누노오시토미토리나루미布忍富鳥鳴海神 220
누카타베노유에 무라지額田部湯坐連 132
니와쓰히庭津日神 233
니와타카쓰히庭高津日神 233

(ㄷ)
다가多賀 110
다마오야玉祖命 143, 298
다마오야 무라지玉祖連 298
다마요리비메玉依毘売 347, 351

다지카라오手力男神 298
다치바나橘 107
다카기高木神 255, 270, 291, 295
다카미무스히高御産巣日神 25, 143, 249, 254, 255
다카아마하라高天原 25, 109, 143, 144, 200, 276, 277, 295, 299
다카치호高千穂 299
다카치호궁高千穂宮 351
다카치호산高千穂山 351
다카히메高比売命 220, 257
다케미나카타建御名方神 273, 276
다케미카즈치建御雷神 267, 277
다케미카즈치노오建御雷之男神 72, 267
다케요리와케建依別 54
다케치 아가타누시高市県主 132
다케하야스사노오建速須佐之男命 109
다케후쓰建布都神 72
다케히라토리建比良鳥命 131
다케히무카히토요쿠지히네와케建日向日豊久士比泥別 54
다케히와케建日別 54
다케히카타와케建日方別 55
대뢰大雷 95
대신大神・大御神 97, 107, 108, 110, 129, 130, 131, 172, 173, 194, 198, 199, 220, 270, 307, 335, 336
데나즈치手名椎 163, 164, 169
데마산手間山 193
도리나루미鳥鳴海神 220
도리노이와쿠스후네鳥之石楠船神 61
도리카미鳥髪 163

찾아보기 **359**

도사국土左国 54
도쓰마치네遠津待根神 221
도쓰야마사키타라시遠津山岬多良斯神 221
도쓰오미 구니노미야쓰코遠江国造 132
도야마쓰미戸山津見神 72
도요국豊国 54
도요미케누豊御毛沼命 351
도요아시하라미즈호쿠니豊葦原水穂国 291
도요우케비메豊宇気毘売神 71
도요이와마토豊石窓神 298
도요쿠모노豊雲野神 31
도요타마비메豊玉毘売・豊玉毘売命 334, 335, 346
도요후쓰豊布都神 72
도요히와케豊日別 54
도유우케登由宇気神 298
도코요쿠니常世国 143, 228, 298, 351
도키하카시時量師神 107
도토리鳥取神 220
들 신野神 60

(ㅁ)

마사카쓰아카쓰카치하야히 아마노오시호미미正勝吾勝々速日天之忍穂耳命 131
마사카쓰아카쓰카치하야히 아마오시호미미正勝吾勝々速日天忍穂耳命 249, 291
마사카야마쓰미正鹿山津見神 72
마쓰오松尾 233

많은 형제 신들八十神 187, 193, 200
매우 큰 궁전八尋殿 47
명뢰鳴雷 95
명적鳴鏑 198, 199, 233
모야마산喪山 257
목신木神 60
몸집이 작은 와니一尋和邇 337
무나카타胸形 131, 220
무나카타노키미胸形君 131
무자시 구니노미야쓰코無耶志国造 132
미노국美濃国 257
미로나미美呂浪神 220
미모로산御諸山 229
미소기禊 107
미쓰하노메弥都波能売神 71
미오곳御大之御前・御大之前 228, 270
미이御井神 200
미즈라美豆良 95, 96, 129, 130, 131, 169
미즈마키弥豆麻岐神 233
미치노나가치노道之長乳歯神 107
미치노시리노키헤 구니노미야쓰코 道尻岐閇国造 132
미카누시히코甕主日子神 220
미카하야히甕速日神 72
미케누御毛沼命 351
미쿠라타나御倉板挙之神 109
미토시御年神 233
밀물 구슬塩盈珠 336, 337, 344

(ㅂ)

벌거숭이 토끼裸菟・素菟 187, 188

복뢰伏雷 95

(ㅅ)

사나나 아가타佐那那県 298
사누키국讃岐国 54
사도섬佐度島 54
사루메 기미猿女君 298, 307, 308
사루타비코猿田毘古神·猿田毘古大神 295, 307
사시쿠니 대신刺国大神 173
사시쿠니와카히메刺国若比売 173
사요리비메狹依毘売命 130
사이모치佐比持神 337
사쿠쿠시로 이스즈궁佐久々斯侶伊須受能宮 298
사키쿠사베 미야쓰코三枝部造 132
사키타마히메前玉比売 220
산신山神 60
삼귀자三貴子 109
석뢰析雷 95
소라쓰히타카虛空津日高 333, 335, 337
소코도쿠미타마底度久御魂 307
소코쓰쓰노오底筒之男命 108
소코쓰와타쓰미底津綿津見神 108
소호리曽富理神 233
수문신水戸神 60, 276
수호인守護人 344
수확제大嘗 140
스가須賀 172
스미노에墨江 108
스사노오須佐之男命 9, 109, 110, 129, 130, 131, 140, 145, 161, 163, 164,

169, 172, 194, 198
스세리비메須勢理毘売 198, 199, 200, 213
스스 바늘須々須鉤 336
스와 호수州羽海 273
스쿠나비코나少名毘古那神 228
스하 구니노미야쓰코週芳国造 132
스히치니須比智邇神 31
시기야마쓰미志芸山津見神 72
시나국科野国 273, 276
시나쓰히코志那都比古神 60
시라히白日神 233
시라히와케白日別 54
시모쓰우나카미 구니노미야쓰코下菟上国造 132
시오쓰치塩椎神 333
시키야마누시敷山主神 220
시타데루히메下光比売命·下照比売 220, 254, 256
신들의 세상神世 31
신성한 거문고天詔琴 199
신성한 기둥天之御柱 47, 48
신성한 다리天浮橋 43, 249, 298
신성한 박주가리 배天之羅摩船 228
신성한 빗湯津爪櫛 169
신성한 창天沼矛 43
신성한 화살天之波々矢·天之加久矢 254, 255
신성한 활天之麻迦古弓·天之波士弓 254, 255
신어神語 215
썰물 구슬塩乾珠 336, 337, 344
쓰노구이角杙神 31

쓰라나기頰那芸神 60
쓰라나미頰那美神 60
쓰무하 대도都牟羽大刀 169
쓰부타쓰미타마都夫多都御魂 307
쓰시마 아가타노아타이津島県直 132
쓰시마섬津島 54
쓰치노미오야土之御祖神 233
쓰쿠시竺紫 107, 299
쓰쿠시국筑紫国 54
쓰쿠시섬築紫島 54
쓰쿠요미月読命 109

(ㅇ)
아마노미나카누시天之御中主神 25
아마노오하바리天之尾羽張 72
아마노이와쿠라天之石位 298
아마노토코타치天之常立神 25
아마노호히노天之菩卑能命 131
아마니키시쿠니니키시 아마쓰히타카 히코호노니니기天邇岐志国邇岐志天津日高日子番能邇々芸命 291
아마마나이天真名井 130, 131
아마마사키天真析 143
아마사구메天佐具売 255
아마쓰마라天津麻羅 143
아마쓰쿠니타마天津国玉神 254, 256
아마쓰쿠메天津久米命 299
아마쓰히코네天津日子根命 131, 132
아마쓰히코호노니니기天津日子番能邇々芸命 298
아마쓰히타카天津日高 291, 311, 316, 335, 337, 347, 351
아마쓰히타카 히코나기사타케 우카

야후키아에즈天津日高日子波限建鵜葺草葺不合命 347, 351
아마쓰히타카 히코호노니니기天津日高日子番能邇々芸命 291, 311
아마쓰히타카 히코호호데미天津日高日子穂々手見命 316
아마야스강天安河 130, 143, 249, 255, 267
아마오시호미미天忍穂耳命 249, 291
아마오시히天忍日命 299
아마오하바리天尾羽張神 267
아마와카히코天若日子 254, 255, 256
아마우즈메天宇受売命・天宇受売神 143, 144, 295, 298, 307
아마이와야天石屋 143, 144, 267
아마이와토와케天石門別神・天石戸別神 298
아마치카루미즈히메天知迦流美豆比売 233
아마카구산天香山 143
아마카나산天金山 143
아마카쿠天迦久神 267
아마코야天児屋命 143, 144, 298
아마타지카라오天手力男神 143, 144
아마테라스天照大御神・天照大神 108, 109, 129, 130, 131, 140, 143, 144, 164, 169, 249, 254, 255, 267, 270, 291, 295, 298
아마토리후네天鳥船・天鳥船神 61, 71, 267, 270
아마하타오리메天服織女 140
아마호아카리天火明命 291
아마호히天菩比神 250, 254

아마히토쓰네天一根 55
아마히토쓰하시라天比登都柱 54
아메노미카누시天之甕主神 220
아메노미쿠마리天之水分神 60
아메노사기리天之狹霧神 61
아메노사데요리히메天之狹手依比売 54
아메노사즈치天之狹土神 61
아메노쓰도헤치네天之都度閇知泥神 173
아메노오시오天之忍男 55
아메노오시코로와케天之忍許呂別 54
아메노쿠라토天之闇戸神 61
아메노쿠히자모치天之久比奢母智神 60
아메노후유키누天之冬衣神 173
아메노후키오天之吹男神 60
아미미소라토요아키즈네와케天御虛空豊秋津根別 54
아메사기리天狹霧神 221
아메후타야天両屋 55
아메히하라오시나도미天日腹大科度美神 220
아스하阿須波神 233
아시나다카葦那陀迦神 220
아시나즈치足名椎・足名鉄神 163, 164, 169, 172
아시하라나카쓰쿠니葦原中国 96, 143, 144, 249, 254, 255, 270, 274, 276, 277, 291, 295
아시하라시코오葦原色許男神・葦原色許男命 173, 198, 199, 228
아야카시코네阿夜訶志古泥神 31

아오누우마누오시히메青沼馬沼押比売 220
야와국粟国 54
아와나기沫那芸神 60
아와나미沫那美神 60
아와사쿠미타마阿和佐久御魂 307
아와시마섬淡島 48, 71
아와지노호노사와케섬淡道之穂之狹別島 54
아와키하라阿波岐原 107
아이미강藍見河 257
아자카阿耶訶 307
아즈미 무라지阿曇連 108
아즈키섬小豆島 55
아지스키타카히코네阿遅鉏高日子根神 220
아지시키타카히코네阿遅志貴高日子根神 256, 257
아키구이노우시노飽咋之宇斯能神 107
아키비메秋毘売神 233
야가와에히메八河江比売 220
야마다노소호도山田之曽富騰 228
야마사치비코山佐知古 329
야마스에노오누시山末之大主神 233
야마시로 구니노미야쓰코山代国造 132
야마토국倭国 213, 229
야마토노아무치 미야쓰코倭淹知造 132
야마토타나카 아타이倭田中直 132
야소마가쓰히八十禍津日神 108, 109
야시마무지노八島牟遅能神 220
야시마지누미八島士奴美神 172, 173,

찾아보기 363

221
야에코토시로누시八重言代主神・八重
　事代主神 270, 274, 276
야치호코八千矛神 173, 207
야카미히메八上比売 187, 188, 189,
　200
약뢰若雷 95
에히메愛比売 54
오가구야마토오미大香山戸臣神 233
오게쓰히메大宜都比売神・大気都比売神
　54, 61, 161
오나오비大直毘神 108
오노고로섬淤能碁呂島 43, 71
오노데히메大野手比売 55
오도小門 107
오도야마쓰미淤縢山津見神 72
오마가쓰히大禍津日神 108
오모다루於母陀流神 31
오모이카네思金神 143, 249, 254, 267,
　298
오미즈누淤美豆奴神 173
오보 바늘淤煩鉤 336
오시마섬大島 55
오시카후치 구니노미야쓰코凡川內国造
　132
오쓰치大土神 233
오아나무지大穴牟遅神 173, 187, 188,
　189, 193, 194, 199, 228
오야마쓰미大山津見神 60, 61, 163,
　172, 173, 311, 312
오야마쿠이大山咋神 233
오야마토토요아키즈섬大倭豊秋津島
　54

오야비코大屋毘古神 60, 194
오야시마쿠니大八島国 54
오와타쓰미大綿津見神 60
오우미淡海 110
오카미淤加美神 173, 220
오케쓰히메大気都比売 233
오코토오시오大事忍男神 60
오쿠니누시大国主神 9, 173, 187, 200,
　214, 220, 228, 229, 250, 254, 270,
　273, 274, 276
오쿠니미타마大国御魂神 233
오쿠야마쓰미奥山津見神 72
오키노미쓰고섬隠伎之三子島 54
오키사카루奥疎神 107
오키섬淤岐島 187
오키쓰나기사비코奥津那芸佐毘古神
　107
오키쓰미야奥津宮 131, 220
오키쓰시마히메奥津島比売命 130
오키쓰카이베라奥津甲斐弁羅神 107
오키쓰히메奥津比売命 233
오키쓰히코奥津日子神 233
오타마루와케大多麻流別 55
오토노베大斗乃弁神 31
오토마토이메大戸或女神 61
오토마토이코大戸或子神 61
오토모 무라지大伴連 299
오토시大年神 9, 173, 233
오토히와케大戸日別神 60
오하카리大量 257
오헤히메大戸比売神 233
오호카무즈미意富加牟豆美命 96
오호토노지意富斗能地神 31

와니和邇 187, 188, 337, 346
와즈라이노우시노和豆良比能宇斯能神 107
와카미케누若御毛沼命 351
와카사나메若沙那売神 233
와카쓰쿠시메若尽女神 220
와카야마쿠이若山咋神 233
와카토시若年神 233
와쿠무스히和久産巣日神 71
와타라이度相 298
와타쓰미 대신綿津見大神 336
와타쓰미綿津見神 108, 333
외궁外宮 298
요로즈하타토요아키쓰시히메万幡豊秋津師比売命 291
요루노오스쿠니夜之食国 109
요모쓰 대신黄泉津大神 97
요모쓰시코메予母都志許売 96
요모쓰쿠니黄泉国 95, 96, 97
요모쓰히라사카黄泉比良坂 96, 97, 199
우나사카海坂 347
우나하라海原 109, 346, 351
우네오畝尾 71
우루 바늘宇流鉤 336
우마구타 구니노미야쓰코馬来田国造 132
우마시아시카비히코지宇摩志阿斯訶備比古遅神 25
우무카이히메蛤貝比売 193
우미사치海佐知 329
우미사치비코海佐知毘古 329
우쓰시쿠니타마宇都志国玉神 173, 200
우쓰시히카나사쿠宇都志日金析命 108
우와쓰쓰노오上筒之男命 108
우와쓰와타쓰미上津綿津見神 108
우카노宇迦能 200
우카노미타마宇迦之御魂神 173
우케이宇気比 130, 312
우히지니宇比地邇神 31
이나다미야누시스가노야쓰미미稲田宮主須賀之八耳神 172
이나바稲羽 187, 188
이나히稲氷命 351
이노히메伊怒比売 233
이미베 오비토忌部首 298
이바라키 구니노미야쓰코茨木国造 132
이부야 사카伊賦夜坂 97
이시코리도메伊斯許理度売命 143, 298
이쓰노오하바리伊都之尾羽張・伊都之尾羽張神 72, 267
이쓰세五瀬命 351
이와나가히메石長比売 311, 312
이와사쿠石析神 72
이와스히메石巣比売神 60
이와쓰쓰노오石筒之男神 72
이와쓰치비코石土毘古神 60
이요국伊予国 54
이요노후타나섬伊予之二名島 54
이요리히코飯依比古 54
이자나미伊耶那美神・伊耶那美命・伊耶岐大神・伊耶岐大御神 31, 43, 47, 48, 49, 71, 95, 96, 97
이자나키伊耶那岐神・伊耶那岐命 31,

43, 47, 48, 71, 72, 95, 96, 97, 107,
108, 109, 110, 129, 130
이자사 해변伊耶佐之小浜 270
이즈노메伊豆能売 108
이즈모 구니노미야쓰코出雲国造 132
이즈모국出雲国 71, 97, 163, 172, 213,
228, 270, 276
이지무 구니노미야쓰코伊自牟国造
132
이치키시마히메市寸島此売命 130,
131
이쿠구이活杙神 31
이쿠쓰히코네活津日子根命 131
이쿠타마사키타마히메活玉前玉比売神
220
이키섬伊伎島 54

(ㅈ)
장검十拳剣・十掬剣 72, 96, 130, 169,
207, 257, 270, 329
종자従者 161, 187
지가에시노 대신道反之大神 97
지마타道俣神 107
지시키 대신道敷大神 97
지카섬知訶島 55
지카쓰아후미국近淡海国 233

(ㅊ)
천신天神 25, 43, 48, 255, 270, 274,
276, 295, 307, 312, 316, 346
천황天皇 312
치기氷木・氷椽 200, 276, 299

(ㅋ)
카나야마비메金山毘売神 71
카나야마비코金山毘古神 71
카자모쓰와케노시오風木津別之忍
男神 60
커다란 거울八尺鏡 143
커다란 곡옥八尺勾璁 129, 131, 143,
298
커다란 바위五百引石 199
쿠시후루타케久士布流多気 299
쿠에비코久延古 228
쿠쿠노치久々能智神 60
쿠쿠도시久々年神 234
쿠쿠키와카무로쓰나네久々紀若室葛
根神 234

(ㅌ)
타기시 해변多芸志之小浜 276
타니구쿠多邇具久 228
타키리비메多紀理毘売命 130, 131,
220
타키쓰히메多岐都比売命 130, 131
타히리키시마루미多比理岐志麻流美神
220
토뢰土雷 95
특별한 천신別天神 25

(ㅍ)
풍신風神 60

(ㅎ)
하니야스비메波邇夜須毘売神 71
하니야스비코波邇夜須毘古神 71

하라야마쓰미原山津見神 72
하라에祓 145
하야마쓰미羽山津見神 72
하야마토羽山戸神 233
하야미카노타케사하야지누미速甕之
　多気佐波夜遅奴美神 220
하야아키쓰히메速秋津比売神 60
하야아키쓰히코速秋津日子神 60
하야토아타 기미隼人阿多君 316
하하카波波迦 143
하하키국伯伎国·伯岐国 71, 193
하히키波比岐神 233
한국韓国 299
해신海神 60, 334, 335, 336, 344, 346
헤사카루辺疎神 107
헤쓰나기사비코辺津那芸佐毘古神 107
헤쓰미야辺津宮 131
헤쓰카이베라辺津甲斐弁羅神 108
호데리火照命 316, 329
호스세리火須勢理命 316
호오리火遠理命 316, 329, 333, 334,
　335, 336, 337
화뢰火雷 95
화신火神 71
후노즈노布怒豆怒神 173
후카후치노미즈야레하나深淵之水夜
　礼花神 173
후타고섬両児島 55
후테미미布帝耳神 173
후토타마布刀玉命 143, 144, 298
후하노모지쿠누스누布波能母遅久奴
　須奴神 173
흑뢰黒雷 95

히국肥国 54
히나라시비메比那良志毘売 220
히나부리夷振 257
히나테리누카타비치오이코치니日名
　照額田毘道男伊許知邇 220
히노야기하야오火之夜芸速男神 61
히노카구쓰치火之迦具土神 61
히노카가비코火之炫毘古神 61
히레비礼 198
히루코水蛭子 48, 71
히메지마섬女島 55
히무카日向 107, 299
히바노산比婆之山 71
히에산日枝山 233
히지리聖神 233
히카와강肥河 163, 169
히카와메日河比売 173
히코호노니니기日子番能邇々芸命
　291, 295, 311
히코호호데미日子穂々手見命 316, 351
히하야히樋速日神 72
히히라기노소노하나마즈미比々羅木
　之其花麻豆美神 220

저자 소개

이창수

일본 상대문학 전공. 경희대학교 일본어학과 교수이다. 주요 논저로《세계 속의 일본문학》(공저),〈『古事記』의 오토시노카미(大年神) 및 그 계보에 관한 고찰〉,〈일본신화의 변용과 체계화: 국토창생신화를 중심으로〉,〈일본 '마쓰리(祭り)'의 변용을 통해 본 지방창생〉,〈일본문화의 고층(古層),『고사기』의 명암(明暗)〉외 다수가 있다.

김미선

일본 상대문학 전공. 경희대학교 일본어학과 강사이다. 주요 논고로는〈다카키노카미(高木神)의 목신적(木神的)이미지에 대한 고찰: 기기신화 전승을 중심으로〉,〈신카이 마코토의『너의 이름은.(君の名は。)』속 미쓰하(三葉)의 역할 재해석:일본 신화와 에코페미니즘의 교차점을 중심으로〉외 다수가 있다.

박신영

일본 상대문학 전공. (前)한림대학교 일본학연구소 HK연구교수, (現)경희대학교 일본어학과 강사, 명지대학교 일어일문학과 객원교수이다. 주요 논고로는〈일본 상대 문헌 신화에 나타난 '바다'의 이미지〉,〈『센과 치히로의 행방불명』'오쿠사레신'의 목욕재계 과정에 나타난 신화적 요소〉외 다수가 있다.

조유미

일본 상대문학 전공. 경희대학교 비교문화연구소 학술연구교수이다. 주요 논고로는〈조세와 구제 정책을 통해 본 일본 고대인의 노년기〉,〈고대 일본인의 '늙음' 인식 고찰: 요로령(養老令) 속 연령 규정과의 비교를 중심으로〉,〈일본 고대 군주의 노년기 업적〉,〈일본 고대문헌 속에 보이는 꿈의 의미〉외 다수가 있다.

일러스트(AI생성) : 김미선
사　　　　진 : 박신영
계　　보　　도 : 조유미

일본 신화 깊이 읽기
― 譯註 古事記(上卷) ―

초 판 인 쇄	2025년 09월 11일
초 판 발 행	2025년 09월 20일
저 자	이창수 · 김미선 · 박신영 · 조유미
발 행 인	윤석현
발 행 처	박문사
책 임 편 집	최인노
등 록 번 호	제2009 - 11호
우 편 주 소	서울시 도봉구 우이천로 353
대 표 전 화	02) 992 / 3253
전 송	02) 991 / 1285
전 자 우 편	bakmunsa@daum.net

ⓒ 이창수 외 2025 Printed in KOREA.

ISBN 979-11-7390-018-1 03830 　　　정가 24,000원

* 이 책의 내용을 사전 허가 없이 전재하거나 복제할 경우 법적인 제재를 받게 됨을 알려드립니다.
** 잘못된 책은 구입하신 서점이나 본사에서 교환해 드립니다.